MANUAL DE CONCEPTOS JURÍDICOS BÁSICOS

MANUAL DE CONCEPTOS JURÍDICOS BÁSICOS

1.ª EDICIÓN

Dirección

Marta Otero Crespo
Almudena Valiño Ces
Natalia Pérez Rivas

Coordinación

Cristina Alonso Salgado
Ana Rodríguez Álvarez

COLEX 2021

Calle Costa Rica, número 5, 3º B (local comercial)
A Coruña, C.P. 15004
info@colex.es
www.colex.es

I.S.B.N.: 978-84-1359-199-5
Depósito legal: C 365-2021

RELACIÓN DE AUTORAS Y AUTORES

- *Alejandro Villanueva Turnes,* Profesor de Derecho Administrativo de la Universidade de Santiago de Compostela.
- *Alicia Villalba Sánchez,* Profesora Ayudante Doctora de Derecho del Trabajo y de la Seguridad Social de la Universidade de Santiago de Compostela.
- *Almudena Valiño Ces,* Investigadora Postdoctoral del Área de Derecho Procesal de la Universidade de Santiago de Compostela.
- *Ana Rodríguez Álvarez,* Profesora Ayudante Doctora de Derecho Procesal de la Universidade de Santiago de Compostela.
- *Cristina Alonso Salgado,* Profesora Ayudante Doctora de Derecho Procesal de la Universidade de Santiago de Compostela.
- *Gil Vicente Matoses Astruells,* Registrador de la Propiedad.
- *Julia Ammerman Yebra,* Investigadora Postdoctoral de Derecho Civil de la Universidade de Santiago de Compostela.
- *Marta Otero Crespo,* Profesora Contratada Doctora de Derecho Civil de la Universidade de Santiago de Compostela.
- *Natalia Pérez Rivas,* Profesora Ayudante Doctora de Derecho Penal de la Universidade de Santiago de Compostela.

SUMARIO

GLOSARIO

ACRÓNIMOS

- BOE: Boletín Oficial del Estado
- CC: Código civil
- CCCat: Código civil de Cataluña
- CDFA: Código del Derecho Foral de Aragón (Decreto Legislativo 1/2011, de 22 de marzo, del Gobierno de Aragón, por el que se aprueba, con el título de "Código del Derecho Foral de Aragón", el Texto Refundido de las Leyes civiles aragonesas
- CDFN: Compilación del Derecho Civil Foral de Navarra
- CDPD: Convención de la ONU sobre los derechos de las personas con discapacidad hecha en Nueva York en 2006
- CE: Constitución Española
- CEDH: Convenio Europeo de Derechos Humanos
- CDDFFUE: Carta de los Derechos Fundamentales de la Unión Europea
- CGPJ: Consejo General del Poder Judicial
- CP: Código penal
- EAG: Estatuto de Autonomía de Galicia
- EOMF: Ley 50/1981, de 30 de diciembre, del Estatuto Orgánico del Ministerio Fiscal
- ET: Real Decreto Legislativo 2/2015, de 23 de octubre, por el que se aprueba el texto refundido de la Ley del Estatuto de los Trabajadores
- LA: Ley 60/2003, de 23 de diciembre, de Arbitraje
- LAJ: Letrado de la Administración de Justicia
- LAR: Ley 49/2003, de 26 de noviembre, de arrendamientos rústicos
- LAU: Ley 29/1994, de 24 de noviembre, de Arrendamientos Urbanos
- LCGC: Ley 7/1998, de 13 de abril, sobre condiciones generales de la contratación
- LDCG: Ley 2/2006, de 14 de junio, de derecho civil de Galicia
- LE: Real Decreto Legislativo 3/2015, de 23 de octubre, por el que se aprueba el texto refundido de la Ley de Empleo
- LEC: Ley 1/2000, de 7 de enero, de Enjuiciamiento Civil
- LECrim: Real Decreto de 14 de septiembre de 1882 por el que se aprueba la Ley de Enjuiciamiento Criminal
- LETA: Ley 20/2007, de 11 de julio, del Estatuto del trabajo autónomo

- LETT: Ley 14/1994, de 1 de junio, por la que se regulan las empresas de trabajo temporal
- LF: Ley 50/2002, de 26 de diciembre, de Fundaciones
- LGSS: Real Decreto Legislativo 8/2015, de 30 de octubre, por el que se aprueba el texto refundido de la Ley General de la Seguridad Social
- LH: Decreto de 8 de febrero de 1946 por el que se aprueba la nueva redacción oficial de la Ley Hipotecaria
- LI: Ley de 18 de junio de 1870 estableciendo reglas para el ejercicio de la gracia de indulto
- LJS: Ley 36/2011, de 10 de octubre, reguladora de la jurisdicción social
- LJV: Ley 15/2015, de 2 de julio, de la Jurisdicción Voluntaria
- LODA: Ley Orgánica 1/2002, de 22 de marzo, reguladora del Derecho de Asociación
- LOI: Ley Orgánica 3/2007, de 22 de marzo, para la igualdad efectiva de mujeres y hombres
- LOLS: Ley Orgánica 11/1985, de 2 de agosto, de Libertad Sindical
- LOPJ: Ley Orgánica 6/1985, de 1 de julio, del Poder Judicial
- LOPJM: Ley Orgánica 1/1996, de 15 de enero, de Protección Jurídica del Menor, de modificación parcial del Código Civil y de la Ley de Enjuiciamiento Civil
- LOTC: Ley Orgánica 2/1979, de 3 de octubre, del Tribunal Constitucional
- LPRL: Ley 31/1995, de 8 de noviembre, de prevención de Riesgos Laborales
- LRC 2011: Ley 20/2011, de 21 de julio, del Registro Civil
- PMCC: Propuesta para la Modernización del Derecho de Obligaciones y Contratos
- RDLRT: Real Decreto-ley 17/1977, de 4 de marzo, sobre relaciones de trabajo
- RGI: Real Decreto 84/1996, de 26 de enero, por el que se aprueba el Reglamento General sobre inscripción de empresas y afiliación, altas, bajas y variaciones de datos de trabajadores en la Seguridad Social
- RH: Decreto de 14 de febrero de 1947 por el que se aprueba el Reglamento Hipotecario
- STC: Sentencia del Tribunal Constitucional
- STS: Sentencia del Tribunal Supremo
- TC: Tribunal Constitucional
- TRLGDCU: Real Decreto Legislativo 1/2007, de 16 de noviembre, por el que se aprueba el texto refundido de la Ley General para la Defensa de los Consumidores y Usuarios y otras leyes complementarias
- TRLPI: Real Decreto Legislativo 1/1996, de 12 de abril, por el que se aprueba el texto refundido de la Ley de Propiedad Intelectual
- TS: Tribunal Supremo

TEORÍA GENERAL DEL DERECHO

Marta Otero Crespo
Profesora Contratada Doctora de Derecho Civil
Universidade de Santiago de Compostela

DERECHO

Con carácter general, el término Derecho puede ser definido desde distintos puntos de vista. En lo que ahora nos interesa, el Derecho puede describirse como el conjunto de normas jurídicas, o lo que es lo mismo, un conjunto de reglas de conducta dirigidas a los ciudadanos, enunciadas por los órganos con competencia para ello, con respeto, en la actualidad, a la Constitución y a la legalidad vigente, y que pueden ser objeto de imposición, incluso a través de medidas coactivas del Estado, a través de los mecanismos previstos y por los órganos competentes. En este sentido, el Derecho no es solo un sistema de normas jurídicas, sino que también ha de ser concebido como una organización que las hace valer. Así, ambos elementos conformarían el ordenamiento jurídico.

No podemos confundir el Derecho, con la moral y las reglas de trato social. La distinción entre Derecho y moral es relativamente reciente y, con independencia de los diferentes criterios de distinción, la coercibilidad del Derecho es el que marca la diferencia absoluta con respecto a la moral. Además, como hemos apuntado, junto con las normas morales y jurídicas, existirían otras normas reguladoras de la conducta humana, las denominadas reglas del trato social, que carecen, de nuevo, de la coercibilidad que tienen las jurídicas.

CAPÍTULO 1

TEORÍA GENERAL DEL DERECHO

Marta Otero Crespo
Profesora Contratada Doctora de Derecho Civil
Universidade de Santiago de Compostela

NORMA JURÍDICA

El Derecho se compone de normas jurídicas, buena parte de las cuales constituyen un mandato de obligado cumplimiento y que tienen como destinatario a una generalidad de sujetos. Típicamente, de modo sencillo, la estructura de este tipo de normas puede equipararse a la previsión de un hecho al que se le atribuye una determinada consecuencia jurídica.

Son varias las clasificaciones que pueden ofrecerse de las normas jurídicas. Así, podemos atender a criterios de jerarquía formal, en función de la posición que ocupan en el ordenamiento jurídico (la Constitución sería la norma suprema del ordenamiento jurídico, a la que seguirían las leyes, etc.); a su ámbito espacial de validez (distinguiéndose entre normas de naturaleza internacional o nacional); a su ámbito temporal de validez (normas cuya vigencia puede ser ilimitada o limitada –siendo estas últimas, normas temporales–); a su origen (pudiendo ser normas legales, consuetudinarias, jurisprudenciales o negociales); o, atendiendo a su derogabilidad por la autonomía de la voluntad de las partes (diferenciándose normas imperativas o dispositivas, o semi-imperativas, destinadas estas últimas a la protección de una parte débil).

ORDENAMIENTO JURÍDICO

El ordenamiento jurídico engloba al Derecho como sistema de normas a través de las cuales se configura la organización de un grupo social, con la finalidad de establecer reglas de convivencia encaminadas a la resolución de conflictos, a la satisfacción de pretensiones, a la regulación de las conductas o a la regulación de las estructuras del Estado.

El ordenamiento jurídico se concibe normalmente como un producto de la sociedad y de la cultura de cada tiempo, de ahí que pueda predicarse su carácter dinámico, cristalizado en la aprobación y modificación de normas.

FUENTES DEL DERECHO

Como apunta GARCÍA RUBIO, la expresión fuentes del Derecho se recoge tanto en nuestra Norma suprema (art. 149.1.8ª CE), como en el Código civil (art. 1.1 CC), así como en normas civiles de las Comunidades Autónomas, sin que resulte fácil dilucidar qué ha de entenderse con tal fórmula.

Pese a ello, en su acepción más común, debemos entender por *"fuentes del Derecho"* los actos normativos *stricto sensu*, esto es, aquellos que conforman normas generales (fuentes en su sentido formal).

El sistema español de fuentes del Derecho se caracteriza por su pluralidad y complejidad. En este sentido, está totalmente superado el modelo centrado en el monopolio estatal de creación del Derecho. La competencia en materia de producción normativa se ha ampliado de forma notable a órganos tanto *supra* como infraestatales, pero también a otros de naturaleza estrictamente privada (sucedería con los códigos éticos de ciertas organizaciones o profesiones, por ejemplo, que pueden llegar a tener la función y el valor de verdaderas normas jurídicas).

VIGENCIA DE LAS NORMAS

La vigencia de las normas se refiere al período del tiempo durante el cual la norma es susceptible de aplicación, abarcando desde la fecha de su entrada en vigor hasta la de su derogación.

El principio constitucional de publicidad de las normas (art. 9.3 CE) determina que las normas escritas no puedan ser eficaces hasta que, una vez publicadas, entren en vigor.

El artículo 2.1 CC prevé que las leyes entren en vigor a los veinte días de su completa publicación en el BOE, excepto si en ellas no se dispone otra cosa. Lo cierto es que, frente a esta norma que podríamos tildar de general en el pasado, en los últimos tiempos no está siendo extraña una entrada en vigor casi inmediata (al día siguiente de su publicación en el BOE o incluso en el momento de su publicación *-vid.* Real Decreto 926/2020, de 25 de octubre, por el que se declara el estado de alarma para contener la propagación de infecciones causadas por el SARS-CoV-2). Tampoco es extraordinario que se establezcan plazos de entrada en vigor mucho más amplios (como sucedió, por ejemplo, con la entrada en vigor de la LEC, producida un año después de su publicación en el BOE). Un caso paradigmático lo constituye la LRC 2011, cuya entrada en vigor de forma completa se ha ido postergando en los últimos años y cuya previsión actual se ha fijado en el 30 de abril de 2021 (aunque determinados preceptos hayan ido entrando en vigor en los últimos años, conviviendo la LRC 2011 con la LRC 1957, o que se haya establecido su entrada en vigor para las oficinas consulares del Registro Civil el día 1 de octubre de 2020, aplicándose de forma progresiva, de conformidad con lo dispuesto en la Disposición transitoria séptima y las disposiciones reglamentarias que se dicten al efecto).

DEROGACIÓN

La derogación determina el fin de la vigencia de una norma, típicamente establecida por otra norma de igual o superior rango.

Lo cierto es que las normas suelen promulgarse para regir durante un período de tiempo indeterminado, lo que no obsta para que algunas puedan establecer en su propio texto una limitación temporal en su vigencia (sería el caso de las denominadas leyes temporales, como ha sucedido con los RD-Leyes dictados para paliar las consecuencias de la COVID-19 –por ejemplo, el Real Decreto-ley 8/2020, de 17 de marzo, de medidas urgentes extraordinarias para hacer frente al impacto económico y social del COVID-19, cuya Disposición final décima, *"Vigencia"*, establecía: *"1. Con carácter general, las medidas previstas en el presente real decreto-ley mantendrán su vigencia hasta un mes después del fin de la vigencia de la declaración del estado de alarma. No obstante, lo anterior, aquellas medidas previstas en este real decreto-ley que tienen un plazo determinado de duración se sujetarán al mismo.*

Sin perjuicio de lo anterior la vigencia de las medidas previstas en este real decreto-ley, previa evaluación de la situación, se podrá prorrogar por el Gobierno mediante real decreto-ley"–).

Las derogaciones pueden ser expresas (porque así lo establece una nueva norma) o tácitas (porque la norma nueva se opone a la norma anterior). A su vez, la derogación expresa puede ser total o parcial, pudiendo ser específica (por señalarse explícitamente las normas derogadas) o genérica (al establecerse una cláusula abierta, en virtud de la cual todas las normas que se opongan al contenido de la norma, de igual o inferior rango, quedan derogadas –lo que la asimila a una derogación tácita–).

Distintas de la derogación son las figuras del desuso (esto es, la falta de aplicación de una norma vigente) o la declaración de nulidad o invalidez de una norma (que ha de ser determinada por el órgano competente, por ejemplo, por no respetar el principio de jerarquía normativa establecido en el art. 9.3 CE).

DERECHO TRANSITORIO

Por Derecho transitorio nos referimos al conjunto de normas que disciplinan el paso de una ley a otra, determinando el régimen jurídico aplicable a las situaciones pendientes, entendiéndose por tales aquellas situaciones jurídicas nacidas bajo la legislación que pasa a ser derogada, pero que perviven al entrar en vigor la nueva norma.

Las normas de Derecho transitorio pueden ser normas de remisión a otras normas, normas de conflicto entre normas, o bien, normas materiales en las que se recoge una tercera regulación, diferente de la contenida en la norma derogada y en la que pasa a entrar en vigor.

Con carácter general, el Derecho transitorio suele incorporarse al final de las leyes, bajo el rótulo de *"disposiciones transitorias"*.

RETROACTIVIDAD

Una norma es retroactiva cuando se aplica a hechos que se han producido antes de su entrada en vigor; al contrario, es irretroactiva cuando no se aplica a hechos que se han producido antes de la entrada en vigor de la nueva norma. Con carácter general, las normas suelen ser observables *pro futuro*.

Debemos destacar que el artículo 9 CE en su párrafo tercero establece una serie de limitaciones sobre la retroactividad de las normas, puesto que determina *"la irretroactividad de las disposiciones sancionadoras no favorables o restrictivas de derechos individuales"*.

INTERPRETACIÓN DE LAS NORMAS

Por interpretación de la norma nos referimos al conjunto de operaciones jurídicas destinadas a conocer su significado o alcance, que cobran especial significancia en los supuestos de aplicación del Derecho.

Habitualmente, se distinguen distintas clases de interpretación que responden, a su vez, a diversos criterios. Así, atendiendo al autor de la interpretación, podríamos hablar de interpretación auténtica (la que procede del propio autor de la norma, esto es, la realizada a través de una norma interpretativa de igual rango que la interpretada); interpretación usual (la realizada por la costumbre –*secundum legem*–); interpretación doctrinal (la emanada de los juristas, estudiosos del Derecho); interpretación judicial (la efectuada por el Poder Judicial en el ejercicio de su labor jurisdiccional); y la interpretación administrativa (la adoptada por los organismos públicos en el ejercicio de su actividad). Si, en segundo término, atendemos a los resultados del proceso interpretativo, podrían citarse las siguientes clases de interpretación: interpretación declarativa (el sentido hallado de la norma tras el proceso correspondiente coincide con el que se desprende de la literalidad del texto –pudiendo ser esta estricta o lata–); interpretación modificativa o correctora (en la que se introduce con respecto al texto de la norma alguna modificación, de naturaleza extensiva –el sentido hallado es más amplio que la literalidad de la norma–, restrictiva –si resulta más reducido que la letra de la norma–, o correctora en sentido estricto –suponiendo esta que se practique una corrección de la terminología empleada, por no resultar el reflejado en la norma el correcto; y la interpretación abrogante (cuando se determina que la norma deviene inaplicable por resultar incompatible con otras normas o incluso con el sistema).

Además, suelen distinguirse una serie de elementos o medios a través de los cuales se ejecuta la labor interpretativa. Básicamente, se corresponderían con los elementos gramatical (buscando el significado de las palabras empleadas, no aisladamente), lógico, racional o teleológico (para conocer la finalidad práctica de la norma), sistemático (interpretando la norma en relación con el ordenamiento jurídico en el que se inserta) e histórico (analizando los antecedentes de la norma, incluso los trabajos previos a su aprobación).

LAGUNA DEL DERECHO

Desde un punto de vista general, bajo el concepto de laguna hacemos alusión a un vacío normativo al que tendría que enfrentarse el aplicador del Derecho. Tal y como señala García Rubio, el término laguna en la esfera jurídica puede referirse tanto al ordenamiento jurídico en su conjunto (lagunas del Derecho) o respecto de una concreta disposición (lagunas de ley). Las primeras lagunas no existirían, dado que el ordenamiento jurídico en su totalidad ha de ofrecer una respuesta. Sin embargo, sí podrían darse las denominadas lagunas normativas o lagunas de ley. En estos casos, un determinado supuesto de hecho no se encontraría regulado en una específica previsión normativa.

Así, las lagunas pueden ser subjetivas o intencionales (supuestos en los que el legislador dejaría en manos de los jueces, de modo voluntario, la decisión del caso en concreto) o bien objetivas o involuntarias (típicamente respondiendo a aquellos casos en los que la aparición de hechos nuevos o la modificación de estos, determinan que la norma anterior no responda a esas necesidades). También se producirían lagunas de ley en aquellos casos en los que dentro de un mismo ordenamiento emergen incoherencias derivadas de que un mismo supuesto de hecho admita al tiempo diversas consecuencias jurídicas, generándose lagunas de colisión o antinomias, invalidándose mutuamente ambas normas y surgiendo entonces la laguna. Además, podríamos clasificar las lagunas por su relación a las normas en *extra legem* (la concreción de la norma provoca que no se hayan previsto otros supuestos más generales en su contenido) o *inter legem* (en las que la generalidad de la ley determinaría que no se contemplen circunstancias menores). En último término, las lagunas pueden ser aparentes (cuya solución se alcanza por la vía de la analogía) o bien auténticas (en las que solo el recurso a la equidad puede llegar a colmar ese vacío).

ANALOGÍA

La analogía, con carácter general, puede definirse como aquel instrumento técnico que permite colmar las lagunas recurriendo a la expansión lógica del Derecho. Si adoptamos una visión más estricta, tal y como recoge García Rubio, la analogía supondría la aplicación de una norma a un supuesto de hecho no previsto inicialmente en ella, pero que presenta una semejanza relevante con el caso sí regulado en la primera.

El recurso a la analogía no está permitido en todas las ramas del ordenamiento jurídico. En este sentido, el artículo 4 CP, en su apartado primero, señala que *"las leyes penales no se aplicarán a casos distintos de los comprendidos expresamente en ellas"*. Sin embargo, no se excluye la aplicación de la analogía *in bonam partem* (la que produce un resultado favorable al sujeto) en el ámbito penal, lo que también pudiera ser extendido a las leyes prohibitivas y sancionadoras. Tampoco se podría recurrir a la analogía en los supuestos de las leyes excepcionales y temporales (al respecto, *vid.* art. 4 CC).

EQUIDAD

La equidad, pese a la dificultad de establecer una definición, se referiría a aquella técnica jurídica que permite alcanzar la *"justicia del caso concreto"*, de modo tal que la solución a un problema sería equitativa cuando esta es humana y proporcionada a las circunstancias, tanto del problema a resolver, como a las de las partes en que concurren. Por ello, suele suponer el recurso a factores extrajurídicos para resolver una controversia, sin que pueda equipararse a la arbitrariedad.

El CC se refiere expresamente a ella, con carácter general, en su artículo 3.2, según el cual *"La equidad habrá de ponderarse en la aplicación de las normas, si bien las resoluciones de los Tribunales sólo podrán descansar de manera exclusiva en ella cuando la ley expresamente lo permita"*. También se refiere a ella en otros preceptos, tales como el artículo 165 CC (en materia de administración de bienes de los hijos llevada a cabo por los padres) o en el artículo 1154 CC (en sede de cláusula penal).

Entre las normas especiales, la LA recoge la posibilidad de solucionar una controversia recurriendo al arbitraje de equidad, siempre y cuando las partes hayan autorizado expresamente a los árbitros (art. 34 LA).

IGNORANCIA DE LA LEY

La expresión ignorancia de la ley se vincula al deber de cumplir las normas, con independencia de que se conozca o no su existencia y/o contenido. Así, el artículo 9.1 CE recuerda que *"Los ciudadanos y los poderes públicos están sujetos a la Constitución y al resto del ordenamiento jurídico"*, de ahí que cualquier consecuencia jurídica se aplique con independencia del conocimiento o ignorancia por parte de los destinatarios de la norma. En este sentido, el artículo 6.1 CC dispone que *"La ignorancia de las leyes no excusa de su cumplimiento"*.

Sí existe un deber especial de conocimiento de las normas que recae sobre los funcionarios y jueces (sin perjuicio de que se excepcionen ciertos supuestos, como el caso del Derecho extranjero o la costumbre, en los términos señalados por el artículo 281 LEC).

FRAUDE DE LEY

El fraude de ley puede ser definido como aquella conducta que, amparándose en el texto de una norma (norma de cobertura), elude o trata de eludir la aplicación de otras normas o persigue un fin prohibido por el ordenamiento jurídico (*vid.* art. 6.4 CC). El recurso a tal fraude conlleva que, como sanción, se aplique la norma que se hubiera tratado de eludir.

El fraude de ley es referido en diversas normas de nuestro ordenamiento (art. 11 LOPJ, arts. 6 y 12 CC, etc.) y su aplicación general ha sido sostenida por nuestro Tribunal Constitucional en su STC 37/1987, de 26 de marzo, en la que se sostiene: *"el fraude de Ley, en cuanto institución jurídica que asegura la eficacia de las normas frente a los actos que persiguen fines prohibidos por el ordenamiento o contrarios al mismo, es una categoría jurídica que despliega idénticos efectos invalidantes en todos los sectores del ordenamiento jurídico. En rigor ni siquiera podría sostenerse hoy que el artículo 6.4 del Código Civil, que contempla con carácter general el fraude de Ley, es una norma exclusiva de la legislación civil. El citado precepto, como la mayor parte de los que integran el título preliminar, es aplicable a todo el ordenamiento, y sólo por tradición histórica, sin duda respetable, conserva en el Código Civil su encaje normativo".*

El fraude procesal también se contempla expresamente en nuestro ordenamiento (*vid.* art. 247.2 LEC). A este respecto, *"existe doctrina emanada de la jurisprudencia de esta Sala y realizada con base al artículo 11-2 de la Ley Orgánica del Poder Judicial, la que determina los efectos del fraude procesal, y así, como epítome, hay que traer a colación las sentencias de 23 de enero de 1999 y de 31 de marzo de 2000, cuando en ellas se dice que el fraude de procesal es un verdadero: «...fraude de ley, existiendo entre ambos una notoria semejanza, pudiendo ser comprendidas ambas en la norma del apartado 4 del artículo 6 del Código Civil, y en punto a su existencia exigen la concurrencia de una serie de actos que, pese a su apariencia de legalidad, violen el contenido ético de los preceptos o normas legales en que se amparan, habiéndose declarado así por uniforme doctrina jurisprudencial de la Sala, recogida, entre otras, en las sentencias de fechas de 6 de Febrero de 1.957, 1 de Abril de 1.965, 1 de Febrero de 1.990 y 20 de Junio de 1.991, cuya exigencia se encuentra presente en la definición que del 'fraude de ley' se hace en la indicada norma, por tanto, los requisitos a tener en cuenta para calificar los hechos de 'fraude de ley', cabe esquematizarles, recopilando la doctrina referida, así: que el acto o actos sean contrarios al fin práctico que la norma defraudada persigue y supongan, en consecuencia, su violación efectiva, y que la norma en que el acto pretende apoyarse (de cobertura) no vaya dirigida, expresa y directamente, a protegerle, bien por no constituir el supuesto normal, bien por ser un medio de vulneración de otras normas, bien por tender a perjudicar a otros, debiendo señalarse, asimismo, que la susodicha figura no requiere la prueba de la intencionalidad, siendo, pues, una manifestación objetiva a apreciar por la circunstancia de concurrir los requisitos que la configuran. De lo expuesto, es de decir, como resumen, que el 'fraude legal' se caracteriza por la presencia de dos normas: la conocida y denominada de 'cobertura', que es a la que se acoge quien intenta el fraude, y la que a través de ésta y en forma fraudulenta se pretende eludir (...)"* (STS, Sala de lo Civil, 202/2006, de 2 de marzo).

ABUSO DE DERECHO

El abuso de derecho es un principio general del Derecho, consagrado normativamente en el Código civil (art. 7.2), en la LEC (art. 247.2) o en la LOPJ (art. 11.2), que trata de evitar que el titular de un derecho, en su ejercicio, excediéndose de sus límites naturales, cause un daño a un tercero, sin que el primero obtenga utilidad alguna.

Su concurrencia ha de ser examinada en cada caso en concreto, resultando su apreciación por parte de los tribunales con un carácter bastante restringido.

La reciente STS (Sala de lo Civil) 154/2020, de 6 de marzo, a propósito del abuso de derecho, recuerda que *"Conforme a la jurisprudencia de esta sala, (...) «la doctrina del abuso de derecho se sustenta en la existencia de unos límites de orden moral, teleológico y social que pesan sobre el ejercicio de los derechos, y como institución de equidad, exige para poder ser apreciada, una actuación aparentemente correcta que, no obstante, representa en realidad una extralimitación a la que la ley no concede protección alguna, generando efectos negativos (los más corrientes daños y perjuicios), al resultar patente la circunstancia subjetiva de ausencia de finalidad seria y legítima, así como la objetiva de exceso en el ejercicio del derecho, exigiendo su apreciación una base fáctica que proclame las circunstancias objetivas (anormalidad en el ejercicio) y subjetivas (voluntad de perjudicar o ausencia de interés legítimo)».*

La formulación de los presupuestos para la apreciación del abuso de derecho se contiene, entre otras, en la sentencia 690/2012, de 21 de noviembre:

«para apreciar el abuso del derecho es precisa la concurrencia de los siguientes requisitos: a) el uso de un derecho objetivo y externamente legal; b) daño a un interés, no protegido por una específica prerrogativa jurídica, y c) la inmoralidad o antisocialidad de ese daño, manifestada en forma subjetiva (ejercicio del derecho con intención de dañar, con animus nocendi), o en forma objetiva (ejercicio anormal del derecho, de modo contrario a los fines económico-sociales del mismo) [Sentencias 455/2001, de 16 de mayo, y 722/2010, de 10 de noviembre], ya que, en otro caso, rige la regla qui iure suo utitur neminem laedit (quien ejercita su derecho no daña a nadie)».

Como recordamos en la sentencia 159/2014, de 3 de abril, «cuando el daño deriva del ejercicio de un derecho estatutario, el abuso de derecho puede invocarse más que para instar una indemnización, para privar de legitimación a quien ejercita de forma abusiva su derecho y evitar así el perjuicio. Lo cual no deja de ser una manera de, en ese caso, dar cumplimiento a la previsión general del art. 7.2 CC: 'La ley no ampara el abuso del derecho o el ejercicio antisocial del mismo'»".

DERECHO CONSTITUCIONAL

Alejandro Villanueva Turnes
Profesor de Derecho Administrativo
Universidade de Santiago de Compostela

DERECHO CONSTITUCIONAL

El Derecho constitucional es aquella rama del ordenamiento jurídico que se encarga del estudio de la Constitución de un Estado y de su contenido, siendo ésta la Norma Fundamental.

CAPÍTULO 2

DERECHO CONSTITUCIONAL

Alejandro Villanueva Turnes
Profesor de Derecho Administrativo
Universidade de Santiago de Compostela

CONSTITUCIÓN

La CE (también denominada Carta Magna, *Lex Superior*, *Lex Legum* o *Norma Normarum*), es la norma superior del ordenamiento jurídico. En este sentido, se trata de la norma básica para dicho ordenamiento y que asienta los elementos que deben ser respetados por el resto de ramas que lo conforman. Además, estamos ante la norma que ocupa la posición más alta en la jerarquía normativa del Estado, situándose, en consecuencia, las restantes por debajo de ella. Asimismo, en virtud de la Disposición derogatoria de la propia Constitución, cualquier disposición que sea contraria a ella se va a entender derogada.

Dentro de la historia constitucional española podemos citar las Constituciones de 1812; 1837; 1845; 1869; 1876 y 1931.

Entre las distintas características que rodean a la vigente hoy en día, nos encontramos con que es escrita (frente a las orales), extensa (siendo la segunda más larga de las existentes en la historia constitucional española, por detrás de la Constitución de 1812), rígida (en cuanto a su procedimiento de reforma) y consensuada (es una norma fruto del consenso tanto político como ciudadano al ser aprobada por las Cortes Generales y por referéndum del pueblo).

Por lo que se refiere a su estructura, se integra de un Preámbulo, un Título Preliminar y diez Títulos. Esto supone un total de 169 artículos. A ello hay que sumarle cuatro Disposiciones adicionales, nueve Disposiciones transitorias, una Disposición derogatoria y una Disposición final.

DERECHOS FUNDAMENTALES

Cuando se alude a los derechos fundamentales, se hace referencia a una serie de derechos que se consideran de una importancia acentuada y, por ello, se les dota de un estatuto jurídico constitucional pronunciado. Generalmente, son derechos vinculados a distintos valores como la dignidad de la persona o su desarrollo como tal. Cuando se alude al nacimiento u origen de los derechos fundamentales en Europa debemos dirigir la mirada a la Declaración de Derechos del Hombre y del Ciudadano, del 26 de agosto de 1789.

En España concretamente se ha considerado que, cuando se pretendió la elaboración de la CE, una de las preocupaciones latentes era la de elaborar un elenco de derechos fundamentales con las garantías idóneas para hacerlos valer.

Dentro de la Constitución Española de 1978, los derechos fundamentales aparecen recogidos en el Título I, que lleva por rúbrica *"De los derechos y deberes fundamentales"*. Dentro de este Título, el Capítulo Segundo se intitula *"Derechos y Libertades"*. Este Capítulo se abre mediante el artículo 14 y a continuación se establecen dos Secciones. La primera de ellas se denomina *"De los derechos fundamentales y de las libertades públicas"* (arts. 15 a 29 CE), mientras que la segunda encabeza bajo el nombre de *"De los derechos y deberes de los ciudadanos"* (arts. 30 a 38). Una discusión existente viene de la mano de determinar si todos los preceptos de este Capítulo Segundo entrarían en la categorización de derechos fundamentales o si únicamente serían los de la Sección Primera. Al margen de la posición por la que se opte, lo que está claro es que aquellos que forman parte de la Sección Primera son, sin duda, los más protegidos de todos los que se encuentran en esta parte de la Constitución, habida cuenta de que al artículo 14 y al 30.2 se le suman algunas de estas protecciones constitucionalmente previstas.

> La STC 25/1981, de 14 de julio, se ha pronunciado con relación a la categorización de los derechos fundamentales, siendo una consolidada jurisprudencia la existente en esta cuestión: *"En primer lugar, los derechos fundamentales son derechos subjetivos, derechos de los individuos no sólo en cuanto derechos de los ciudadanos en sentido estricto, sino en cuanto garantizan un status jurídico o la libertad en un ámbito de la existencia. Pero al propio tiempo, son elementos esenciales de un ordenamiento objetivo de la comunidad nacional, en cuanto ésta se configura como marco de una convivencia humana justa y pacífica, plasmada históricamente en el Estado de Derecho y, más tarde, en el Estado social de Derecho o el Estado social y democrático de Derecho, según la fórmula de nuestra Constitución (art. 1.1)"* (Fundamento jurídico 5).

DERECHO A LA IGUALDAD

El artículo 14 CE establece la igualdad de todos ante la Ley, así como la prohibición de discriminación. En este precepto se hace mención a algunas circunstancias en las que se prohíbe taxativamente esta última, concretizándose en que no se puede producir discriminación con relación al nacimiento, a la raza, al sexo, a la religión y a la opinión. Sin embargo, el propio artículo 14 CE finaliza con una cláusula abierta aludiendo a otras circunstancias no recogidas expresamente en el texto constitucional.

No cabe duda de que la preocupación por la igualdad ha sido un aspecto destacado para el Constituyente de 1978, no solo ya en el artículo 14 CE, sino que, además, ya al comienzo de la norma constitucional, en el apartado tercero del artículo 1, se establece que la misma será un valor superior del ordenamiento jurídico. Asimismo, el artículo 9.2 CE establece un mandato a los poderes públicos para que procuren una igualdad real.

En la STC 144/1988, de 12 de julio, se expuso lo siguiente respecto a la igualdad: *"El principio de igualdad que garantiza la Constitución (art. 14) y que está protegido en último término por el recurso constitucional de amparo (art. 53.2 C.E.) opera, como tantas veces hemos dicho, en dos planos distintos. De una parte, frente al legislador, o frente al poder reglamentario, impidiendo que uno u otro puedan configurar los supuestos de hecho de la norma de modo tal que se dé trato distinto a personas que, desde todos los puntos de vista legítimamente adoptables, se encuentran en la misma situación o, dicho de otro modo, impidiendo que se otorgue relevancia jurídica a circunstancias que, o bien no pueden ser jamás tomadas en consideración por prohibirlo así expresamente la propia Constitución, o bien no guardan relación alguna con el sentido de la regulación que, al incluirlas, incurre en arbitrariedad y es por eso discriminatoria.*

En otro plano, en el de la aplicación, la igualdad ante la Ley obliga a que ésta sea aplicada efectivamente de modo igual a todos aquellos que se encuentran en la misma situación, sin que el aplicador pueda establecer diferencia alguna en razón de las personas o de circunstancias que no sean precisamente las presentes en la norma. Situados ya en este plano de la aplicación, es forzoso, claro está, operar una segunda distinción para tomar en cuenta la diferente situación en la que al respecto se encuentran los órganos administrativos, de una parte, y los órganos judiciales de la otra" (Fundamento jurídico 1).

DERECHO A LA LIBERTAD RELIGIOSA

El artículo 16 CE disciplina el derecho a la libertad religiosa. Concretamente, en dicho precepto se alude tanto a la libertad religiosa como a la ideológica y de culto. Esta libertad, que afecta tanto a individuos como a comunidades, entra en juego de manera amplia estando limitado en atención al mantenimiento del orden público.

Por otro lado, se establece en el mismo artículo que nadie puede verse obligado a declarar en torno a estas libertades. Todo ello va en consonancia con el hecho de que España sea un Estado aconfesional, lo cual también se encuentra consagrado en el propio artículo de la Constitución. Además, en el precepto se establece que, por un lado, los poderes públicos tendrán en cuenta las creencias religiosas que existan entre la sociedad española y va a mantener relaciones de cooperación con las distintas confesiones. A día de hoy podemos distinguir cuatro acuerdos que el Estado español tiene: con la Iglesia Católica, en virtud del Acuerdo de 3 de enero de 1979; con las iglesias evangélicas, mediante la Ley 24/1992, de 19 de noviembre, por la que se aprueba el Acuerdo de cooperación del Estado con la Federación de Entidades Religiosas Evangélicas de España; con las comunidades judías, por medio de la Ley 25/1992, de 19 de noviembre, por la que se aprueba el Acuerdo de cooperación del Estado con la Federación de Comunidades Israelitas de España; y con las comunidades musulmanas, a través de la Ley 26/1992, de 19 de noviembre, por la que se aprueba el Acuerdo de cooperación del Estado con la Comisión Islámica de España.

La STC 101/2004, de 2 de junio, ha establecido las dimensiones objetiva y subjetiva del derecho en los siguientes términos: *"En su dimensión objetiva, la libertad religiosa comporta una doble exigencia, a que se refiere el art. 16.3 CE: primero, la de neutralidad de los poderes públicos, ínsita en la aconfesionalidad del Estado; segundo, el mantenimiento de relaciones de cooperación de los poderes públicos con las diversas iglesias. En este sentido, ya dijimos en la STC 46/2001, de 15 de febrero, FJ 4, que 'el art. 16.3 de la Constitución, tras formular una declaración de neutralidad (SSTC 340/1993, de 16 de noviembre, y 177/1996, de 11 de noviembre), considera el componente religioso perceptible en la sociedad española y ordena a los poderes públicos mantener 'las consiguientes relaciones de cooperación con la Iglesia Católica y las demás confesiones', introduciendo de este modo una idea de aconfesionalidad o laicidad positiva que 'veda cualquier tipo de confusión entre funciones religiosas y estatales' (STC 177/1996, de 11 de noviembre)'.*

En cuanto derecho subjetivo, la libertad religiosa tiene una doble dimensión, interna y externa. Así, según dijimos en la STC 177/1996, de 11 de noviembre, FJ 9, la libertad religiosa 'garantiza la existencia de un claustro íntimo de creencias y, por tanto, un espacio de autodeterminación intelectual ante el fenómeno religioso, vinculado a la propia personalidad y dignidad individual', y asimismo, 'junto a esta dimensión interna, esta libertad ... incluye también una dimensión externa de agere licere que faculta a los ciudadanos para actuar con arreglo a sus propias convicciones y mantenerlas frente a terceros (SSTC 19/1985, de 13 de febrero, FJ 2; 120/1990, de 27 de junio, FJ 10, y 137/1990, de 19 de julio, FJ 8)'. Este reconocimiento de un ámbito de libertad y de una esfera de agere licere lo es 'con plena inmunidad de coacción del Estado o de cualesquiera grupos sociales' (STC 46/2001, de 15 de febrero, FJ 4, y, en el mismo sentido, las SSTC 24/1982, de 13 de mayo, y 166/1996, de 28 de octubre) y se complementa, en su dimensión negativa, por la prescripción del art. 16.2 CE de que 'nadie podrá ser obligado a declarar sobre su ideología, religión o creencias'.

La dimensión externa de la libertad religiosa se traduce, además, 'en la posibilidad de ejercicio, inmune a toda coacción de los poderes públicos, de aquellas actividades que constituyen manifestaciones o expresiones del fenómeno religioso' (STC 46/2001, de 15 de febrero), tales como las que se relacionan en el art. 2.1 de la Ley Orgánica 7/1980, de libertad religiosa (LOLR), relativas, entre otros particulares, a los actos de culto, enseñanza religiosa, reunión o manifestación pública con fines religiosos, y asociación para el desarrollo comunitario de este tipo de actividades" (Fundamento jurídico 3).

DERECHO A LA LIBERTAD DE EXPRESIÓN

El artículo 20.1.a CE regula el derecho a la libertad de expresión de manera explícita. Sostiene el precepto constitucional que dicha libertad afecta tanto a ideas, opiniones y pensamientos, y además se engloban en la protección cualesquiera medios de reproducción. En el propio precepto existe una clara limitación al ejercicio de este derecho, siendo ésta el respeto de los restantes derechos que figuran en el Título I de la CE, así como en lo que se establezca en su legislación de desarrollo.

Lo acabado de reproducirse permite señalar que, como resulta lógico, dentro del ordenamiento constitucional español, si bien se ha protegido el derecho a la libertad de expresión de manera amplia, debe tenerse presente que no se ampara el derecho al insulto.

La jurisprudencia constitucional se ha encargado tempranamente del examen de este derecho. A continuación exponemos una muestra que se encuentra en la STC 20/1990, de 15 de febrero: *"Desde las SSTC 6/1981 y 12/1982, hasta las SSTC 104/1986 y 159/1986, viene sosteniendo el Tribunal que «las libertades del art. 20 (STC 104/1986) no son sólo derechos fundamentales de cada ciudadano, sino que significan el reconocimiento y la garantía de una institución política fundamental, que es la opinión pública libre, indisolublemente ligada con el pluralismo político que es un valor fundamental y un requisito del funcionamiento del Estado democrático» (STC 12/1982) o, como se dijo ya en la STC 6/1981: «El art. 20 de la Constitución, en sus distintos apartados, garantiza el mantenimiento de una comunicación pública libre, sin la cual quedarían vaciados de contenido real otros derechos que la Constitución consagra, reducidas a formas huecas las instituciones representativas y absolutamente falseado el principio de legitimidad democrática que enuncia el art. 1.2 de la Constitución, y que es la base de toda nuestra ordenación jurídico-política». En el mismo sentido se pronuncia la STC 159/1986, al afirmar que «para que el ciudadano pueda formar libremente sus opiniones y participar de modo responsable en los asuntos públicos, ha de ser también informado ampliamente de modo que pueda ponderar opiniones diversas e incluso contrapuestas». Y recordando esta Sentencia la doctrina expuesta en las que hemos citado anteriormente, insiste en que los derechos reconocidos por el art. 20, no sólo protegen un interés individual, sino que son garantía de la opinión pública libremente formada, «indisolublemente ligada con el pluralismo político»"* (Fundamento jurídico 4).

DERECHO A LA LIBERTAD DE INFORMACIÓN

En el artículo 20.1.d. CE se encuentra recogido el derecho a la libertad de información. Este derecho consiste, en esencia, en que se pueda llevar a cabo una comunicación libre y también una recepción de la misma. Ahora bien, el Constituyente de 1978 estableció una limitación lógica a este derecho, siendo ésta la exigencia de veracidad. En efecto, se alude a que la información sea veraz, pero no debe entenderse esto como que se trata de información verídica, sino que, con relación a la misma, se haya producido una actuación diligente por parte de quien obtiene la información, así, por ejemplo, mediante el contraste de la misma.

También debemos señalar que, en el mismo precepto se alude a la cláusula de conciencia y al secreto profesional. En cuanto a la primera de ellas, su regulación se encuentra en la Ley Orgánica 2/1997, de 19 de junio, reguladora de la cláusula de conciencia de los profesionales de la información. Podría decirse que se trata de una posibilidad que se facilita a los profesionales de la información para que puedan poner fin a la relación de trabajo, con un medio de comunicación para el que prestan servicio, en atención a una serie de circunstancias, tales como el cambio sustancial de ideología o de orientación informativa de dicho medio o cuando, debido a un traslado a otro medio del mismo grupo, se dé una ruptura de la orientación profesional con el profesional de la información (art. 2 LO 2/1997). Lo que se procura es intentar garantizar una independencia en el ejercicio de las funciones que acompañan a estos profesionales de la información.

Por lo que respecta al secreto profesional, debe señalarse que este no ha sido regulado a día de hoy. Esta tarea pendiente hace que se carezca de regulación legal, aunque lo que sí puede decirse es que bajo su amparo puede, el profesional de la información, negarse a revelar sus fuentes.

> El Tribunal Constitucional se ha pronunciado en reiteradas ocasiones sobre el Derecho a la libertad de información. Por todas exponemos aquí por su interés, la STC 225/2002, de 9 de diciembre, en atención a la cual: *"Es preciso partir del art. 20.1 d) CE que reconoce el derecho a comunicar o recibir libremente información veraz por cualquier medio de difusión, remitiendo a continuación al legislador la tarea de regular el derecho a la cláusula de conciencia y al secreto profesional en el ejercicio de estas libertades. El derecho a la cláusula de conciencia adquiere con ello en nuestro Derecho relevancia constitucional, particularidad significativa respecto a los Ordenamientos jurídicos próximos, en los cuales aquel derecho sólo se reconoce directa o indirectamente y con un contenido variable en cuanto al alcance de la cláusula, bien en la propia ley –al respecto el caso más relevante como referente normativo lo constituye la Ley francesa de 1935, reguladora del estatuto periodístico, que supuso la incorporación del derecho al art. 761.7 del Code du travail–, bien en los convenios colectivos de aplicación en las empresas de comunicación, como es el caso italiano. El reconocimiento por parte del art. 20.1 d) CE del derecho a la cláusula de conciencia no ha encontrado desarrollo legislativo en nuestro Ordenamiento hasta la Ley Orgánica 2/1997, de 19 de junio, lo cual no ha obstado ni a su invocación como derecho constitucional que es, ni a su regulación en algunos códigos deontológicos profesionales, estatutos de redacción o convenios colectivos, posibilidad esta última de incorporación convencional de referencias a derechos fundamentales admitida por nuestra jurisprudencia desde la STC 58/1985"* (Fundamento jurídico 2).

CORTES GENERALES

En España, el Parlamento recibe el nombre de Cortes Generales. Se trata de un órgano constitucional representativo, pues representa al pueblo español. Es bicameral, en el que están presentes la Cámara baja, también denominada Congreso de los Diputados y Cámara alta, también denominada Senado.

Las funciones principales de las Cortes Generales se encuentran en el artículo 66 CE, y estas son, en primer lugar, el ejercicio de la potestad legislativa; en segundo término, la aprobación de los presupuestos; y finalmente, también se encarga de controlar la acción del Gobierno. Además, la propia Constitución establece que tendrá aquellas competencias que el propio texto constitucional le atribuya.

En cuanto a las Cámaras, el Congreso tiene actualmente una composición de 350 diputados. Se trata de un número fijo, elegido mediante sufragio universal, libre, igual, directo y secreto, sabiendo que la circunscripción electoral es la provincia. Sin embargo, el número de personas que forman parte del Senado es variable, ya que, por un lado, a cada provincia le corresponde elegir a un número de senadores que van a entrar en la Cámara por sufragio universal, libre, igual, directo y secreto; después será la Comunidad Autónoma la que, en función de la población en dicho territorio, elegirá a otro número de personas. A este respecto es imprescindible tener presente lo establecido en la Ley Orgánica 5/1985, de 19 de junio, del régimen electoral general, siendo esta la norma estatal que se encarga de establecer el funcionamiento en lo que a las elecciones se refiere.

Sobre lo expuesto, la STC 24/1990, de 15 de febrero, dispone, respecto a las Cortes Generales, lo siguiente: *"Las Cortes Generales (art. 66.1 C.E.), que en su doble condición de representantes del pueblo español (art. 66.1 C.E.) en quien reside la soberanía (art. 1.2 C.E.), y de titulares de la potestad legislativa (art. 66.2 C.E.) hacen realidad el principio de toda democracia representativa, a saber, que los sujetos a las normas sean, por vía de la representación parlamentaria, los autores de las normas, o dicho de otro modo, que los ciudadanos sean actores y autores del ordenamiento jurídico"* (Fundamento jurídico 2).

LEY

La Ley es una modalidad normativa que resulta del ejercicio de la potestad legislativa. Ello implica que la Ley proviene de la actuación del Parlamento, esto es, de la actividad de los representantes de la ciudadanía.

Esencialmente, en España nos encontramos con Leyes Orgánicas, por un lado, las cuales son, en términos constitucionales, aquellas que se encargan del desarrollo de los derechos fundamentales y libertades públicas, aquellas que se encarguen de la aprobación de los Estatutos de Autonomía, la relativa al régimen electoral general y cualesquiera que la Constitución así lo diga, tal y como indica el artículo 81 CE. Por otro lado, junto con estas Leyes Orgánicas, que tienen un ámbito material delimitado de forma específica, tendríamos las Leyes ordinarias, que se encargan de las materias que no están reservadas a las Leyes Orgánicas.

NORMAS CON FUERZA DE LEY

Dentro de las distintas modalidades normativas existentes nos encontramos con las normas con fuerza de Ley. Se trata de normas que no son dictadas por el órgano que ostenta el Poder Legislativo, esto es, el Parlamento, sino que provienen del Gobierno. Aun no siendo leyes como tal, puesto que, como decimos, no son dictadas por el órgano que ostenta el Poder Legislativo (Parlamento), se equiparan a las mismas a nivel jerárquico, pero no siendo leyes desde un plano formal.

Dentro del ordenamiento jurídico español se distinguen dos modalidades de normas con fuerza de Ley. Por un lado, el Real Decreto-ley y, por el otro, el Real Decreto Legislativo, cuya regulación se residencia en diversos artículos de la Constitución.

El Real Decreto-ley (art. 86 CE) es una norma con fuerza de Ley dictada por el Gobierno y que se caracteriza por ser provisional. No se puede dictar en cualquier momento, ya que tiene un presupuesto habilitante que es la existencia de una situación de extraordinaria y urgente necesidad. Este carácter provisional se predica debido a que tienen que ser sometidos de manera inmediata a debate y votación de totalidad de la Cámara baja, es decir, del Congreso de los Diputados, en un plazo de treinta días. El Congreso se va a tener que pronunciar acerca de su convalidación o derogación, pudiendo conjuntamente a esas decisiones decidir que se tramite como un proyecto de Ley.

Además, tiene una serie de materias vetadas, respecto a las cuales no cabe esta figura normativa. Estas materias son las instituciones básicas del Estado, los derechos, deberes y libertades contenidos en el Título I de la Constitución, el régimen de las Comunidades Autónomas y el Derecho electoral general, así como aquellas otras previstas en la propia Constitución.

El Real Decreto Legislativo (art. 82 y siguientes CE) es una norma con fuerza de Ley dictada por el Gobierno con base a una delegación legislativa realizada por las Cortes Generales. Esto implica que las Cortes Generales deciden delegar en el Gobierno la realización de una norma con fuerza de Ley, que puede ser de cara a que el Gobierno elabore un texto articulado o bien que lleve a cabo una refundición. La delegación que realizan las Cortes Generales debe llevarse a cabo de manera expresa, no pudiendo entenderse la misma concedida de manera implícita. Al mismo tiempo, se debe fijar un plazo para llevar a cabo el cometido de la delegación y no va a ser posible que el Gobierno subdelegue. Tampoco va a poder afectar a aquellas materias reservadas a Ley Orgánica.

GOBIERNO

El Gobierno se incardina dentro del Poder Ejecutivo en el marco del tradicional principio de división de poderes. En atención a lo dispuesto en el artículo 97 CE, el Gobierno puede definirse como un órgano constitucional cuyo cometido es dirigir la política interior y exterior, también la Administración civil y militar, y, como no podía ser de otro modo, la defensa del Estado. Junto con ello, también tiene atribuida la función ejecutiva y la potestad reglamentaria.

La persona propuesta para ocupar la Presidencia del Gobierno va a ser la determinada por el Rey tras la celebración de las denominadas rondas de consultas, las cuales tienen lugar con los representantes de los grupos políticos que hayan obtenido representación parlamentaria. Tras esta ronda de consultas el Rey comunica a la Presidencia del Congreso su propuesta, debiendo celebrarse a continuación la sesión de investidura, la cual, de superarse, implica que el Rey lo nombrará Presidente o Presidenta.

La obtención de la confianza de la Cámara se produce al conseguir una mayoría absoluta en primera votación o mayoría simple en la segunda. Si tras dos meses desde la celebración de la primera votación de investidura no se ha conseguido superar la misma por ninguna de las personas propuestas, se procederá a la disolución de las Cámaras y convocatoria de elecciones.

El Gobierno aparece regulado en la Ley 50/1997, de 27 de noviembre, del Gobierno, la cual ha sufrido reformas en 2003, 2015 y, la última, en el año 2020.

A día de hoy, en España han tenido lugar catorce legislaturas y se han sucedido siete Presidentes del Gobierno.

CUESTIÓN DE CONFIANZA

La cuestión de confianza o moción de confianza es un mecanismo existente en Derecho parlamentario, recogido en el artículo 112 CE, a través del cual la persona que ocupa la Presidencia del Gobierno tiene la posibilidad, con la deliberación previa del Consejo de Ministros, de interpelar a la Cámara baja, esto es, al Congreso de los Diputados, con un planteamiento respecto del programa o sobre una declaración de política general. La confianza se entiende otorgada por mayoría simple. En caso de que no se supere la cuestión de confianza, la consecuencia es la presentación de la dimisión por parte del Presidente del Gobierno ante el Jefe del Estado.

En España se han presentado dos cuestiones de confianza, una en 1980 y otra en 1990. En ambos casos se consiguió superar la votación, entendiéndose concedida la confianza por la Cámara.

Sobre esto puede confrontarse la STC 124/2018, de 14 de noviembre, que dispone, con relación a la cuestión de confianza, lo siguiente: *"Las relaciones entre el Parlamento y el Gobierno se materializan, principalmente, en la investidura del Presidente del Gobierno (art. 99 CE), la cuestión de confianza (arts. 112 y 114.1 CE) y la moción de censura (arts. 113 y 114.2 CE), así como en que, a su vez, el Presidente del Gobierno puede proponer al Rey la disolución de las Cámaras (art. 115 CE)"* (Fundamento jurídico 6).

MOCIÓN DE CENSURA

La moción de censura es un mecanismo jurídico que sirve para exigir responsabilidad política al Gobierno. En España está regulado en el artículo 113 CE. En este precepto se establece que debe proponerse, por lo menos, por la décima parte de los miembros del Congreso de los Diputados. Además, deberá contener una persona candidata a la Presidencia. Estamos, por ello, ante lo que se denomina una moción de censura constructiva, en la que la caída de un Gobierno lleva aparejada que se establezca otro en su lugar, debiendo no solo existir un acuerdo parlamentario de la Cámara para censurar al Gobierno, sino también en lo relativo a la persona alternativa que se incluye en la propia moción.

La aprobación de la moción de censura se producirá cuando se obtenga la mayoría absoluta del Congreso de los Diputados.

En España, se han presentado cinco mociones de censura. La primera de ellas tuvo lugar en 1980; la segunda en 1987; la tercera en 2017; la cuarta en 2018; y finalmente, en 2020. De todas ellas, la única que ha conseguido triunfar ha sido la de 2018, implicando un cambio en el Gobierno.

El Tribunal Constitucional ha tenido ocasión de pronunciarse sobre esta materia. Así, en la STC 124/2018, de 14 de noviembre, ha establecido: *"La moción de censura es un instrumento clave de las formas de gobierno parlamentario –que se basa en la existencia de una relación de confianza entre el Gobierno y las Cámaras–, porque es un mecanismo a través del cual el Legislativo controla la gestión del Ejecutivo y exige responsabilidad política al mismo, configurándose como un cauce para la manifestación de la extinción de la confianza de las Cámaras en el Ejecutivo (SSTC 81/2012, de 18 de abril, FJ 3 y 151/2017, de 21 de diciembre, FJ 4). Asimismo, nos hemos referido a la cuestión de confianza como uno de los casos, junto con la moción de censura, expresamente establecidos de pérdida de la confianza del Gobierno obtenida por el Gobierno con la investidura de su Presidente (STC 223/2006, FJ 5)"* (Fundamento jurídico 7).

DEFENSOR DEL PUEBLO

El Defensor del Pueblo es una figura que deriva del tradicional *Ombudsman* sueco. En España, el artículo 54 CE lo recoge como un órgano constitucionalmente definido como Alto comisionado de las Cortes Generales. Por ello, su misión es la defensa de los derechos del Título I de la Constitución, ostentando entre sus facultades, la posibilidad de supervisar la actividad de la Administración Pública.

Su regulación se encuentra en la Ley Orgánica 3/1981, de 6 de abril, del Defensor del Pueblo. Esta norma ha sido modificada en tres ocasiones desde su aprobación, siendo la última la del año 2009.

Debemos advertir que existen también figuras autonómicas análogas. Así, por ejemplo, en Galicia recibe el nombre de *"Valedor do Pobo"*; en Cataluña y Valencia se denomina *"Síndic de Greuges"*; en Navarra y el País Vasco, *"Ararteko"*; en Canarias, *"Diputado del Común"*; y en Aragón, *"Justicia de Aragón"*.

MONARQUÍA PARLAMENTARIA

La monarquía parlamentaria es una modalidad de Jefatura del Estado, al igual que ocurre con la republicana. Concretamente, en el artículo 1.3 CE se establece que la Monarquía Parlamentaria es la forma política del Estado.

La regulación específica se puede encontrar en el Título II CE, el cual lleva por título *"De la Corona"*. Dentro de esta parte del texto constitucional, su artículo 57 señala que el papel de Jefe del Estado lo ostentará la persona que sea titular de la Corona, quien, al mismo tiempo va a ser símbolo de la unidad y permanencia y se le encomendará que arbitre y modere el regular funcionamiento de las instituciones.

La Constitución ha establecido una serie de competencias que ostenta el Rey, como son, la sanción y promulgación de las leyes, la convocatoria y disolución de las Cortes Generales y convocatoria de las elecciones generales, la propuesta de la persona candidata a la Presidencia del Gobierno, así como poner fin a sus funciones, ser informado de los asuntos de Estado, ser el mando supremo de las Fuerzas Armadas, etc. Si bien es cierto que la mayoría de las funciones constitucionalmente atribuidas son simbólicas y se deben ejercer mediante el refrendo oportuno, un sector doctrinal ha venido hablando de un poder de reserva del Rey para los casos en los que el resto de poderes del Estado no pueden actuar, siendo el ejemplo paradigmático el golpe de Estado ocurrido el *"23 F"* de 1981, fecha en la que don Juan Carlos I, el entonces Monarca, ejerció un poder real.

Un aspecto que puede destacarse es la preferencia del varón en la línea sucesoria a la Corona. Cabe indicar que fue precisamente esto lo que llevó a que, en legislaturas pasadas, se planteara la idea de una reforma destinada a establecer una igualdad real en este punto, aunque sin que la idea llegase a materializarse de manera efectiva.

En todo caso, en España, en los más de cuarenta años de vigencia constitucional ha ocupado la Jefatura del Estado, don Juan Carlos I, el cual estuvo en el cargo hasta el año 2014. En ese momento, se produce la primera abdicación en virtud de la Ley Orgánica 3/2014, de 18 de junio, por la que se hace efectiva la abdicación de Su Majestad el Rey don Juan Carlos I de Borbón, lo cual tuvo como consecuencia la subida al trono del actual Monarca, don Felipe VI.

TRIBUNAL CONSTITUCIONAL

El Tribunal Constitucional es el supremo intérprete de la Constitución y se regula en el Título IX de la misma. Se trata de un órgano constitucional y que al mismo tiempo es de tipo jurisdiccional, aunque no forma parte del Poder Judicial, regulándose en un Título independiente dentro del texto constitucional. La configuración que está presente en España es un modelo de Justicia constitucional concentrado, con la presencia de un único Tribunal que tiene la potestad de juzgar una norma e inaplicarla en caso de ser contraria a la Constitución.

El Tribunal Constitucional español tiene una composición de doce miembros. En lo que respecta a la elección, cuatro van a ser propuestos por el Congreso de los Diputados, cuatro a propuesta del Senado, dos a propuesta del Gobierno y dos a propuesta del CGPJ. La propuesta se hará entre juristas que tengan una reconocida competencia con más de quince años de experiencia, y se elegirán entre magistrados, fiscales, funcionarios públicos, profesores de universidad y abogados.

La duración del mandato va a ser de nueve años y la renovación será por terceras partes cada tres años.

El hecho de que estemos ante un número par de componentes provoca que se haya establecido un voto de calidad para la Presidencia del órgano.

Junto con el texto constitucional, hay que tener presente la LOTC, donde se desarrolla el funcionamiento de este órgano.

RECURSO DE AMPARO

El recurso de amparo es una de las principales competencias que el Tribunal Constitucional tiene atribuidas en virtud de lo dispuesto en el artículo 161.1.b) CE, siendo desarrollado en los artículos 41 y siguientes LOTC.

Concretamente, se trata de un recurso que se puede interponer ante la vulneración de los derechos fundamentales contenidos en el Capítulo Segundo, Sección Primera del Título I, a los que habrá que añadir el artículo 14 y el artículo 30.2 CE.

La legitimación para interponer el recurso de amparo recae en cualquier persona, cuando invoque un interés legítimo, así como también en el Ministerio Fiscal y el Defensor del Pueblo (artículo 162.1.b) CE).

Dentro de la LOTC, el recurso de amparo aparece recogido en el Título III. A lo largo del articulado de dicho Título podemos encontrarnos con tres recursos de amparo según la procedencia del acto, sabiendo que se requiere la vulneración de alguno de los derechos antes especificados. Así, en primer lugar, tenemos el amparo contra decisiones de órganos legislativos, tanto estatales como autonómicos; en segundo término, contra las del Gobierno y la Administración; y finalmente, contra las procedentes de órganos judiciales.

Junto con ello, en la Ley Orgánica 5/1985, de 19 de junio, del régimen electoral general, se regula lo que se conoce como amparo electoral, el cual se dirige contra los Acuerdos de las Juntas Electorales. Se trata de una modalidad del recurso de amparo ordinario referido a cuestiones relativas al régimen electoral, caracterizándose por su mayor rapidez.

Una cuestión sumamente relevante es que, en el año 2007, la Ley Orgánica 6/2007, de 24 de mayo, modifica la LOTC, y se exige que en el recurso de amparo se indique la especial trascendencia constitucional. Precisamente, sobre esta cuestión se ha pronunciado el Tribunal Constitucional indicando cuando se entiende cumplido dicho requisito. Así, en la STC 155/2009, de 25 de junio, determina: *"Este Tribunal estima conveniente, dado el tiempo transcurrido desde la reforma del recurso de amparo, avanzar en la interpretación del requisito del art. 50.1 b) LOTC. En este sentido considera que cabe apreciar que el contenido del recurso de amparo justifica una decisión sobre el fondo en razón de su especial trascendencia constitucional en los casos que a continuación se refieren, sin que la relación que se efectúa pueda ser entendida como un elenco definitivamente cerrado de casos en los que un recurso de amparo tiene especial trascendencia constitucional, pues a tal entendimiento se opone, lógicamente, el carácter dinámico del ejercicio de nuestra jurisdicción, en cuyo desempeño no puede descartarse a partir de la casuística que se presente la necesidad de perfilar o depurar conceptos, redefinir supuestos contemplados, añadir otros nuevos o excluir alguno inicialmente incluido.*

Tales casos serán los siguientes: a) el de un recurso que plantee un problema o una faceta de un derecho fundamental susceptible de amparo sobre el que no haya doctrina del Tribunal Constitucional, supuesto ya enunciado en la STC 70/2009, de 23 de marzo; b) o que dé ocasión al Tribunal Constitucional para aclarar o cambiar su doctrina, como consecuencia de un proceso de reflexión interna, como acontece en el caso que ahora nos ocupa, o por el surgimiento de nuevas realidades sociales o de cambios normativos relevantes para la configuración del contenido del derecho fundamental, o de un cambio en la doctrina de los órganos de garantía encargados de la interpretación de los tratados y acuerdos internacionales a los que se refiere el art. 10.2 CE; c) o cuando la vulneración del derecho fundamental que se denuncia provenga de la ley o de otra disposición de carácter general; d) o si la vulneración del derecho fundamental traiga causa de una reiterada interpretación jurisprudencial de la ley que el Tribunal Constitucional considere lesiva del derecho fundamental y crea necesario proclamar otra interpretación conforme a la Constitución; e) o bien cuando la doctrina del Tribunal Constitucional sobre el derecho fundamental que se alega en el recurso esté siendo incumplida de modo general y reiterado por la jurisdicción ordinaria, o existan resoluciones judiciales contradictorias sobre el derecho fundamental, ya sea interpretando de manera distinta la doctrina constitucional, ya sea aplicándola en unos casos y desconociéndola en otros; f) o en el caso de que un órgano judicial incurra en una negativa manifiesta del deber de acatamiento de la doctrina del Tribunal Constitucional (art. 5 de la Ley Orgánica del Poder Judicial: LOPJ); g) o, en fin, cuando el asunto suscitado, sin estar incluido en ninguno de los supuestos anteriores, trascienda del caso concreto porque plantee una cuestión jurídica de relevante y general repercusión social o económica o tenga unas consecuencias políticas generales, consecuencias que podrían concurrir, sobre todo, aunque no exclusivamente, en determinados amparos electorales o parlamentarios" (Fundamento jurídico 2).

RECURSO DE INCONSTITUCIONALIDAD

El recurso de inconstitucionalidad es otra de las competencias que la Constitución atribuye al Tribunal Constitucional, tal y como establece el artículo 161.1.a) de dicho cuerpo normativo, competencia que también se encuentra desarrollada en los artículos 31 y siguientes LOTC. El motivo para su interposición es considerar que una Ley o una disposición con fuerza de Ley es contraria a la propia Constitución y la legitimación para interponer este recurso recae en la Presidencia del Gobierno, el Defensor del Pueblo, cincuenta senadores, cincuenta diputados, en los órganos colegiados ejecutivos de las Comunidades Autónomas y, en las Asambleas de las mismas (artículo 162.1.a) CE).

El artículo 27.2 LOTC se ha encargado de elaborar un listado de normas que van a poder ser recurridas y ser declaradas inconstitucionales. En éste figuran: las Leyes Orgánicas, incluyéndose aquí a los Estatutos de Autonomía; el resto de Leyes, disposiciones normativas y actos del Estado que posean fuerza de Ley; los Tratados internacionales; los Reglamentos de las Cámaras y Cortes Generales; y las Leyes, actos y disposiciones normativas que posean fuerza de Ley procedentes de las Comunidades Autónomas, así como los Reglamentos de sus Asambleas Legislativas.

En este listado se mencionan una serie de Reglamentos. Ello se debe a que, por la peculiaridad de los que figuran en el listado, los mismos han sido equiparados a normas con fuerza de Ley. El resto de normativa infralegal será competencia de la jurisdicción ordinaria.

Debemos hacernos eco también de la existencia de un recurso previo de inconstitucionalidad. Bajo esta nomenclatura se encierra un mecanismo regulado en el artículo 79 LOTC, y que va dirigido contra los Proyectos de Estatutos de Autonomía y sus reformas (este último, si bien figuraba en un inicio, fue suprimido y recuperado en el año 2015). En esencia, se trata de plantear al Tribunal Constitucional que se pronuncie una vez que el texto del Proyecto de Estatuto o de su reforma ha sido aprobado por las Cortes Generales, de tal manera que quedan suspendidos el resto de trámites, incluido el posible referéndum a convocar en el territorio autonómico.

CUESTIÓN DE INCONSTITUCIONALIDAD

La cuestión de inconstitucionalidad es una de las competencias cuyo conocimiento se atribuye al Tribunal Constitucional, tal y como se determina en el artículo 163 CE, siendo desarrollada tal competencia en los artículos 35 y siguientes LOTC. Este mecanismo solo puede ser promovido por un órgano judicial. Así, cuando dicho órgano considere que una Ley o una norma con fuerza de Ley es susceptible de vulnerar la Constitución, podrá presentar la mencionada cuestión. Ahora bien, únicamente podrá hacerlo cuando la norma sobre la que se consulta sea aplicable al caso y que de ella dependa el fallo.

En España existe, junto con esta cuestión de inconstitucionalidad, la denominada autocuestión de inconstitucionalidad o cuestión interna de inconstitucionalidad. Este mecanismo implica que el Tribunal Constitucional, en la resolución de un recurso de amparo (cuya finalidad no es otra que examinar si se ha producido o no una vulneración de los derechos fundamentales), puede plantearse la duda acerca de la compatibilidad con el texto constitucional de una norma con fuerza de Ley (*vid.* art. 55.2 LOTC).

CONFLICTO DE COMPETENCIAS

Junto con el recurso de amparo, recurso de inconstitucionalidad y cuestión de inconstitucionalidad, otra gran labor que compete al Tribunal Constitucional son los denominados conflictos de competencias, los cuales se regulan en el artículo 161.1.c) CE y cuyo desarrollo legislativo se encuentra en los artículos 70 y siguientes LOTC. Básicamente, se puede dar en torno a las disposiciones, resoluciones y actos, cuando existen dos o más órganos que se consideran competentes (conflicto de competencia positivo) o incompetentes (conflicto de competencia negativo). Debe aclararse que estos conflictos de competencia pueden surgir no solo entre el Estado y una o más Comunidades Autónomas, sino que también es factible que se dé entre varias Comunidades Autónomas entre sí.

> A este respecto, conviene señalar la STC 25/1981, de 14 de julio, la cual se ha encargado de establecer una clara conceptualización del contencioso. Así, se dispone: *"En términos generales, hay conflicto de competencia cuando dos órganos se consideran igualmente competentes o incompetentes para proveer en un determinado asunto, y control de constitucionalidad de las normas cuando se comprueba la validez de una norma contrastándola con otra de nivel superior en los términos del art. 28.1 de la LOTC, sin que se pretenda el ejercicio de la competencia normativa por parte del que impugna la validez"* (Fundamento jurídico 2).

REFORMA CONSTITUCIONAL

La reforma constitucional es una de las garantías que recoge la Constitución. Concretamente, el texto constitucional contempla dos modalidades de reforma en atención a la parte de la Constitución que se pretenda afectar. A pesar de que ambos procedimientos de reforma son complejos, se sistematizan en un procedimiento ordinario y otro procedimiento agravado.

En el procedimiento de reforma ordinario (art. 167 CE), el proyecto de reforma va a requerir una aprobación por parte de una mayoría de tres quintos, tanto en el Congreso como en el Senado. A falta de acuerdo, se procederá a la creación de una Comisión que se caracterizará por una composición paritaria de miembros de la Cámara baja y la Cámara alta, con el objetivo de presentar un texto que será votado por ambas Cámaras. Si no se obtuvieran resultados fructíferos, se podría aprobar por una mayoría de dos tercios del Congreso, siempre con el condicionante de que en el Senado se haya obtenido una mayoría absoluta. Si se consigue aprobar el proyecto de reforma constitucional, éste podrá ser sometido a referéndum cuando así se pida por una décima parte de los miembros de cualquiera de las Cámaras, teniendo un plazo de quince días para solicitarlo.

Ahora bien, hay que tener presente que no todas las materias pueden ser objeto de este procedimiento de reforma. Sin duda es la regla general de reforma, pero cuando el objetivo sea la revisión total de la Constitución o cuando se afecte al Título Preliminar, al Capítulo II, Sección Primera del Título I o bien al Título II, entrará en juego el procedimiento de reforma agravado (art. 168 CE). Este implica una exigencia mayor que en el anterior, y es que, en primer lugar, se va a requerir una mayoría de dos tercios de cada Cámara, disolviéndose las Cortes Generales. Las nuevas Cámaras elegidas deberán volver a reafirmarse en la reforma nuevamente mediante una mayoría de dos tercios en las dos Cámaras. Conseguida la aprobación por parte de las Cortes Generales de la manera señalada, se procederá a la celebración de un referéndum para que la decisión sea ratificada, siendo, en este caso, una celebración obligatoria y requisito *sine qua non* para que la reforma culmine con éxito.

En España, han tenido lugar dos reformas constitucionales que han seguido el procedimiento ordinario, sin que en ningún caso se haya celebrado referéndum por no haberse solicitado por la décima parte como se ha indicado. Concretamente, las reformas han tenido lugar en 1992 respecto del artículo 13.2 CE y en el año 2011 respecto del artículo 135 CE. En lo que respecta a la primera, se refirió a la inclusión del sufragio pasivo de las personas extranjeras en las elecciones municipales en atención a criterios de reciprocidad. En la segunda, su objetivo era procurar la consecución del principio de estabilidad presupuestaria, afectando esta reforma a todas las Administraciones Públicas.

DERECHO CIVIL

Marta Otero Crespo
Profesora Contratada Doctora de Derecho Civil
Universidade de Santiago de Compostela

DERECHO CIVIL

El Derecho civil es, con carácter general, la rama del ordenamiento jurídico encargada de regular las relaciones entre particulares. Se trata del Derecho privado general o Derecho común general. Su naturaleza de Derecho privado se opone al Derecho público; mientras, su carácter de Derecho general o común, enfrentado al de normas de Derecho especial, se contrapondría a otras ramas del Derecho privado especial, como el Derecho mercantil. Además, también cabría hablar de su carácter de Derecho común por oposición a los denominados históricamente como Derechos civiles forales (más recientemente, Derechos civiles autonómicos).

CAPÍTULO 3

INTRODUCCIÓN AL DERECHO CIVIL

Marta Otero Crespo
Profesora Contratada Doctora de Derecho Civil
Universidade de Santiago de Compostela

FUENTES DEL DERECHO CIVIL

De acuerdo con lo dispuesto en el artículo 1.1 CC, las fuentes del ordenamiento jurídico español son la ley, la costumbre y los principios generales del Derecho. Debemos tomar en consideración que tal precepto responde a la regulación del Código civil de 1889, que, tras la aprobación de la Constitución de 1978, ha de ser objeto de relectura a la luz constitucional, al ser la CE la norma suprema del ordenamiento jurídico español.

La ley, en un sentido amplio, sería sinónimo de norma jurídica. Sin embargo, en un sentido más preciso, designaría a todas las normas dictadas por los órganos del Estado dotados con potestad normativa (sentido que tendría la palabra *"ley"* en el artículo 1.1 CC). Finalmente, con carácter aún más preciso, la expresión *"ley"* se emplearía para designar tanto a la ley del Parlamento como a todas aquellas que tengan el mismo rango o fuerza (Decretos-leyes y Decretos Legislativos, *ex* artículos 86 y 82 CE, respectivamente).

En los términos recogidos en el Código civil, la costumbre sólo regirá en defecto de ley aplicable, siempre que no sea contraria a la moral o al orden público, exigiéndose que resulte probada. Además, los usos jurídicos que no sean meramente interpretativos de una declaración de voluntad tendrán la consideración de costumbre.

Finalmente, los principios generales del Derecho se aplicarán en defecto de ley o costumbre, sin perjuicio de su carácter informador del ordenamiento jurídico.

La jurisprudencia, de conformidad con el artículo 1.6 CC, no es fuente del Derecho, sino que *"complementará"* el ordenamiento jurídico con la doctrina que, de modo reiterado, establezca el Tribunal Supremo al interpretar y aplicar la ley, la costumbre y los principios generales del Derecho.

Tampoco podemos desconocer que, dada la existencia de una pluralidad legislativa en el ámbito del Derecho civil, consagrada en el artículo 149.1.8ª CE y de indudables raíces históricas, existen normas de producción autonómica que establecen su propio sistema de fuentes en el ámbito civil. Así, por ejemplo, en el artículo 1.1 LDCG se establece que *"Las fuentes del derecho civil de Galicia son la ley, la costumbre y los principios generales que integran e informan el ordenamiento jurídico gallego"*, en la Ley 2 CDFN, *"Prelación de fuentes. En Navarra la prelación de fuentes de Derecho es la siguiente: 1. La costumbre establecida por la realidad social navarra. 2. Las leyes de la presente Compilación y las Leyes civiles navarras. 3. Los principios generales del Derecho navarro"*; o el artículo 111-1 CCCat, *"Derecho civil de Cataluña. 1. El derecho civil de Cataluña está constituido por las disposiciones del presente Código, las demás leyes del Parlamento en materia de derecho civil, las costumbres y los principios generales del derecho propio. 2. La costumbre solo rige en defecto de ley aplicable"*.

LEY

La ley es mencionada como primera fuente del ordenamiento jurídico español en el artículo 1 CC. En un sentido amplio, ley es sinónimo de norma jurídica; en un sentido más preciso, la palabra ley sirve para designar a todas las normas dictadas por los órganos del Estado dotados de potestad normativa. Y en un sentido aún más riguroso, serviría para referirnos tanto a las producidas por el Parlamento como las demás que tengan el mismo rango o fuerza (Decretos-leyes y Decretos Legislativos previstos en la Constitución). Finalmente, en su sentido más estricto ley es la norma aprobada con este nombre por las Cortes Generales por el procedimiento establecido en el Capítulo II del Título I CE, así como las aprobadas, también con ese nombre, por las Asambleas Legislativas de las Comunidades Autónomas.

Con carácter general, para que una norma escrita pueda ser considerada como ley, ha de cumplir con unos requisitos de naturaleza externa, de solemnidad e interna o de legitimidad. Así, los primeros se verifican observando el procedimiento establecido para la elaboración de las leyes previsto en la CE, en los Reglamentos de las Cámaras, así como los determinados en los Estatutos de Autonomía, para el caso de las leyes autonómicas. El proceso de elaboración de las leyes se desarrolla tanto en las Cortes Generales (leyes estatales), como en los Parlamentos autonómicos (leyes autonómicas), culminado con los actos de sanción (prevista en los artículos 91 y 62 a) CE para las leyes estatales, y que en la actualidad en cuanto sanción regia es un mero tributo a la Historia, así como al valor simbólico de la Monarquía, puesto que la potestad de hacer las leyes ya no reside en las Cortes con el Rey; tal sanción, en ocasiones, se obvia en determinados Estatutos de Autonomía, por ejemplo, en el artículo 13.2 del Estatuto de Autonomía de Galicia), promulgación (acto mediante el cual el Rey hace constar que las Cortes Generales han aprobado la ley, correspondiendo a los presidentes de las Comunidades Autónomas tal acto en el supuesto de leyes autonómicas) y publicación (respondiendo al principio constitucional de publicidad de las normas *ex* artículo 9 CE, de ahí que las normas se publiquen en el BOE –en el caso de las leyes estatales– o en los correspondientes Boletines oficiales de las Comunidades Autónomas –en el caso de las leyes autonómicas, sin perjuicio de que también se publiquen en el BOE–). Por lo que se refiere a los requisitos de naturaleza interna, estos se cumplirán cuando el órgano que confecciona la ley es competente en virtud de lo establecido por la CE, así como cuando su contenido se ajusta a los principios y normas de la Constitución misma.

Finalmente, si atendemos a las leyes que presentan un mayor interés desde la perspectiva del Derecho civil, cabría mencionar a las leyes orgánicas, leyes ordinarias y leyes de bases. En este sentido, *vid.* artículos 81 y siguientes CE.

COSTUMBRE

La costumbre es una fuente del Derecho civil en los términos establecidos en el Código civil. Así, en el ámbito del Derecho común, se enumera como fuente en el artículo 1.1 CC, situándose entre la ley y los principios generales del Derecho. Además, el artículo 1.3 CC señala que esta *"sólo regirá en defecto de ley aplicable, siempre que no sea contraria a la moral o al orden público, y que resulte probada".* Mayor presencia aún parece tener en el ámbito de los Derechos civiles autonómicos en los que, curiosamente, las reformas de sus respectivos sistemas de fuentes, producidas con posterioridad a la Constitución, parecen haber reforzado su papel normativo, a pesar de que esta carezca de cualquier respaldo constitucional.

El rasgo distintivo de la costumbre es que se trataría de una fuente del Derecho no escrita, de origen extraestatal, por cuanto es creada por las fuerzas sociales sin la intervención del Estado, el cual, sin embargo, presta su colaboración coactiva reconociéndole carácter normativo. Además, son normas que nacen de la práctica efectiva y repetida de una determinada conducta a la que, en la concepción tradicional, acompañan determinados requisitos.

Su rasgo distintivo, esto es, su carácter no escrito, no impide su recopilación o plasmación por tal medio, alterándose así el rango de la norma (pasando de ser costumbre a ley. *Vid.* al respecto las SSTC 121/1992, de 28 de septiembre y 182/1992, de 16 de noviembre).

Sistemáticamente, la costumbre puede clasificarse como *extra o praeter legem*, que sería la que regula situaciones sobre las que ley no se pronuncia; *contra legem*, que disciplina una determinada cuestión contradiciendo lo dispuesto en la ley; o *secundum* o *propter legem*, que es aquella que resulta conforme a una ley, fijando por vía interpretativa, el sentido de esta. De acuerdo con lo dispuesto en el artículo 1.3 CC, solo se admite la costumbre supletoria, esto es, en defecto de ley. Sin embargo, tal nota no resulta predicable de otros ordenamientos jurídicos. Así, en el caso de la CDFN, la costumbre ocupa el primer lugar en el sistema de prelación de fuentes (Ley 2).

Con carácter general, la prueba de la costumbre corresponde a quien la alega. En este sentido, el artículo 281 LEC impone su prueba, no siendo esta necesaria si las partes estuviesen conformes en su existencia y contenido y sus normas no afectasen al orden público.

PRINCIPIOS GENERALES DEL DERECHO

Los principios generales del derecho serían aquellos criterios o valores que, sin estar expresamente formulados, constituyen el fundamento del ordenamiento jurídico de una comunidad. De acuerdo con lo señalado en el artículo 1.4 CC, son aplicables en defecto de ley o costumbre, pero, además, poseen un carácter informador de todo el ordenamiento jurídico. Por ello, podemos sostener que cumplen dos funciones: una referida a su carácter de fuente subsidiaria; otra, por su carácter informador de todo el ordenamiento jurídico.

De nuevo, la aprobación de la CE en 1978 ha dado un nuevo significado a esta fuente del Derecho, por cuanto esta misma acoge una serie de principios fundamentales en su artículo 9.3 CE: *"La Constitución garantiza el principio de legalidad, la jerarquía normativa, la publicidad de las normas, la irretroactividad de las disposiciones sancionadoras no favorables o restrictivas de derechos individuales, la seguridad jurídica, la responsabilidad y la interdicción de la arbitrariedad de los poderes públicos".*

La importancia de los principios generales del derecho se revitaliza en el ámbito de los Derechos civiles autonómicos, por cuanto en algunos de ellos se utilizan como mecanismo de autointegración, evitando la aplicación del Derecho del Código civil en cuanto Derecho común general. Y en este sentido, un claro ejemplo lo encontramos en el artículo 1.3 LDCG, por cuanto dispone que *"En defecto de ley y costumbre gallegas, será de aplicación con carácter supletorio el derecho civil general del Estado, cuando no se oponga a los principios del ordenamiento jurídico gallego".*

CAPÍTULO 4

DERECHO DE LA PERSONA

Marta Otero Crespo
Profesora Contratada Doctora de Derecho Civil
Universidade de Santiago de Compostela

PERSONA FÍSICA

La persona (física o natural), en coherencia con la ideología liberal que inspiró la redacción de nuestro Código civil, ocupa un lugar destacado en la regulación de las instituciones civiles. En la actualidad, la persona constituye el centro de gravedad sobre el que pivota el ordenamiento jurídico democrático, limitándose este a reconocer la personalidad como una realidad dada externa a él.

En el Código civil, dentro de su Libro Primero se encuentra la regulación *"De las personas"*. De acuerdo con el artículo 29 CC, *"El nacimiento determina la personalidad; pero el concebido se tiene por nacido para todos los efectos que le sean favorables, siempre que nazca con las condiciones que expresa el artículo siguiente"*. Así, *"La personalidad se adquiere en el momento del nacimiento con vida, una vez producido el entero desprendimiento del seno materno"* (art. 30 CC).

El fin de la personalidad civil se produce por la muerte de las personas (art. 32 CC), si bien en algunos supuestos el legislador ha optado por dispensar protección a la personalidad pretérita, como sucede en el caso de tutela del derecho al honor, la intimidad y propia imagen del fallecido *ex* LO 1/1982, de 5 de mayo, de protección civil del derecho al honor, a la intimidad personal y familiar y a la propia imagen.

Nuestra norma civil común establece que, *"si se duda, entre dos o más personas llamadas a sucederse, quién de ellas ha muerto primero, el que sostenga la muerte anterior de una o de otra, debe probarla; a falta de prueba, se presumen muertas al mismo tiempo y no tiene lugar la transmisión de derechos de uno a otro"* (art. 33 CC).

Desde el punto de vista constitucional resulta relevante lo dispuesto en el artículo 10 CE, por cuanto eleva *"la dignidad de la persona y los derechos fundamentales que le son inherentes"*, así como *"el libre desarrollo de la personalidad"*, al rango de *"fundamento del orden político y de la paz social"*.

CAPACIDAD

Es tradicional en nuestro Derecho la distinción entre capacidad jurídica y capacidad de obrar. Así, por capacidad jurídica se entiende la aptitud para ser titular de derechos y obligaciones. Toda persona la tiene, esto es, se trata de un atributo que corresponde a toda persona por el hecho de serlo, de ahí que se trate de una aptitud abstracta, genérica y no graduable. Mientras, la capacidad de obrar se refiere a la aptitud para ejercer tales derechos y obligaciones, y en este sentido, es susceptible de individualización o graduación. En nuestro Derecho, la capacidad de obrar plena o general se adquiere a los dieciocho años, con la mayoría de edad. Una vez alcanzada esta mayoría de edad, según la normativa todavía en vigor, puede limitarse mediante resolución judicial (sentencia), que incapacite a la persona de acuerdo con los términos previstos en los artículos 756 a 763 LEC.

Es importante destacar que en el mes de julio de 2020, el Consejo de Ministros acordó la remisión a las Cortes Generales del Proyecto de Ley por la que se reforma la legislación civil y procesal para el apoyo a las personas con discapacidad en el ejercicio de su capacidad jurídica. Se pretende así, aunque con notable retraso, la adaptación del Derecho español a la CDPD. Por lo que ahora nos interesa, el Proyecto prescinde de la distinción entre capacidad jurídica y capacidad de obrar y utiliza para referirse tanto a la titularidad de los derechos como a su facultad para ejercitarlos el término capacidad jurídica o, simplemente, capacidad, tal y como se refleja en el artículo 12 CDPD.

DERECHOS DE LA PERSONALIDAD

Los derechos de la personalidad pueden definirse, con carácter general, como aquellos que protegen la integridad personal, tanto en su vertiente física (vida, integridad física) como espiritual (integridad moral, honor, intimidad, imagen, voz, protección de datos, identidad, nombre, derecho moral de autor) de los sujetos. Aunque hoy en día existe un cierto acuerdo en torno a lo que se puede referenciar como el *"núcleo duro"* de los derechos de la personalidad, la categoría continúa siendo dinámica y con contornos difusos. Ello significa, por una parte, que la enumeración de aquellas facetas de la persona que se consideran objeto de protección no es cerrada y, por otra, que la jurisprudencia, legislación y doctrina académica deben seguir perfilando estos derechos. Su formulación como derechos subjetivos y su configuración como categoría dogmática ha sido una conquista de los dos últimos siglos. En nuestro ordenamiento jurídico, algunos de estos derechos se han reconocido expresamente con rango de derechos fundamentales en la Constitución: los derechos al honor, intimidad personal y familiar y propia imagen, reconocidos en el artículo 18.1 CE y desarrollados por la LO 1/1982, o el derecho a la protección de datos personales derivado del artículo 18.4 CE, que debe ser completado con la LO 3/2018, de 5 de diciembre, de Protección de Datos Personales y garantía de los derechos digitales (*vid* también al respecto el Reglamento (UE) 2016/679 del Parlamento

Europeo y del Consejo, de 27 de abril de 2016, relativo a la protección de las personas físicas en lo que respecta al tratamiento de sus datos personales y a la libre circulación de estos datos y por el que se deroga la Directiva 95/46/CE (Reglamento general de protección de datos)).

DERECHO AL HONOR, INTIMIDAD Y PROPIA IMAGEN

El artículo 18 CE en su apartado primero determina que *"Se garantiza el derecho al honor, a la intimidad personal y familiar y a la propia imagen"*. Estos derechos fundamentales han sido objeto de desarrollo normativo a través de la LO 1/1982, de 5 de mayo, de protección civil del derecho al honor, a la intimidad personal y familiar y a la propia imagen, de acuerdo con lo dispuesto en el artículo 81 CE. Es importante destacar que esta LO 1/1982 disciplina la tutela civil de estos derechos, debiendo recurrirse a lo dispuesto en el Código penal cuando la intromisión sea constitutiva de delito.

Se trata de tres derechos diversos, pero íntimamente relacionados, sobre los que la Ley Orgánica no nos proporciona una definición legal. Pese a esta carencia, el honor, término multívoco, queda protegido tanto en la vertiente de estimación que cada persona tiene de si misma (honor en sentido subjetivo), así como desde la perspectiva de la estimación que los demás hacen de nuestra dignidad (honor en sentido objetivo); el derecho a la intimidad se refiere a un derecho de exclusión de injerencias ajenas en el espacio de vida privada o familiar de las personas; mientras, el derecho a la propia imagen, concede a su titular la facultad de reproducir, publicar o comerciar con esta, así como de prohibir la obtención, reproducción o divulgación, por cualquier medio, de la imagen o aspecto físico de la persona sin su consentimiento, incluyéndose aquí la protección de la voz.

Es importante destacar que la protección de estos derechos queda delimitada por las leyes y los usos sociales, atendiendo al ámbito que, por sus propios actos, mantenga cada persona reservado para sí misma o su familia, sin que pueda considerarse la existencia de intromisión ilegítima en el ámbito protegido cuando estuviere expresamente autorizada por ley o cuando el titular del derecho hubiese otorgado al efecto su consentimiento expreso, consentimiento que puede ser objeto de revocación en los términos previstos en el artículo 2 LO 1/1982.

El catálogo de intromisiones ilegítimas en estos derechos se recoge en el artículo 7 LO 1/1982, incluyéndose *"Uno. El emplazamiento en cualquier lugar de aparatos de escucha, de filmación, de dispositivos ópticos o de cualquier otro medio apto para grabar o reproducir la vida íntima de las personas.*

Dos. La utilización de aparatos de escucha, dispositivos ópticos, o de cualquier otro medio para el conocimiento de la vida íntima de las personas o de manifestaciones o cartas privadas no destinadas a quien haga uso de tales medios, así como su grabación, registro o reproducción.

Tres. La divulgación de hechos relativos a la vida privada de una persona o familia que afecten a su reputación y buen nombre, así como la revelación o publicación del contenido de cartas, memorias u otros escritos personales de carácter íntimo.

Cuatro. La revelación de datos privados de una persona o familia conocidos a través de la actividad profesional u oficial de quien los revela.

Cinco. La captación, reproducción o publicación por fotografía, filme, o cualquier otro procedimiento, de la imagen de una persona en lugares o momentos de su vida privada o fuera de ellos, salvo los casos previstos en el artículo octavo, dos.

Seis. La utilización del nombre, de la voz o de la imagen de una persona para fines publicitarios, comerciales o de naturaleza análoga.

Siete. La divulgación de expresiones o hechos concernientes a una persona cuando la difame o la haga desmerecer en la consideración ajena".

Sin embargo, el artículo 8 LO 1/1982, regula una serie de excepciones, que no tendrán la consideración de intromisiones ilegítimas.

La Ley tampoco descuida la tutela *post mortem* de una persona fallecida (arts. 4 y 5 LO 1/1982), así como el establecimiento de mecanismos de tutela judicial *ex ante* (encaminadas a evitar la intromisión ilegítima) y *ex post* (art. 9 LO 1/1982). En cualquier caso, las acciones de protección articuladas en la ley están sometidas a un plazo de caducidad de cuatro años.

Especialmente relevante es la jurisprudencia existente, tanto del Tribunal Constitucional como del Tribunal Supremo, en los supuestos en los que colisionan estos derechos (típicamente, honor e intimidad), con otros derechos fundamentales, tales como el derecho a la libertad de expresión o el derecho a la información.

NOMBRE Y APELLIDOS

El nombre de la persona física es el apelativo que individualiza a la persona y la distingue de las demás. El derecho al nombre está consagrado en textos internacionales como el Pacto internacional de derechos civiles y políticos de 1966 (art. 24) o la Convención de la ONU sobre los derechos del niño de 1989 (arts. 7 y 8). En el ámbito interno, el artículo 50 LRC 2011 (Ley que entrará completamente en vigor el 30 de abril de 2021, con las excepciones indicadas en la disposición final décima de la LRC 2011, sin perjuicio de su entrada en vigor para las oficinas consulares del Registro Civil el 1 de octubre de 2020, aplicándose progresivamente de conformidad con la Disposición transitoria séptima de la LRC 2011 y las disposiciones reglamentarias que se dicten al efecto) establece que toda persona tiene derecho a un nombre desde su nacimiento (*vid.* arts. 53 y siguientes LRC 1957). El encargado del Registro impondrá un nombre y unos apellidos de uso corriente al nacido cuya filiación sea desconocida. Igualmente, cuando los que vengan obligados a su fijación no lo señalaren, impondrá, tras haberles apercibido y transcurrido un plazo de tres días, un nombre de uso corriente. Existe también la posibilidad de que se sustituya el nombre propio por el equivalente en cualquiera de las lenguas españolas, siempre y cuando medie petición del propio interesado o de su representante legal.

La propia LRC 2011, siguiendo lo dispuesto en el artículo 51 LRC 1957, sienta el principio de libertad en la elección del nombre, estableciendo una serie de limitaciones que, en cuanto tales, han de interpretarse restrictivamente. Así, *"no podrán consignarse más de dos nombres simples o uno compuesto", "no podrán imponerse nombres que sean contrarios a la dignidad de la persona ni los que hagan confusa la identificación",* y *"no podrá imponerse al nacido nombre que ostente uno de sus hermanos con idénticos apellidos, a no ser que hubiera fallecido".*

Además, el encargado del Registro Civil podrá, mediante procedimiento registral, autorizar el cambio de nombre, previa declaración del interesado, *"que deberá probar el uso habitual del nuevo nombre, y siempre que concurran las demás circunstancias exigidas en la legislación del Registro Civil"* (art. 52 LRC 2011).

Resulta destacable la Instrucción de 23 de octubre de 2018, de la Dirección General de los Registros y del Notariado, sobre cambio de nombre en el Registro Civil de personas transexuales, en la medida en la que se establecen las directrices para orientar la actuación de los encargados del Registro Civil, ante las solicitudes de cambio de nombre para la imposición de uno correspondiente al sexo diferente al que resulta de la inscripción de nacimiento, sean estos mayores de edad, menores emancipados o para el caso de menores de edad.

Por lo que se refiere a los apellidos, estos vienen determinados por la filiación (art. 49.2 LRC 2011). Es importante destacar que, si la filiación está determinada por ambas líneas, serán los progenitores los que acordarán el orden de transmisión de su respectivo primer apellido, antes de la inscripción registral. Para el caso de desacuerdo o cuando no se hayan hecho constar los apellidos en la solicitud de inscripción, el encargado del Registro Civil requerirá a los progenitores, o a quienes ostenten la representación legal del menor, para que en el plazo máximo de tres días comuniquen su orden. Una vez transcurrido dicho plazo sin comunicación expresa, el encargado acordará el orden de los apellidos atendiendo al *"interés superior del menor"*. En los supuestos de nacimiento con una sola filiación reconocida, esta determina los apellidos, pudiendo el progenitor disponer su orden. La libertad en el orden de elección de los apellidos cuenta con un límite. Así, el orden establecido para la primera inscripción de nacimiento determina el de la inscripción de los posteriores nacimientos con idéntica filiación (art. 49 LRC 2011).

Al igual que sucede con el nombre, se contempla la posibilidad de cambio en los apellidos. En este sentido, los artículos 53 a 55 LRC 2011 contemplan el cambio de apellidos mediante declaración de voluntad, mediante expediente, así como el cambio de autorización de apellidos en circunstancias excepcionales (en concreto, el artículo 55 LRC 2011 establece que *"Cuando se trate de víctimas de violencia de género o de sus descendientes que vivan o hayan vivido en hogares en los que se haya producido tal situación, así como en aquellos supuestos en los que la urgencia de la situación o las circunstancias excepcionales lo requieran, podrá autorizarse el cambio de apellidos por Orden del Ministerio de Justicia, en los términos fijados reglamentariamente"* –*vid.* también lo ya dispuesto por el artículo 58 LRC 1957–).

Con la nueva Ley de 2011, y de conformidad con el artículo 56 LRC, *"Apellidos con elemento extranjero.*

El que adquiere la nacionalidad española conservará los apellidos que ostente en forma distinta de la legal, siempre que así lo declare en el acto de adquirirla o dentro de los dos meses siguientes a la adquisición o a la mayoría de edad, y que los apellidos que se pretenden conservar no resulten contrarios al orden público internacional.

En caso de ciudadanos españoles que tengan igualmente la nacionalidad de otro Estado miembro de la Unión Europea, los cambios de apellidos voluntarios realizados de conformidad con las reglas relativas a la determinación de apellidos aplicables en este último Estado serán reconocidos en España, salvo cuando dicho cambio sea contrario al orden público español, o bien cuando habiendo sido dicho cambio resultado de una resolución judicial ésta no haya sido reconocida en España".

Se determinan además una serie de reglas comunes al cambio de nombre y apellidos establecidas en el artículo 57 LRC 2011. Así, *"1. El cambio de apellidos alcanza a todas las personas sujetas a la patria potestad y también a los demás descendientes que expresamente lo consientan.*

2. El cambio de nombre y apellidos se inscribirá en el registro individual del interesado. Dicha inscripción tiene carácter constitutivo.

3. Los cambios señalados en los párrafos anteriores podrán ser solicitados por el propio interesado si es mayor de dieciséis años".

DERECHO MORAL DE AUTOR

En virtud de lo dispuesto en el TRLPI, existen una serie de derechos de naturaleza irrenunciable e inalienable que corresponden al que ostenta la condición de autor por el solo hecho de la creación de una obra protegida. El contenido y características de tal derecho moral se recogen en el artículo 14 TRLPI, aplicable igualmente a artistas e intérpretes en virtud de lo dispuesto en el artículo 105 TRLPI. De modo opuesto a estos derechos morales, se sitúan los derechos patrimoniales de propiedad intelectual, en los términos previstos en el artículo 17 TRLPI.

De la literalidad del artículo 14 TRLPI se reconocen como derechos morales el derecho de divulgación, el derecho de paternidad, el derecho de integridad, el derecho de modificación, el derecho de retirada, así como el derecho de acceso. Así, *"Corresponden al autor los siguientes derechos irrenunciables e inalienables:*

1.º Decidir si su obra ha de ser divulgada y en qué forma.

2.º Determinar si tal divulgación ha de hacerse con su nombre, bajo seudónimo o signo, o anónimamente.

3.º Exigir el reconocimiento de su condición de autor de la obra.

4.º Exigir el respeto a la integridad de la obra e impedir cualquier deformación, modificación, alteración o atentado contra ella que suponga perjuicio a sus legítimos intereses o menoscabo a su reputación.

5.º Modificar la obra respetando los derechos adquiridos por terceros y las exigencias de protección de bienes de interés cultural.

6.º Retirar la obra del comercio, por cambio de sus convicciones intelectuales o morales, previa indemnización de daños y perjuicios a los titulares de derechos de explotación.

Si, posteriormente, el autor decide reemprender la explotación de su obra deberá ofrecer preferentemente los correspondientes derechos al anterior titular de los mismos y en condiciones razonablemente similares a las originarias.

7.º Acceder al ejemplar único o raro de la obra, cuando se halle en poder de otro, a fin de ejercitar el derecho de divulgación o cualquier otro que le corresponda.

Este derecho no permitirá exigir el desplazamiento de la obra y el acceso a la misma se llevará a efecto en el lugar y forma que ocasionen menos incomodidades al poseedor, al que se indemnizará, en su caso, por los daños y perjuicios que se le irroguen".

EDAD

La edad es una circunstancia de la persona que afecta a su capacidad de obrar (en los términos más tradicionales) y que no es otra cosa que el período de tiempo que media entre el nacimiento del sujeto y el momento en el que se determina. A efectos de su cómputo, en el ámbito civil se incluye completo el día del nacimiento, con independencia de la hora en la que este haya ocurrido (art. 315 CC).

En relación con la edad, abordaremos sucintamente la mayoría y minoría de edad, así como el estatus del emancipado. Y todo ello con independencia de que la edad también sea relevante a otros efectos en el propio articulado del Código civil, por cuanto, por ejemplo, en el artículo 175 CC se establecen ciertos requisitos de edad en el marco de la adopción, o en la medida en la que, en la regulación de la declaración de fallecimiento, la edad es un factor a tomar en consideración, de acuerdo con el artículo 193 CC.

MAYOR Y MENOR EDAD

Tal y como se señala en el artículo 12 CE y en el artículo 315.I CC, los españoles alcanzan la mayoría de edad a los dieciocho años, por lo que, con carácter general, adquieren la capacidad plena para realizar todos los actos de la vida civil, salvo las excepciones previstas por el Código civil (art. 322 CC). En el sistema actualmente vigente, un mayor de edad puede ver limitada su capacidad en los supuestos de incapacitación judicial o de declaración de prodigalidad.

El menor de edad es sujeto de derechos con capacidad jurídica, pero está sometido a la patria potestad de sus progenitores o a tutela, en defecto de lo anterior. Mayor complejidad entraña el estudio de la capacidad del menor de edad, por cuanto no existe una norma general que la determine. Sin embargo, pueden detectarse excepciones. Por ejemplo, en el ámbito contractual, sí existe una norma que determina que no puedan prestar consentimiento *"1.º Los menores no emancipados, salvo en aquellos contratos que las leyes les permitan realizar por sí mismos o con asistencia de sus representantes, y los relativos a bienes y servicios de la vida corriente propios de su edad de conformidad con los usos sociales"* (art. 1263 CC). Asimismo, los padres ostentarán la representación legal de sus hijos menores no emancipados, con excepciones, como, por ejemplo, *"1.º Los actos relativos a los derechos de la personalidad que el hijo, de acuerdo con su madurez, pueda ejercitar por sí mismo.*

No obstante, los responsables parentales intervendrán en estos casos en virtud de sus deberes de cuidado y asistencia" (art. 162 CC).

Al margen de lo anterior, existen preceptos en el Código civil que reconocen al menor la capacidad para realizar por sí solos una serie de actos, sin necesidad de intervención de sus padres o tutores. Por citar algún supuesto, pueden otorgar testamento a partir de los catorce años, con excepción del testamento ológrafo (arts. 663 y 688 CC), así como ser testigos en testamentos otorgados en caso de epidemia, si tienen dieciséis años (art. 701 CC); los menores tienen que consentir su propia adopción si tienen más de doce años, y si tuviesen menos de esa edad, tendrá que ser oído por el juez (art. 177 CC).

De capital importancia ha sido la LOPJM, modificada por la Ley Orgánica 8/2015, de 22 de julio, de modificación del sistema de protección a la infancia y a la adolescencia. En primer lugar, la LOPJM se refería en su artículo 2 al interés superior de los menores (traducción del *"best interests of the child"* recogido en la Convención de la ONU sobre los Derechos del niño de 1989), principio general que primaría sobre cualquier otro interés legítimo en la aplicación de la ley. En su nueva redacción, dada por la Ley Orgánica de 2015, el artículo 2 LOPJM se refiere al interés superior del menor, estableciendo que *"Todo menor tiene derecho a que su interés superior sea valorado y considerado como primordial en todas las acciones y decisiones que le conciernan, tanto en el ámbito público como privado. En la aplicación de la presente ley y demás normas que le afecten, así como en las medidas concernientes a los menores que adopten las instituciones, públicas o privadas, los Tribunales, o los órganos legislativos primará el interés superior de los mismos sobre cualquier otro interés legítimo que pudiera concurrir.*

Las limitaciones a la capacidad de obrar de los menores se interpretarán de forma restrictiva y, en todo caso, siempre en el interés superior del menor.

2. A efectos de la interpretación y aplicación en cada caso del interés superior del menor, se tendrán en cuenta los siguientes criterios generales, sin perjuicio de los establecidos en la legislación específica aplicable, así como de aquellos otros que puedan estimarse adecuados atendiendo a las circunstancias concretas del supuesto:

a) La protección del derecho a la vida, supervivencia y desarrollo del menor y la satisfacción de sus necesidades básicas, tanto materiales, físicas y educativas como emocionales y afectivas.

b) La consideración de los deseos, sentimientos y opiniones del menor, así como su derecho a participar progresivamente, en función de su edad, madurez, desarrollo y evolución personal, en el proceso de determinación de su interés superior.

c) La conveniencia de que su vida y desarrollo tenga lugar en un entorno familiar adecuado y libre de violencia. Se priorizará la permanencia en su familia de origen y se preservará el mantenimiento de sus relaciones familiares, siempre que sea posible y positivo para el menor. En caso de acordarse una medida de protección, se priorizará el acogimiento familiar frente al residencial. Cuando el menor hubiera sido separado de su núcleo familiar, se valorarán las posibilidades y conveniencia de su retorno, teniendo en cuenta la evolución de la familia desde que se adoptó la medida protectora y primando siempre el interés y las necesidades del menor sobre las de la familia.

d) La preservación de la identidad, cultura, religión, convicciones, orientación e identidad sexual o idioma del menor, así como la no discriminación del mismo por éstas o cualesquiera otras condiciones, incluida la discapacidad, garantizando el desarrollo armónico de su personalidad.

3. Estos criterios se ponderarán teniendo en cuenta los siguientes elementos generales:

a) La edad y madurez del menor.

b) La necesidad de garantizar su igualdad y no discriminación por su especial vulnerabilidad, ya sea por la carencia de entorno familiar, sufrir maltrato, su discapacidad, su orientación e identidad sexual, su condición de refugiado, solicitante de asilo o protección subsidiaria, su pertenencia a una minoría étnica, o cualquier otra característica o circunstancia relevante.

c) El irreversible efecto del transcurso del tiempo en su desarrollo.

d) La necesidad de estabilidad de las soluciones que se adopten para promover la efectiva integración y desarrollo del menor en la sociedad, así como de minimizar los riesgos que cualquier cambio de situación material o emocional pueda ocasionar en su personalidad y desarrollo futuro.

e) La preparación del tránsito a la edad adulta e independiente, de acuerdo con sus capacidades y circunstancias personales.

f) Aquellos otros elementos de ponderación que, en el supuesto concreto, sean considerados pertinentes y respeten los derechos de los menores.

Los anteriores elementos deberán ser valorados conjuntamente, conforme a los principios de necesidad y proporcionalidad, de forma que la medida que se adopte en el interés superior del menor no restrinja o limite más derechos que los que ampara.

4. En caso de concurrir cualquier otro interés legítimo junto al interés superior del menor deberán priorizarse las medidas que, respondiendo a este interés, respeten también los otros intereses legítimos presentes.

En caso de que no puedan respetarse todos los intereses legítimos concurrentes, deberá primar el interés superior del menor sobre cualquier otro interés legítimo que pudiera concurrir.

Las decisiones y medidas adoptadas en interés superior del menor deberán valorar en todo caso los derechos fundamentales de otras personas que pudieran verse afectados.

5. Toda medida en el interés superior del menor deberá ser adoptada respetando las debidas garantías del proceso y, en particular:

a) Los derechos del menor a ser informado, oído y escuchado, y a participar en el proceso de acuerdo con la normativa vigente.

b) La intervención en el proceso de profesionales cualificados o expertos. En caso necesario, estos profesionales han de contar con la formación suficiente para determinar las específicas necesidades de los niños con discapacidad. En las decisiones especialmente relevantes que afecten al menor se contará con el informe colegiado de un grupo técnico y multidisciplinar especializado en los ámbitos adecuados.

c) La participación de progenitores, tutores o representantes legales del menor o de un defensor judicial si hubiera conflicto o discrepancia con ellos y del Ministerio Fiscal en el proceso en defensa de sus intereses.

d) La adopción de una decisión que incluya en su motivación los criterios utilizados, los elementos aplicados al ponderar los criterios entre sí y con otros intereses presentes y futuros, y las garantías procesales respetadas.

e) La existencia de recursos que permitan revisar la decisión adoptada que no haya considerado el interés superior del menor como primordial o en el caso en que el propio desarrollo del menor o cambios significativos en las circunstancias que motivaron dicha decisión hagan necesario revisarla. Los menores gozarán del derecho a la asistencia jurídica gratuita en los casos legalmente previstos".

MENOR EMANCIPADO

La emancipación habilita al menor de edad (emancipado) para regir su persona y bienes como si fuera mayor, aunque con ciertas limitaciones. En este sentido, disfruta de un grado de capacidad intermedio. Con carácter general, la emancipación determina la extinción de la patria potestad (art. 169 CC) o de la tutela (art. 276 CC) al que haya estado sometido.

Podemos distinguir varios supuestos o causas de emancipación: por mayor edad (art. 314.1° CC); por concesión de quienes ejerzan la patria potestad (art. 314.2° CC); por concesión judicial (art. 314.3° CC); o bien, por vida independiente (art. 319 CC). En la actualidad, ha desaparecido la emancipación por matrimonio.

De acuerdo con lo dispuesto en el artículo 323 CC, en el ámbito patrimonial, el emancipado, hasta que llegue a la mayor edad no podrá *"tomar dinero a préstamo, gravar o enajenar bienes inmuebles y establecimientos mercantiles o industriales u objetos de extraordinario valor sin consentimiento de sus padres y, a falta de ambos, sin el de su curador"*; asimismo, el menor emancipado podrá comparecer por sí solo en juicio. Lo dispuesto en este precepto, *"es aplicable también al menor que hubiere obtenido judicialmente el beneficio de la mayor edad".*

En el ámbito personal, disfruta de una capacidad de obrar prácticamente idéntica al de un mayor de edad. Así, puede adquirir o perder voluntariamente la nacionalidad, optar por una determinada vecindad civil, etc. Sin embargo, no puede ser tutor ni curador (*cfr.* arts. 241 y 291 CC).

INCAPACITACIÓN/MODIFICACIÓN JUDICIAL DE LA CAPACIDAD/DISCAPACIDAD

En la regulación actual contenida en el Código civil, la incapacitación constituye la máxima limitación a la capacidad de obrar de la persona física, que necesariamente ha de ser declarada mediante resolución judicial, una sentencia, que determinará la extensión y límites a tal capacidad de obrar. En la materia, el contenido del Código civil es muy parco. Así, *"Nadie puede ser declarado incapaz sino por sentencia judi-*

cial en virtud de las causas establecidas en la Ley" (art. 199 CC) y *"Son causas de incapacitación las enfermedades o deficiencias persistentes de carácter físico o psíquico que impidan a la persona gobernarse por sí misma"* (art. 200 CC).

En cualquier caso, pese a que la regulación se encuentra en vías de ser superada (en este sentido se ha remitido a las Cortes Generales el Proyecto de Ley por la que se reforma la legislación civil y procesal para el apoyo a las personas con discapacidad en el ejercicio de su capacidad jurídica, con el que se pretende la adaptación del Derecho español a la CDPD), no podemos dejar de señalar que, en cuanto limitación a la capacidad de obrar, ha de ser objeto de interpretación restrictiva, solo puede ser declarada incapacitada una persona tras el correspondiente procedimiento judicial, su extensión es graduable y, una vez declarada, es susceptible de ser modificada, en el sentido de ser ampliada, reducida o extinguida. La sentencia de incapacitación debe ser inscrita (o su demanda anotada) en el Registro Civil, por cuanto da publicidad de un nuevo estado civil.

El procedimiento de incapacitación se encuentra regulado en la LEC en los artículos 756 y siguientes LEC y entre las personas legitimadas para interponer la demanda de incapacitación se encuentra el propio presunto incapaz. Será la sentencia que declare la incapacitación la que determine la extensión y los límites de esta, así como el régimen de tutela o guarda al que quede sometido el declarado *"incapaz"*. La necesidad de que cada sentencia se ajuste al supuesto en concreto ya fue puesta de manifiesto en la STS (Sala de lo Civil) 282/2009, de 29 de abril. Por tanto, cabe hablar de un traje a medida, o encaminado a la protección de la persona.

TUTELA

La tutela puede definirse como aquel cargo de guarda, de carácter personal y patrimonial, destinado a completar la capacidad de obrar de ciertas personas, cuya designación ha de ser judicial. En suma, la tutela tiene como objeto la representación legal y la administración de los bienes del tutelado.

De conformidad con lo dispuesto en el artículo 222 CC, están sujetos a tutela los menores no emancipados que no estén bajo la patria potestad, los incapacitados, cuando la sentencia haya optado por este sistema, los sujetos a la patria potestad prorrogada, al cesar ésta, salvo que proceda la curatela, y, los menores que se hallen en situación de desamparo.

El Código civil permite que los padres puedan *"en testamento o documento público notarial nombrar tutor, establecer órganos de fiscalización de la tutela, así como designar las personas que hayan de integrarlos u ordenar cualquier disposición sobre la persona o bienes de sus hijos menores o incapacitados"*; de igual modo, *"cualquier persona con la capacidad de obrar suficiente, en previsión de ser incapacitada judicialmente en el futuro, podrá en documento público notarial adoptar cualquier disposición relativa a su propia persona o bienes, incluida la designación de tutor"* (art. 223 CC). Las disposiciones aludidas vincularán al juez al constituir la tutela, salvo que el beneficio del menor o incapacitado exija otra cosa, en cuyo caso lo hará mediante decisión motivada (art. 224 CC).

Para el nombramiento de tutor, el artículo 234 CC establece una relación priorizada. Así, *"Para el nombramiento de tutor se preferirá:*

1.º Al designado por el propio tutelado, conforme al párrafo segundo del artículo 223.

2.º Al cónyuge que conviva con el tutelado.

3.º A los padres.

4.º A la persona o personas designadas por éstos en sus disposiciones de última voluntad.

5.º Al descendiente, ascendiente o hermano que designe el juez.

Excepcionalmente, el Juez, en resolución motivada, podrá alterar el orden del párrafo anterior o prescindir de todas las personas en él mencionadas, si el beneficio del menor o del incapacitado así lo exigiere.

Se considera beneficiosa para el menor la integración en la vida de familia del tutor".

Al margen de la regulación contenida en el Código civil, la LJV disciplina la constitución de la tutela siempre que esta no se solicite en un proceso judicial para modificar la capacidad de una persona (arts. 43 y siguientes LJV).

CURATELA

La curatela es un cargo de guarda de carácter patrimonial puesto que el curador complementa o asiste al tutelado en aquellos actos que este no puede realizar por sí mismo, sin que ello signifique que el curador actúe como representante del sometido a curatela. En este sentido, su función es más limitada que la del tutor, completando la capacidad que la persona sometida a curatela tiene, pero sin que la supla o represente. La conexión entre ambas figuras es tal que la regulación de la curatela se asienta sobre la de la tutela.

De acuerdo con el artículo 286 CC, están sometidos a curatela: los emancipados cuyos padres fallecieren o quedaran impedidos para el ejercicio de la asistencia prevenida por la Ley; los que obtuvieren el beneficio de la mayor edad; y los declarados pródigos. De igual modo, *"procede la curatela para las personas a quienes la sentencia de incapacitación o, en su caso, la resolución judicial que la modifique, coloque bajo esta forma de protección en atención a su grado de discernimiento"* (art. 287 CC).

Al igual que sucedía con la tutela, la LJV articula en sus artículos 43 y siguientes la tramitación del correspondiente expediente, parejo al primero señalado.

PRODIGALIDAD

La prodigalidad es una figura cuyo concepto no se recoge en el Código civil, pero que puede definirse como aquel comportamiento irregular y socialmente reprochable, de quien pone en peligro su propio patrimonio en perjuicio de quienes ocuparían la posición de acreedores de alimentos. Su regulación se encuentra ubicada sistemáticamente dentro del régimen de la curatela, quedando vigente tan solo el artículo 297 CC, debiendo recurrirse a lo dispuesto en la LEC. Así, en el artículo 757 LEC se indica en su párrafo quinto que *"la declaración de prodigalidad sólo podrá ser instada por el cónyuge, los descendientes o ascendientes que perciban alimentos del presunto pródigo o se encuentren en situación de reclamárselos y los representantes legales de cualquiera de ellos. Si no la pidieren los representantes legales, lo hará el Ministerio Fiscal"*; mientras, el artículo 760 LEC, dispone en su párrafo tercero que *"La sentencia que declare la prodigalidad determinará los actos que el pródigo no puede realizar sin el consentimiento de la persona que deba asistirle"*. Ahora bien, los actos del declarado pródigo que sean anteriores a la demanda de prodigalidad no podrán ser atacados por esta causa (art. 297 CC).

El procedimiento para su declaración se encuentra regulado de forma pareja al procedimiento de incapacitación en la LEC (*vid.* arts. 756 y siguientes LEC).

DEFENSOR JUDICIAL

El defensor judicial es un cargo tutelar que está llamado a desempeñar labores de representación, asistencia y protección en una pluralidad de supuestos. En el artículo 299 CC se recogen algunos casos en los que procede su nombramiento, sin que pueda interpretarse como una lista cerrada. Así, *"Se nombrará un defensor judicial que represente y ampare los intereses de quienes se hallen en alguno de los siguientes supuestos:*

1. Cuando en algún asunto exista conflicto de intereses entre los menores o incapacitados y sus representantes legales o el curador. En el caso de tutela conjunta ejercida por ambos padres, si el conflicto de intereses existiere sólo con uno de ellos, corresponderá al otro por ley, y sin necesidad de especial nombramiento, representar y amparar al menor o incapacitado.

2. En el supuesto de que, por cualquier causa, el tutor o el curador no desempeñare sus funciones hasta que cese la causa determinante o se designe otra persona para desempeñar el cargo.

3. En todos los demás casos previstos en este Código".

Precisamente, en el Código civil se contempla el nombramiento de defensor en aquellos casos en los que existan intereses opuestos de los padres (art. 163 CC) o en supuestos de ausencia de una persona (art. 181 CC).

Además, tras la reforma operada en el año 2015, el artículo 299 *bis* CC dispone que *"Cuando se tenga conocimiento de que una persona debe ser sometida a tutela o curatela y en tanto no recaiga resolución judicial que ponga fin al procedimiento, asumirá su representación y defensa el Ministerio Fiscal. En tal caso, cuando además del cuidado de la persona hubiera de procederse al de los bienes, el Secretario judicial podrá designar un defensor judicial que administre los mismos, quien deberá rendirle cuentas de su gestión una vez concluida".*

La LJV también se refiere al nombramiento de defensor judicial en los artículos 27.1 c) LJV *("Cuando se tenga conocimiento de que una persona respecto a la que debe constituirse la tutela o curatela, precise la adopción de medidas para la administración de sus bienes, hasta que recaiga resolución judicial que ponga fin al procedimiento"),* 27.2 LJV *("También se aplicarán las disposiciones de este capítulo en los casos en que proceda la habilitación y ulterior nombramiento de defensor judicial. Se instará la habilitación cuando el menor no emancipado o la persona con capacidad modificada judicialmente, siendo demandado o siguiéndosele gran perjuicio de no promover la demanda, se encuentre en alguno de los casos siguientes:*

a) Hallarse los progenitores, tutor o curador ausentes ignorándose su paradero, sin que haya motivo racional bastante para creer próximo su regreso.

b) Negarse ambos progenitores, tutor o curador a representar o asistir en juicio al menor o persona con capacidad modificada judicialmente.

c) Hallarse los progenitores, tutor o curador en una situación de imposibilidad de hecho para la representación o asistencia en juicio"); y 27.3 LJV *("No obstante lo dispuesto en el apartado anterior, se nombrará defensor judicial al menor o persona con capacidad modificada judicialmente, sin necesidad de habilitación previa, para litigar contra sus progenitores, tutor o curador, o para instar expedientes de jurisdicción voluntaria, cuando se hallare legitimado para ello o para representarle cuando se inste por el Ministerio Fiscal el procedimiento para modificar judicialmente su capacidad. No procederá la solicitud si el otro progenitor o tutor, si lo hubiere, no tuviera un interés opuesto al menor o persona con capacidad modificada judicialmente").*

GUARDA DE HECHO

La guarda de hecho se refiere a aquella situación en la que una persona, sin designación o nombramiento judicial alguno, asume, por iniciativa propia, la representación y defensa de un menor o de un presunto incapaz.

De conformidad con lo dispuesto en el artículo 300 CC, *"Cuando la autoridad judicial tenga conocimiento de la existencia de un guardador de hecho podrá requerirle para que informe de la situación de la persona y los bienes del menor, o de la persona que pudiera precisar de una institución de protección y apoyo, y de su actuación en relación con los mismos, pudiendo establecer asimismo las medidas de control y vigilancia que considere oportunas.*

Cautelarmente, mientras se mantenga la situación de guarda de hecho y hasta que se constituya la medida de protección adecuada, si procediera, se podrán otorgar judicialmente facultades tutelares a los guardadores. Igualmente, si fuera menor de edad, se podrá constituir un acogimiento temporal, siendo acogedores los guardadores [...]".

Aquellos actos que hayan sido realizados por el guardador de hecho en interés del menor o del presunto incapaz y que redunden en su utilidad, no podrán ser objeto de impugnación (art. 304 CC).

AUSENCIA Y DECLARACIÓN DE FALLECIMIENTO

La ausencia se caracteriza por ser una situación en la que se encuentra una persona cuyo paradero es ignorado y de la que no se tienen noticias durante unos períodos de tiempo superiores a lo que prudentemente puedan considerarse como normales, de ahí que pueda, en los casos más extremos, dudarse razonablemente acerca de la existencia misma de la persona.

La ausencia se regula en los artículos 181 y siguientes CC, en los que se contemplan tres tipos de situaciones diversas, que gozan de autonomía en el sentido de que no resulta necesario que el sujeto agote o pase por las *"fases anteriores"*. En primer lugar, para el caso de que una persona desaparezca, establece la posibilidad de adoptar medidas provisionales, dirigidas a la protección y defensa del patrimonio del desaparecido, nombrándose un defensor, exceptuándose aquellos supuestos en los que el desaparecido estuviese legítimamente representado voluntariamente. En segundo lugar, nos encontraríamos ante una situación en la que, partiendo del carácter prolongado de la incertidumbre sobre la existencia misma del desaparecido, se permite solicitar la declaración de ausencia legal. Y, en tercer término, al resultar razonable o presumible el fallecimiento del sujeto, se permite solicitar la declaración de fallecimiento. Por tal declaración de fallecimiento cesa la situación de ausencia legal, pero mientras dicha declaración no se produzca, se presume que el ausente ha vivido hasta el momento en que deba reputársele fallecido, salvo investigaciones en contrario.

La regulación de estas instituciones ha de completarse con lo dispuesto en la LJV, concretamente, con sus artículos 67 y siguientes.

ESTADO CIVIL

Pese a la falta de definición en nuestro Código civil (en la medida en la que no contiene precepto alguno que determine cuáles son los estados civiles de los que puede ser titular una persona), el estado civil se refiere a la situación en la que se encuentra una persona ante el ordenamiento jurídico, determinando su capacidad de obrar, esto es, la cualidad de la persona. Como se ha apuntado, existen diversos estados civiles de la persona, resultando que de una misma podrán predicarse varios. Por ejemplo, ser nacional español, de vecindad civil gallega, casado, mayor de edad, etc. En cuanto a sus caracteres, la doctrina señala su personalidad, su eficacia general o carácter *erga omnes*, así como el carácter imperativo de sus normas (en la medida en la que solo el legislador puede establecer disposiciones que se refieran a la creación, modificación y extinción de los estados civiles y sus efectos, quedando, por tanto, sustraído al juego de la autonomía de la voluntad, siendo, en consecuencia, indisponible).

Los hechos (y actos, de acuerdo con la LRC 2011) constitutivos de los diferentes estados civiles deben ser inscritos en el Registro Civil.

Tal y como señalan DÍEZ-PICAZO y GULLÓN, para la protección del estado civil se conceden a la persona unas determinadas facultades y acciones. Así, existirían facultades declarativas (destinadas a obtener una declaración oficial o una constatación de un determinado estado civil) junto con facultades modificativas (bien por la propia voluntad del interesado –por ejemplo, un cambio de nacionalidad–, o bien por medio de una impugnación en vía judicial de un estado civil por falta de requisitos para ostentarlo o por la existencia de vicios en su atribución. Los autores defienden que cabría hablar también de una facultad de defensa del estado civil, referida a aquellos supuestos en los que este resulte desconocido o lesionado por un tercero.

Por lo que se refiere a las acciones sobre el estado civil, las normas de naturaleza procesal se encuentran en la LEC, concretamente en su Libro IV, Título I, *"De los procesos sobre capacidad, filiación, matrimonio y menores"*, rubricándose su Capítulo I *"De las disposiciones generales"*.

NACIONALIDAD

La nacionalidad es un estado civil que determina un vínculo jurídico de la persona con respecto a un determinado Estado. Por ello, presenta una doble vertiente, en la medida en la que la persona disfruta de una serie de derechos que puede exigir a la organización estatal, y esta, puede imponer el deber de cumplimiento de una serie de derechos y deberes.

De acuerdo con el artículo 11 CE, *"1. La nacionalidad española se adquiere, se conserva y se pierde de acuerdo con lo establecido por la ley.*

2. Ningún español de origen podrá ser privado de su nacionalidad.

3. El Estado podrá concertar tratados de doble nacionalidad con los países iberoamericanos o con aquellos que hayan tenido o tengan una particular vinculación con España. En estos mismos países, aun cuando no reconozcan a sus ciudadanos un derecho recíproco, podrán naturalizarse los españoles sin perder su nacionalidad de origen".

En el ámbito civil, los artículos 17 y siguientes CC se encargan de regular los aspectos sustantivos de la nacionalidad, mientras que los aspectos registrales, de tramitación de los expedientes (solicitudes de adquisición, pérdida, etc.), se rigen por la legislación del Registro Civil. Desde un punto de vista histórico, cabe destacar que su regulación en el Código civil ha sido una de las que ha sufrido un mayor número de modificaciones.

Tradicionalmente, se han distinguido dos modos o causas de adquisición de la nacionalidad. En primer lugar, la adquisición originaria; y, en segundo término, la derivativa. Sin embargo, de acuerdo con la regulación de nuestro Código civil, resulta más adecuado distinguir entre la adquisición de la nacionalidad española de origen (opera automáticamente, sin que puedan ser privados de la nacionalidad los españoles de origen de acuerdo con lo dispuesto en los artículos 11.2 CE y 25.1 CC) y la adquisición no de origen, o derivativa.

Por lo que se refiere a la adquisición de la nacionalidad española de origen, el sistema español atiende a dos criterios: el de la filiación *"natural"* (*ius sanguinis*), al que en determinados casos se le asimila la adoptiva, así como el del lugar de nacimiento (*ius soli*). Para los supuestos de adquisición derivativa de la nacionalidad, debemos tomar en consideración tres posibilidades: la opción, la carta de naturaleza y la residencia.

Además, caben también supuestos de convalidación o consolidación de la nacionalidad (arts. 18 y 25.2 CC).

La nacionalidad española también puede perderse. Así, los artículos 24 y 25 CC regulan dos supuestos de pérdida voluntaria (por adquisición o utilización exclusiva de otra nacionalidad, que opera sin necesidad de renuncia del nacional español, así como la pérdida por renuncia expresa), y un tercer caso de pérdida por sanción (que, como hemos apuntado, solo puede ser aplicable a aquellos españoles que no lo sean de origen, en los términos previstos en el artículo 11.2 CE).

Finalmente, el Código civil también prevé la recuperación de la nacionalidad, siempre y cuando se cumplan una serie de requisitos establecidos en el artículo 26 CC.

VECINDAD CIVIL

La denominada vecindad civil (distinta de la vecindad administrativa, determinada por el empadronamiento) es la circunstancia personal de los nacionales españoles que determina la aplicabilidad, en cuanto ley personal, del Derecho civil estatal o de uno de los Derechos civiles autonómicos (o forales). El Derecho interregional ha basado la aplicación de la ley personal en el punto de conexión de vecindad civil (art. 16.1.1.ª CC) y, a este fin, ha establecido un régimen legal específico de su atribución, adquisición y pérdida (arts. 14 y 15 CC). En este sentido, el propio artículo 14 en su apartado 1 establece que *"La sujeción al derecho civil común o al especial o foral se determina por la vecindad civil"*.

Continúa el artículo 14 CC estableciendo que *"2. Tienen vecindad civil en territorio de derecho común, o en uno de los de derecho especial o foral, los nacidos de padres que tengan tal vecindad.*

Por la adopción, el adoptado no emancipado adquiere la vecindad civil de los adoptantes.

3. Si al nacer el hijo, o al ser adoptado, los padres tuvieren distinta vecindad civil, el hijo tendrá la que corresponda a aquél de los dos respecto del cual la filiación haya sido determinada antes; en su defecto, tendrá la del lugar del nacimiento y, en último término, la vecindad de derecho común.

Sin embargo, los padres, o el que de ellos ejerza o le haya sido atribuida la patria potestad, podrán atribuir al hijo la vecindad civil de cualquiera de ellos en tanto no transcurran los seis meses siguientes al nacimiento o a la adopción.

La privación o suspensión en el ejercicio de la patria potestad, o el cambio de vecindad de los padres, no afectarán a la vecindad civil de los hijos.

En todo caso el hijo desde que cumpla catorce años y hasta que transcurra un año después de su emancipación podrá optar bien por la vecindad civil del lugar de su nacimiento, bien por la última vecindad de cualquiera de sus padres. Si no estuviera emancipado, habrá de ser asistido en la opción por el representante legal.

4. El matrimonio no altera la vecindad civil. No obstante, cualquiera de los cónyuges no separados, ya sea legalmente o de hecho, podrá, en todo momento, optar por la vecindad civil del otro.

5. La vecindad civil se adquiere:

1.° Por residencia continuada durante dos años, siempre que el interesado manifieste ser esa su voluntad.

2.° Por residencia continuada de diez años, sin declaración en contrario durante este plazo.

Ambas declaraciones se harán constar en el Registro Civil y no necesitan ser reiteradas.

6. En caso de duda prevalecerá la vecindad civil que corresponda al lugar de nacimiento".

Además, en el artículo 15 CC se determina que "*1. El extranjero que adquiera la nacionalidad española deberá optar, al inscribir la adquisición de la nacionalidad, por cualquiera de las vecindades siguientes:*

a) La correspondiente al lugar de residencia.

b) La del lugar del nacimiento.

c) La última vecindad de cualquiera de sus progenitores o adoptantes.

d) La del cónyuge.

Esta declaración de opción se formulará, atendiendo a la capacidad del interesado para adquirir la nacionalidad, por el propio optante, por sí o asistido de su representante legal, o por este último. Cuando la adquisición de la nacionalidad se haga por declaración o a petición del representante legal, la autorización necesaria deberá determinar la vecindad civil por la que se ha de optar.

2. El extranjero que adquiera la nacionalidad por carta de naturaleza tendrá la vecindad civil que el Real Decreto de concesión determine, teniendo en cuenta la opción de aquél, de acuerdo con lo que dispone el apartado anterior u otras circunstancias que concurran en el peticionario.

3. La recuperación de la nacionalidad española lleva consigo la de aquella vecindad civil que ostentara el interesado al tiempo de su pérdida.

4. La dependencia personal respecto a una comarca o localidad con especialidad civil propia o distinta, dentro de la legislación especial o foral del territorio correspondiente, se regirá por las disposiciones de este artículo y las del anterior".

REGISTRO CIVIL

El Registro Civil es un registro público dependiente del Ministerio de Justicia que tiene por objeto hacer constar oficialmente los hechos y actos que se refieren al estado civil de las personas y aquellos otros que determine la Ley (términos en los que se manifiesta el artículo 2 LRC 2011). Resulta destacable cómo la LRC 2011 todavía no ha entrado en vigor de forma completa, postergándose una vez, a través de la Ley 3/2020, de 18 de septiembre, su entrada en vigor al próximo 30 de abril de 2021, con las excepciones indicadas en la disposición final décima. Sin embargo, la LRC 2011 entrará en vigor para las oficinas consulares del Registro Civil el día 1 de octubre de 2020, aplicándose de forma progresiva de conformidad con lo previsto en la disposición transitoria séptima y las disposiciones reglamentarias que se dicten al efecto. Ello significa que coexiste el sistema establecido en la Ley de 1957 junto con la de 2011.

Tal y como se concibe en la LRC 2011, el Registro Civil es único para toda España y será de naturaleza electrónica, en los términos previstos en el artículo 3 LRC 2011.

Cada persona tendrá un registro individual en el que constarán los hechos y actos relativos a la identidad, estado civil y demás circunstancias en los términos previstos por la LRC 2011. Dicho registro individual se abrirá con la inscripción de nacimiento o con el primer asiento que se practique. A continuación, se inscribirán o anotarán, continuada, sucesiva y cronológicamente, todos aquellos hechos y actos que tengan acceso al Registro Civil (art. 5 LRC 2011). En consonancia con la proyectada nueva configuración del Registro Civil, *"a cada registro individual abierto con la primera inscripción que se practique se le asignará un código personal constituido por la secuencia alfanumérica que atribuya el sistema informático vigente para el documento nacional de identidad"* (art. 6 LRC 2011). Tal y como se señala en el artículo 4 LRC 2011, *"Tienen acceso al Registro Civil los hechos y actos que se refieren a la identidad, estado civil y demás circunstancias de la persona"*. Así, son inscribibles, el nacimiento; la filiación; el nombre y los apellidos y sus cambios; el sexo y el cambio de sexo; la nacionalidad y la vecindad civil; la emancipación y el beneficio de la mayor edad; el matrimonio, la separación, la nulidad y el divorcio; el régimen económico matrimonial legal o pactado; las relaciones paterno-filiales y sus modificaciones; la modificación judicial de la capacidad de las personas, así como la que derive de la declaración de concurso de las personas físicas; la tutela, la curatela y demás representaciones legales y sus modificaciones; los actos relativos a la constitución y régimen del patrimonio protegido de las personas con discapacidad; la autotutela y los apoderamientos preventivos; las declaraciones de ausencia y fallecimiento; y finalmente, la defunción.

PERSONA JURÍDICA

En la realidad, junto con las personas físicas, se constata la existencia de otros sujetos capaces para realizar negocios jurídicos, porque así se les reconoce por el ordenamiento, pese a que carecen de corporeidad física. Estas son las denominadas personas jurídicas, por contraposición a los seres humanos o las personas físicas.

En estos supuestos, la atribución de personalidad jurídica determina que exista una separación entre la persona jurídica y los miembros que se encuentran tras ella, si bien, con un alcance diverso, en función del tipo de que se trate. En este sentido, y tomando como modelo las asociaciones y las fundaciones, lo anterior significa que debemos diferenciar o separar una asociación de sus asociados, así como una fundación de su fundador o fundadores.

Existen diversos criterios clasificadores a la hora de afrontar la sistematización de las personas jurídicas. En primer lugar, se situarían las de base asociativa (en cuya constitución ha intervenido una pluralidad de individuos, resultando ese elemento personal fundamental en cuanto elemento caracterizador de este tipo de personas jurídicas) o fundacional (en estas la clave se encuentra en la presencia de una masa de bienes que se adscribe por su titular –fundador– al servicio de un fin de interés público o general); en segundo término, podríamos distinguir entre personas jurídicas de interés público (aquellas en las que no se persigue una finalidad de obtención de ganancias partibles entre sus miembros) y personas jurídicas de interés particular (que suelen identificarse con las de carácter lucrativo); y en tercer lugar, las personas jurídicas de Derecho público (de naturaleza pública, tales como entes públicos territoriales y sus órganos, los entes creados por estos, etc.), así como personas de Derecho privado (de naturaleza jurídica privada, entre las que se encuentran las ya citadas asociaciones y fundaciones).

ASOCIACIONES

La Constitución de 1978 reconoce como derecho fundamental el derecho de asociación (art. 22 CE). En este sentido, tras reconocerse el derecho de asociación, se establece que las asociaciones que persigan fines o utilicen medios tipificados como delito son ilegales, prohibiéndose las asociaciones secretas y de carácter paramilitar. En cualquier caso, las asociaciones constituidas al amparo de este artículo deberán inscribirse en un registro a los solos efectos de publicidad. Finalmente, solo podrán ser disueltas o suspendidas en sus actividades en virtud de resolución judicial motivada.

El derecho de asociación se encuentra desarrollado en la LODA, estableciendo aquellas normas de régimen jurídico que le corresponde dictar al Estado. Para la constitución de la asociación, basta el acuerdo de tres o más personas físicas o jurídicas, que se comprometen a poner en común conocimientos, medios y actividades para conseguir unas finalidades lícitas, comunes, de interés general o particular, y se dotan de los Estatutos que rigen su funcionamiento. Precisamente, el acuerdo de constitución debe incluir la aprobación de los Estatutos, formalizándose mediante acta fundacional, en documento público o privado. Será el momento de otorgamiento del acta fundacional el que determine la adquisición de la personalidad jurídica y la plena capacidad de obrar, sin perjuicio de la necesidad de su inscripción a los efectos previstos en el artículo 10 LODA (art. 5 LODA).

El acta fundacional ha de contener una serie de datos, entre los que se encuentran los Estatutos que han de regir el funcionamiento de la asociación (art. 6 LODA). Precisamente, el contenido mínimo de los Estatutos es abordado de forma prolija en el artículo 7 LODA.

FUNDACIONES

El artículo 34 CE reconoce el derecho de fundación (ubicado sistemáticamente fuera del catálogo de derechos fundamentales). La LF tiene por objeto desarrollar el derecho de fundación, reconocido en el artículo 34 CE, establecer las normas de régimen jurídico de las fundaciones que corresponde dictar al Estado, así como regular las fundaciones de competencia estatal. De acuerdo con su artículo 2 LF, *"Son fundaciones las organizaciones constituidas sin fin de lucro que, por voluntad de sus creadores, tienen afectado de modo duradero su patrimonio a la realización de fines de interés general"*. Las fundaciones se rigen por la voluntad de su fundador, por sus Estatutos y, en todo caso, por la Ley y necesariamente han de perseguir fines de interés general (art. 3 LF). Es importante destacar que para la adquisición de su personalidad jurídica han de inscribir la escritura pública de su constitución en el correspondiente Registro de fundaciones.

Las fundaciones pueden constituirse por acto *inter vivos* o *mortis causa* (art. 9 LF), debiendo contener la escritura de constitución una serie de extremos mínimos entre los que se encuentran los Estatutos de la fundación (arts. 10 y 11 LF). La dotación de la fundación ha de ser adecuada y suficiente para el cumplimiento de los fines fundacionales, presumiéndose tal suficiencia si su valor económico alcanza los 30.000 euros. El órgano de gobierno de la fundación será el patronato (arts. 14 y siguientes LF), velando el protectorado correspondiente por el correcto ejercicio del derecho de fundación, así como por la legalidad de la constitución y funcionamiento de las fundaciones.

Ha de señalarse que, al margen de la normativa estatal, existen diversas normas autonómicas en la materia, en ejercicio de sus competencias. Así, por ejemplo, podemos citar a título ilustrativo la Ley 12/2006, del 1 de diciembre, de fundaciones de interés gallego o la Ley 1/2007, de 12 de febrero, de fundaciones de la Comunidad Autónoma de La Rioja.

SOCIEDAD CIVIL

De conformidad con lo dispuesto en el artículo 1665 CC, *"La sociedad es un contrato por el cual dos o más personas se obligan a poner en común dinero, bienes o industria, con ánimo de partir entre sí las ganancias"*. Esta deberá tener un objeto lícito y establecerse en interés común de los socios. Por lo que se refiere a la adquisición de personalidad jurídica, la sociedad civil la tendrá cuando sus pactos no se mantengan secretos entre los socios y los contratos con los terceros se celebran en nombre de la sociedad (*vid.* art. 1669. I CC).

Asimismo, las sociedades civiles, por el objeto a que se consagren, pueden revestir todas las formas reconocidas por el Código de comercio. En tal caso, les serán aplicables sus disposiciones en cuanto no se opongan a las del Código civil.

PRESCRIPCIÓN

El artículo 1930 CC establece que *"Por la prescripción se adquieren, de la manera y con las condiciones determinadas en la ley, el dominio y demás derechos reales.*

También se extinguen del propio modo por la prescripción los derechos y las acciones, de cualquier clase que sean". Por lo tanto, la prescripción es un instituto jurídico que permite que, por el transcurso del tiempo, se adquiera el dominio y demás derechos reales, y se extingan los derechos y acciones. La primera se denomina prescripción adquisitiva o usucapión (arts. 1940 a 1960 CC) y la segunda prescripción extintiva (arts. 1961 a 1975 CC). En realidad, son dos figuras distintas, puesto que una afecta a los derechos, y la otra a las acciones.

Ambas pueden ser objeto de interrupción (art. 1973 CC), y no pueden ser apreciadas de oficio por un juez, sino que han de ser invocadas por la parte que se vea favorecida con ella.

Dejando al margen la usucapión (a cuyo concepto nos remitimos en otra sede), la prescripción extintiva aparece como una forma de extinción de los derechos y acciones por la falta de ejercicio de su titular durante el tiempo establecido legalmente. Nuestro Código civil establece distintos plazos de prescripción extintiva, según se trate de acciones reales o personales. En materia de acciones personales, la Ley 42/2015, de 5 de octubre, modificó el plazo general previsto en el artículo 1964 CC, pasando a ser de cinco años el plazo de prescripción que correspondía a aquellas acciones personales que no se rigiesen por un plazo especial. La Disposición transitoria quinta de la misma Ley 42/2015 reguló el régimen de prescripción aplicable a las relaciones ya existentes, según la cual *"el tiempo de prescripción de las acciones personales que no tengan señalado término especial de prescripción, nacidas antes de la fecha de entrada en vigor de esta Ley, se regirá por lo dispuesto en el artículo 1939 del Código Civil"*. Precisamente de esta remisión y de lo indicado en el mismo, el Tribunal Supremo en su sentencia de la Sala de lo Civil 29/2020, de 20 de enero, sistematizó que: *"(i) Relaciones jurídicas nacidas antes del 7 de octubre de 2000: estarían prescritas a la entrada en vigor de nueva Ley.*

(ii) Relaciones jurídicas nacidas entre el 7 de octubre de 2000 y el 7 de octubre de 2005: se les aplica el plazo de 15 años previsto en la redacción original del art. 1964 CC.

(iii) Relaciones jurídicas nacidas entre el 7 de octubre de 2005 y el 7 de octubre de 2015: en aplicación de la regla de transitoriedad del art. 1939 CC, no prescriben hasta el 7 de octubre de 2020.

(iv) Relaciones jurídicas nacidas después del 7 de octubre de 2015: se les aplica el nuevo plazo de cinco años, conforme a la vigente redacción del art. 1964 CC".

Sin embargo, el estado de alarma, acordado en virtud del Real Decreto 463/2020, de 14 de marzo, ha alterado y extendido esa fecha de prescripción, puesto que la Disposición adicional cuarta del mencionado Real Decreto ha *"suspendido"* los plazos de prescripción y de caducidad, al establecer que *"los plazos de prescripción y caducidad de cualesquiera acciones y derechos quedarán suspendidos durante el plazo de vigencia del estado de alarma y, en su caso, de las prórrogas que se adoptaren".*

Resulta también relevante la dicción del artículo 10 del Real Decreto 537/2020, de 22 de mayo, por el que se prorroga el estado de alarma declarado por el Real Decreto 463/2020, de 14 de marzo, por el que se declara el estado de alarma para la gestión de la situación de crisis sanitaria ocasionada por la COVID-19, por cuanto establece que *"Con efectos desde el 4 de junio de 2020, se alzará la suspensión de los plazos de prescripción y caducidad de derechos y acciones".*

CADUCIDAD

La caducidad es una institución que carece de una regulación completa en nuestro Código civil, pero que se ha ido consagrando tanto a nivel doctrinal, como jurisprudencial y legal, conteniéndose en preceptos tanto dentro como fuera del propio Código civil. Se trata de una figura de origen legal o convencional, vinculada al transcurso del tiempo y que determina que, una vez transcurrido un determinado plazo, el derecho al que se refiere decae, de tal modo que no puede ser ejercitado transcurrido tal término o plazo. A diferencia de la prescripción, no es susceptible de interrupción (no admite el reinicio del cómputo del plazo), aunque cabría su suspensión (supuesto en el que cabría el reinicio del cómputo del plazo bien porque así se ha establecido legalmente –*vid.* artículo 10 del Real Decreto 537/2020, de 22 de mayo, por el que se prorroga el estado de alarma declarado por el Real Decreto 463/2020, de 14 de marzo, por el que se declara el estado de alarma para la gestión de la situación de crisis sanitaria ocasionada por la COVID-19–, o bien convencionalmente), y puede ser apreciada de oficio por un juez.

Algunos ejemplos de plazos de caducidad en leyes especiales los encontramos en la LO 1/1982, de 5 mayo, de protección civil del derecho al honor, a la intimidad personal y familiar y a la propia imagen, cuando en su artículo 9, en su apartado quinto, se dispone que las acciones de protección frente a las intromisiones ilegítimas *"caducarán transcurridos cuatro años desde que el legitimado pudo ejercitarlas"*; o incluso, en el propio Código civil, en su artículo 43, cuando, a propósito de la promesa de matrimonio se dispone que *"El incumplimiento sin causa de la promesa cierta de matrimonio hecha por persona mayor de edad o por menor emancipado sólo producirá la obligación de resarcir a la otra parte de los gastos hechos y las obligaciones contraídas en consideración al matrimonio prometido.*

Esta acción caducará al año contado desde el día de la negativa a la celebración del matrimonio".

En el mismo Código civil, otras muestras de plazos de caducidad las localizamos a propósito del derecho a optar por la nacionalidad española del artículo 19 CC, el previsto para la protocolización del testamento ológrafo *ex* artículo 689 CC, o en sede de saneamiento por vicios ocultos *ex* artículo 1490 CC, entre otros.

CAPÍTULO 5

DERECHO DE OBLIGACIONES Y RESPONSABILIDAD CIVIL

Marta Otero Crespo
Profesora Contratada Doctora de Derecho Civil
Universidade de Santiago de Compostela

DERECHO DE OBLIGACIONES

El Derecho de obligaciones es la rama del Derecho civil, en el marco del Derecho civil patrimonial, que se encarga del estudio de la obligación, sus fuentes, efectos, clases y modos de extinción. A este respecto, el Código civil le dedica los artículos 1088 y siguientes CC (Libro cuarto, *"De las obligaciones y contratos"*).

Frente a la regulación decimonónica sobre la que se asienta el Código civil, en el año 2009 se publicó la PMCC, cuya elaboración correspondió a la Comisión General de Codificación (Sección de Derecho civil), con el objeto de renovar el derecho de obligaciones y contratos de nuestro Código civil. Sin embargo, hasta la fecha, no se ha producido una actualización global del Código civil en la materia.

Resulta también destacable la regulación contenida en el CCCat, aprobada a través de la Ley 3/2017, de 15 de febrero, del libro sexto del Código civil de Cataluña, relativo a las obligaciones y los contratos, y de modificación de los libros primero, segundo, tercero, cuarto y quinto. Precisamente sobre dicha Ley y su constitucionalidad se ha pronunciado la STC 132/2019, de 13 de noviembre, que resuelve el recurso interpuesto por el presidente del Gobierno contra los artículos 3, 4 y 9 de la Ley del Parlamento de Cataluña 3/2017, de 15 de febrero, del libro sexto del Código civil de Cataluña, relativo a las obligaciones y los contratos, y de modificación de los libros primero, segundo, tercero, cuarto y quinto. El Tribunal Constitucional considera que no se produce con carácter general una invasión de las competencias estatales establecidas en el artículo 149.1.8ª CE (en concreto, en materia de *"bases de las obligaciones contractuales"*), declarando inconstitucional tan solo el precepto relativo a un procedimiento notarial de resolución de la compraventa inmobiliaria, pero por vulneración de la competencia estatal en materia de legislación procesal *ex* artículo 149.1.6ª CE (y no por invasión de la competencia del Estado en materia de ordenación de los *"registros e instrumentos públicos"* contemplado en el núcleo duro del citado art. 149.1.8ª CE).

OBLIGACIÓN

De acuerdo con DÍEZ-PICAZO, una relación jurídica obligatoria sería aquella en la que una persona (acreedor) tiene un derecho (derecho de crédito) que le permite exigir un comportamiento a otra persona (deudor), la cual soporta el deber jurídico de realizar aquel comportamiento y otros deberes accesorios. De conformidad con el artículo 1088 CC, toda obligación consiste en dar, hacer o no hacer una cosa.

En cuanto a las fuentes de las obligaciones, el artículo 1089 CC establece que estas *"nacen de la ley, de los contratos y cuasi contratos, y de los actos y omisiones ilícitos o en que intervenga cualquier género de culpa o negligencia"*. También se ha planteado si la voluntad unilateral puede ser o no fuente de obligaciones (por ejemplo, la promesa pública de recompensa o las cartas de patrocinio o confort –al respecto, *vid.* la STS (Sala de lo Civil) 440/2015, de 28 de julio, en la que se analiza el alcance o compromiso obligacional de esta figura–).

En cuanto a las clases de obligaciones, podemos atender a diversas sistematizaciones. A título ejemplificativo, entre las más comunes:

(a) Atendiendo a la naturaleza de la prestación pueden ser de dar, hacer y no hacer (positivas/ negativas); de medios y de resultado (en las primeras el deudor debe desplegar una conducta conforme a la diligencia exigible, sin garantizar un concreto resultado, mientras que en las segundas, el acreedor espera un concreto resultado, de ahí que la obligación no se considera cumplida hasta que no se facilite este, pasando la actividad desarrollada a un segundo plano); divisibles e indivisibles (según la prestación pueda ser o no cumplida por partes); de tracto único y de tracto sucesivo (en función de si se cumple en una sola vez mediante la realización del acto o actos concretos en los que la prestación consiste, con independencia del tiempo fijado para su cumplimiento, o si la conducta exigible al deudor consiste en una serie de prestaciones periódicas que se suceden en el tiempo).

(b) También podemos clasificarlas en obligaciones genéricas y específicas. En las obligaciones de dar, puede suceder que la cosa se pueda individualizar en el momento de nacimiento de la obligación (específicas), o bien que la misma se fije por su pertenencia a un género, entendido este como aquel conjunto de cosas de las que se pueden predicar una serie de características comunes, dejando para un momento posterior su concreción (obligaciones genéricas). En este supuesto, resulta relevante el momento de la especificación, en cuanto acto de individualización de las cosas que constituyen, a partir de ese momento, la prestación.

(c) Otra sistematización pivota sobre la unilateralidad o bilateralidad de las obligaciones. Así, son unilaterales aquellas obligaciones en las que, frente a la prestación a la que viene obligada una de las partes, la otra no está obligada a dar o hacer algo a cambio. Son bilaterales o sinalagmáticas, aquellas otras en las que existen una pluralidad de vínculos, de modo tal que cada una de las partes asume un deber de prestación, ocupando a la vez la posición de parte acreedora y deudora.

(d) Finalmente, en esta selección, podemos mencionar las obligaciones alternativas y facultativas. En las obligaciones alternativas nos topamos ante varias prestaciones inicialmente fijadas (objeto plural), pero el deudor debe realizar solo una de ellas (son prestaciones disyuntivas, puesto que no existiría una jerarquización entre ellas). En las facultativas (o con facultad alternativa o de sustitución), se debe una sola prestación u objeto, pero se concede al deudor la facultad de cumplir la obligación realizando una prestación distinta, de modo que el deudor puede cumplir eligiendo entre una u otra.

PRESTACIÓN

La prestación es el objeto de la relación obligatoria, de modo tal que las cosas o servicios solo constituyen de modo indirecto el objeto de la misma. Por tanto, el objeto de la obligación es aquello debido por el deudor y, en consecuencia, aquello que el acreedor está facultado para reclamar y recibir (un comportamiento, una conducta).

La prestación puede ser entendida ya no solo como el objeto propio de la obligación, en cuanto programa o proyecto, sino que también puede ser el propio comportamiento, la efectiva conducta del deudor, significando el cumplimiento de la obligación. Esta ha de ser posible, lícita y determinada, requisitos que se extraen de la regulación prevista en sede de contratos, en los artículos 1271 a 1273 CC.

Resulta destacable a estos efectos la redacción del artículo 1088 PMCC, en el que se señala que *"En virtud de una obligación, el acreedor tiene Derecho a exigir una prestación que puede consistir en dar, hacer o no hacer alguna cosa.*

La prestación, aunque no tenga contenido económico, ha de satisfacer un interés legítimo del acreedor".

ACREEDOR

El acreedor es uno de los sujetos de la obligación, ostentando un poder para exigir del deudor la satisfacción de su propio interés, esto es, puede exigir la prestación debida. Es, por tanto, el titular de un derecho de crédito, de un derecho subjetivo. En cuanto tal, ostenta ese poder o facultad de disposición de dicho crédito, pudiendo realizar actos de enajenación o de transmisión del derecho en favor de otras personas, actos de constitución de derechos o de titularidades limitadas, así como actos de extinción voluntaria del derecho. Pero, además, el acreedor debe asumir cargas, destinadas a que el deudor pueda cumplir con su prestación.

Huelga decir que la posición de acreedor puede ser ocupada por una pluralidad de sujetos. Interesante resulta la posibilidad de que concurran solidariamente varios acreedores. Así, nos encontramos ante un crédito solidario cuando cada uno de los acreedores, actuando individualmente, se encuentra facultado para exigir y para recibir del deudor la prestación debida, liberándose enteramente este de la obligación cumpliendo o pagando a un solo acreedor.

DEUDOR

El deudor es uno de los sujetos de la obligación, quien viene a ocupar la posición de titular del deber de prestación (pudiendo englobar este una serie de deberes de naturaleza accesoria).

Al igual que sucedía en el caso de la pluralidad de acreedores, también pueden concurrir supuestos de pluralidad de deudores. Ello sucede en las deudas parciarias, deudas en mano común y deudas solidarias. Siguiendo a DÍEZ-PICAZO, en las deudas parciarias (llamadas mancomunadas en el Código civil), la prestación, como consecuencia de la deuda, se fracciona en tantas deudas u obligaciones cuanto son los deudores. En las deudas en mano común, el acreedor solo puede exigir el cumplimiento de la prestación al conjunto o grupo de deudores colectivamente considerados y cuando estos solo pueden liberarse llevando a cabo de modo conjunto la prestación. Finalmente, en las deudas solidarias, cada uno de los deudores tiene el deber de cumplir íntegramente la prestación objeto de la relación obligatoria, de modo individual (art. 1137 CC).

PAGO O CUMPLIMIENTO

Con carácter general, el pago o cumplimiento es todo acto de exacta ejecución de una prestación debida en virtud de una relación obligatoria (DÍEZ-PICAZO). Por tanto, es la realización del deber jurídico (deuda) y el modo normal de liberarse de la obligación o de satisfacer el derecho e interés del acreedor.

El cumplimiento o pago puede ser llevado a cabo por el propio deudor o bien por un tercero, ajeno a la relación obligatoria. Asimismo, también puede ser recibido por un tercero.

Cabe mencionar los denominados subrogados del cumplimiento, procedimientos que sustituyen o suplen al cumplimiento en sentido genuino, desempeñando una función satisfactiva, liberatoria, o ambas. Entre ellos se encuentran el ofrecimiento de pago y la consignación, la dación en pago, el pago por cesión, así como la compensación.

INCUMPLIMIENTO

El incumplimiento de la obligación se identifica con cualquier situación en la que el deudor no se ajuste, en su cumplimiento, a los términos comprometidos. Así, nos encontraríamos ante un incumplimiento tanto si el deudor no cumple su obligación en absoluto, como si no lo hace de la manera adecuada (falta de conformidad), o no lo hace en el tiempo debido, bien porque cumpla demasiado pronto o con retraso. Resulta ilustrativa la conceptualización contenida en la PMCC, presentada en 2009 por la Comisión de Codificación (Sección de Derecho civil), por cuanto en el artículo 1188.1 PMCC se establece que: *"Hay incumplimiento cuando el deudor no realiza exactamente la prestación principal o cualquier otro de los deberes que de la realización obligatoria resulten"*.

Desde una perspectiva más tradicional, de acuerdo con el régimen de nuestro Código civil, se prevén como modalidades de incumplimiento la mora, el cumplimiento defectuoso y el incumplimiento definitivo, cuestión superada por distintos textos europeos y por la propia PMCC. Y frente a tales incumplimientos, modernamente se ha hablado de los *"remedios"* de los que dispondría el acreedor si el deudor no cumple de modo correcto, tempestivo y voluntario su obligación. Serían remedios comunes a todo tipo de obligaciones, el derecho a reclamar el cumplimiento y el derecho a reclamar una indemnización de daños y perjuicios (además de, o, en lugar del cumplimiento). Para el caso de los contratos sinalagmáticos (aquellos en los que las partes son recíprocamente acreedoras y deudoras), el acreedor también puede recurrir a los remedios (sinalagmáticos) que le facultan para resolver el contrato, reducir su propia prestación en caso de cumplimiento no conforme, o bien, a suspender su propio cumplimiento.

RESPONSABILIDAD CONTRACTUAL

De acuerdo con el artículo 1101 CC, quedan *"sujetos a la indemnización de los daños y perjuicios causados los que en el cumplimiento de sus obligaciones incurrieren en dolo, negligencia o morosidad, y los que de cualquier modo contravinieren al tenor de aquéllas"*. En consecuencia, en caso de incumplimiento imputable al deudor, el acreedor perjudicado dispone de una acción para ser resarcido de los daños y perjuicios que el incumplimiento le haya causado. La acción de resarcimiento de los daños causados es compatible con la de cumplimiento y con la acción de resolución en el caso de las obligaciones sinalagmáticas, presentando una finalidad compensatoria o resarcitoria.

El resarcimiento de los daños ha de ser integral, sin perjuicio de que puedan entrar en juego ciertas figuras tales como el deber de mitigar el daño (deber derivado de la buena fe, que exige que el deudor incumplidor adopte precauciones para evitar la extensión del daño), la existencia de relación de causalidad entre la lesión del derecho de crédito y los daños padecidos por el acreedor, así como el régimen más severo impuesto a los deudores dolosos (frente a los culposos), *ex* artículo 1107 CC. Además, debe tomarse en consideración que la indemnización de los daños y perjuicios comprende no solo el valor de la pérdida que se haya sufrido (daño emergente), sino también el de la ganancia que haya dejado de obtener el acreedor (lucro cesante).

DAÑO EMERGENTE

En los términos recogidos en el artículo 1106 CC, el daño emergente se corresponde con el valor de la pérdida sufrida en el patrimonio del acreedor o del lesionado –en este último caso, en los supuestos de responsabilidad civil extracontractual–. *A priori*, su determinación y cuantificación no suele revestir la complejidad que suele predicarse del lucro cesante.

LUCRO CESANTE

Dentro de las partidas indemnizatorias reconocidas en nuestro ordenamiento jurídico, tanto en el ámbito contractual como extracontractual, está el denominado lucro cesante. Este se identifica con las ganancias frustradas o dejadas de obtener (por el acreedor o por el dañado, en función del ámbito en el que nos movamos). Tradicionalmente se ha puesto de manifiesto una cierta dificultad a la hora de su prueba y cuantificación, sin perjuicio de que existan normas que presuman su existencia incluso baremando el *quantum* correspondiente.

La Ley 35/2015, de 22 de septiembre, de reforma del sistema para la valoración de los daños y perjuicios causados a las personas en accidentes de circulación, contiene en sus tablas referencias y cuantificaciones económicas del lucro cesante experimentado en determinados supuestos.

En un reciente caso, nuestro Tribunal Supremo ha recordado su postura en cuanto a la indemnizabilidad del lucro cesante: *"Respecto a la existencia del lucro cesante se ha consolidado una doctrina jurisprudencial por la que, acreditado el evento perjudicial y la conducta sancionable, el resarcimiento de daños y perjuicios conforme al artículo 1106 CC abarca a todo el menoscabo económico sufrido por el acreedor consistente en la diferencia que existe entre la actual situación del patrimonio que recibió el agravio y la que tendría de no haberse realizado el hecho dañoso, bien por disminución efectiva del activo, bien por la ganancia, pérdida o frustrada, pero siempre comprendiendo en su plenitud las consecuencias del acto lesivo, tanto en la esfera contractual como en la extracontractual, (Sentencia de 22 de abril de 1997). La urisprudencia se ha orientado en esta materia con un prudente criterio restrictivo, declarando con reiteración que ha de probarse rigurosamente que se dejaron de obtener las ventajas, sin que éstas sean dudosas o contingentes y sólo fundadas en esperanzas.*

En tal sentido, dice la sentencia de 24 de abril de 1997 que la integración del, lucrum cessans, como elemento de indemnización, no permite incluir eventos de futuro no acreditados, rayanos en los conocidos, sueños de ganancia, ni referirse sólo a acontecimientos reales o de indiscutible dación, sino que, en una posición

intermedia, se requiere que los eventos determinantes de una aportación de medios o recursos truncados por la realización del ilícito obtengan la prueba indiscutible de que generarán ese monto económico, al cual, ya totalmente predeterminado, sólo le falta su real materialización.

[...]

2.- De lo acabado de mencionar resulta que el reconocimiento del lucro cesante se encuentra supeditado al acredimiento de factores y circunstancias reveladoras de que el ilícito ha motivado la no obstención de ganancias relacionadas causalmente con tal hecho, con las correspondientes consecuencias patrimoniales negativas para el perjudicado.

La jurisprudencia, en las sentencias antes citadas se funda en criterios de probabilidad, de verosimilitud, de apreciaciones prospectivas para tener por probada la existencia del perjuicio, no reteniendo datos cuando la ganancia o beneficio futuro se presenta como meramente posible o hipotético.

Como consecuencia de ello, se impone a la parte actora la carga de ofrecer los datos que, a tenor de la situación existente al presentar la demanda o en el momento de practicar la prueba, mediante su proyección sobre el periodo futuro objeto de reclamación, permitan el cálculo prospectivo del lucro cesante (STS 31 de octubre de 2007, rec. 3537/2000)". Vid. STS, Sala de lo Civil, 637/2018, de 19 de noviembre.

RESPONSABILIDAD PATRIMONIAL UNIVERSAL

De acuerdo con lo dispuesto en el artículo 1911 CC, *"Del cumplimiento de sus obligaciones responde el deudor con todos sus bienes presentes y futuros."* En consecuencia, en este precepto se establece el principio de responsabilidad patrimonial universal que determina la afección de todos los bienes del deudor, tanto los presentes como los futuros, al cumplimiento de sus obligaciones.

Este principio de responsabilidad patrimonial universal no es absoluto, en la medida en la que existen normas que impiden que el acreedor pueda satisfacer su crédito sobre determinados bienes del deudor, por existir bienes inembargables, siendo además también destacable la concurrencia de disposiciones que, una vez cumplidos ciertos requisitos, imponen al acreedor quitas obligatorias de deuda, sea en el concurso o en la normativa de protección de deudores hipotecarios; además, existiría una segunda excepción, en la medida en la que convencionalmente se podría limitar la responsabilidad patrimonial universal (pacto que sería válido con ciertas limitaciones).

GARANTÍAS DE LA OBLIGACIÓN

Tal y como se señala por DÍEZ-PICAZO, las garantías son cualquier medida o modo especial de asegurar la efectividad de un crédito, de manera tal que refuerza al acreedor la seguridad de que su derecho será satisfecho. Básicamente podemos distinguir entre garantías reales y personales, en función de si conceden al acreedor un poder jurídico sobre cosas concretas y determinadas, o bien un derecho o facultad dirigido a la persona del deudor o incluso a un tercero.

Entre las garantías, podemos situar las penas convencionales o cláusulas penales (típicamente, una prestación pecuniaria que el deudor asume ante un eventual incumplimiento), las arras (la entrega de una suma de dinero o de cualquier otra cosa que uno de los contratantes efectúa al otro con la finalidad de asegurar una promesa, un contrato, garantizar su cumplimiento o facultar al otorgante para poder poner fin al contrato libremente, consintiendo en perder lo entregado), o el derecho de retención (aquella facultad otorgada por la ley o concedida a un acreedor, para que este continúe poseyendo una cosa más allá del tiempo en que debió entregarla al deudor, o bien como derecho del detentador de una cosa a retrasar tal restitución hasta la satisfacción del crédito del que es titular).

FIANZA

La fianza es un tipo especial de garantía en la que un tercero (fiador) garantiza el cumplimiento de una obligación ajena, obligándose para ello personalmente (de acuerdo con el artículo 1822 CC en su inciso primero: *"Por la fianza se obliga uno a pagar o cumplir por un tercero, en el caso de no hacerlo éste"*). La fianza puede ser convencional, legal o judicial (art. 1823 CC). En el primer caso, se constituye por negocio jurídico en el que intervienen el acreedor, el deudor y el fiador; en el segundo, es una previsión normativa la que lo contempla, siendo obligatoria su constitución para el deudor, pero no para el fiador; en la tercera, nos encontraríamos ante supuestos en los que un juez o tribunal así la exigen del deudor que es parte en un proceso.

De lo anterior se colige que en la fianza surgen relaciones obligatorias entre tres tipos de sujetos: el acreedor, el deudor y el fiador.

En la fianza, el fiador se obliga a ejecutar en favor del acreedor la prestación debida por el deudor principal, quedando sometido la obligación del primero al mismo término que la obligación garantizada. El artículo 1853 CC establece que el fiador puede oponer al acreedor todas las excepciones que competan al deudor principal y que sean inherentes a la deuda, pero no aquellas que sean puramente personales del deudor. Ahora bien, llegado el momento (si sucede) en el que el acreedor pretende hacer efectivo su derecho sobre el patrimonio del fiador, este puede hacer valer el denominado beneficio de excusión. En consecuencia, el fiador *"no puede ser compelido a pagar al acreedor sin hacerse antes excusión de todos los bienes del deudor".*

La fianza quedará extinguida bien al mismo tiempo que la obligación del deudor y por las demás causas que las demás obligaciones (art. 1847 CC).

CLÁUSULA PENAL

La cláusula penal, regulada en el Código civil en sus artículos 1152 y siguientes, carece de definición legal, por lo que su conceptualización la podemos residenciar en el ámbito jurisprudencial. Clásicamente, nuestro Tribunal Supremo la definió como la *"Estipulación de carácter accesorio, establecida en un contrato, con la finalidad de asegurar el cumplimiento de la obligación principal, en virtud de la que el deudor de la prestación que se trata de garantizar viene obligado a pagar por lo general una determinada cantidad de dinero"* (STS, Sala de lo Civil, de 11 marzo de 1957).

Ahora bien, el propio artículo 1152 CC sí que refiere en su primer párrafo la función principal de la cláusula penal: liquidar los daños y perjuicios derivados del incumplimiento (*"la pena sustituirá a la indemnización de daños y perjuicios y al abono de intereses en caso de falta de cumplimiento, si otra cosa no se hubiese pactado"*). Además de ese rol, la cláusula penal también puede cumplir otros dos: la coercitiva o punitiva (incrementando el resarcimiento, puesto que normalmente la pena estipulada supera el *quantum* exigible conforme a la responsabilidad contractual *ex* artículo 1101 CC) y la cumulativa (que viene a sumarse, en virtud de pacto expreso, a la exigencia de cumplimiento de la obligación).

La cláusula penal puede ser objeto de moderación judicial, puesto que el artículo 1154 CC señala que *"El Juez modificará equitativamente la pena cuando la obligación principal hubiera sido en parte o irregularmente cumplida por el deudor"*.

> La reciente STS, Sala de lo Civil, 317/2020, de 17 de junio, recuerda que *"es cierto que la jurisprudencia de esta sala ha admitido la apreciación de oficio de la moderación de la cláusula penal, pero ello siempre que se den los presupuestos que conforme al 1154 CC deben concurrir para que proceda la moderación, que en el caso no se dan. Es doctrina de esta sala que la referida moderación queda condicionada a la concurrencia del supuesto previsto en el precepto, esto es, que la obligación hubiera sido en parte o irregularmente cumplida por el deudor. Pero no cabe dicha moderación de la pena cuando la misma hubiera sido prevista para sancionar, específicamente, el incumplimiento producido (entre otras, SSTS 310/2012, de 7 de mayo, 710/2014, de 3 de diciembre, 366/2015, de 18 de junio, 44/2017, de 25 de enero, 325/2019, de 6 de junio, y 57/2020, de 28 de enero)".*

ENRIQUECIMIENTO SIN CAUSA

El enriquecimiento injustificado o sin causa es una figura no regulada expresamente por el Código civil (con la excepción de lo dispuesto en el artículo 10.9 CC, en una norma de Derecho internacional privado), pero que está destinada a obligar a restituir al *"dañado"* aquellos beneficios que hubiesen sido adquiridos de forma injusta, sin causa alguna que lo justifique. En el Derecho español se ha tratado por la doctrina como un principio general del Derecho, consagrado en normas especiales al margen del Código civil, tales como en el artículo 65 de la Ley 19/1985, de 16 de julio, Cambiaria y del Cheque, el artículo 32.6 de la Ley 3/1991, de 10 de enero, de Competencia Desleal o en el artículo 9 de la Ley Orgánica 1/1982, de 5 de mayo, de protección civil del derecho al honor, a la intimidad personal y familiar y a la propia imagen.

El origen de la institución del enriquecimiento sin causa se encuentra en el Derecho romano (*condictio*). Lo cierto es que no se trata de una figura unitaria, que, en otros sistemas, puede llegar a agrupar tres tipos de supuestos o *condictio*nes (*condictio* por intromisión, *condictio* por prestación y *condictio* por impensas).

RESPONSABILIDAD CIVIL

Bajo la denominación responsabilidad civil, responsabilidad civil extracontractual, responsabilidad aquiliana o derecho de daños, nos referimos a un sector del Derecho patrimonial privado que, a través de sus normas, trata de poner en manos del causante de un daño la reparación del mismo.

En un plano teórico, la responsabilidad civil puede cumplir tres funciones. En primer lugar, una función compensatoria o resarcitoria, a través de la cual se busca dejar a la víctima en la posición anterior a la causación del daño; en segundo lugar, una función preventiva, por cuanto la obligación de resarcir el daño causado desincentivaría las conductas (u omisiones) dañosas; y finalmente, en tercer lugar, una función sancionatoria, que implicaría sobre-sancionar o castigar al causante de un daño con una finalidad punitiva.

Desde la perspectiva tradicional, la función compensatoria es la claramente admitida en nuestro ordenamiento, todo ello sin perjuicio de que existan cada vez más disposiciones con cierto componente sancionador, como, por ejemplo, el artículo 10 LOI *("[...] sistema eficaz y disuasorio de sanciones que prevenga la realización de conductas discriminatorias").*

La regulación de la responsabilidad civil extracontractual se articula tanto en el Código civil (arts. 1902 y siguientes CC) como en una serie de leyes especiales al margen del Código (entre otras, podemos citar la Ley 1/1970, de 4 de abril, de caza, la Ley 25/1964, de 29 de abril, sobre energía nuclear o el TRLGDCU). El citado artículo 1902 CC, asentado en el criterio de responsabilidad por culpa, exige una serie de presupuestos necesarios para su concurrencia: la existencia de una conducta activa u omisiva, el carácter culposo de la conducta, la producción de un daño y la existencia de una relación de causalidad entre el comportamiento y el daño.

Además, debemos tomar en consideración la existencia de normas relativas a la responsabilidad civil derivada del delito en el propio CP (que obedecen a razones históricas), así como aquellas normas en las que se regula la responsabilidad civil de las Administraciones Públicas (Ley 40/2015, de 1 de octubre, de Régimen Jurídico del Sector Público).

RESPONSABILIDAD SUBJETIVA

De acuerdo con lo dispuesto en el artículo 1902 CC, *"El que por acción u omisión causa daño a otro, interviniendo culpa o negligencia, está obligado a reparar el daño causado"*. Se consagra en este precepto el régimen de responsabilidad subjetiva, residenciada en la existencia de culpa (o dolo) del causante del daño.

ACCIÓN U OMISIÓN

La acción u omisión implican la concurrencia de un comportamiento activo u omisivo. Para que surja responsabilidad en este último caso, se exige que el sujeto, con anterioridad, tuviese el deber jurídico de actuar. La responsabilidad estará excluida para el caso de que nos encontremos ante un supuesto de legítima defensa (en los términos señalados en el CP), el ejercicio del propio derecho (limitación impuesta por la prohibición del abuso de derecho, *ex* artículo 7.2 CC), medie consentimiento de la víctima (que carece de carácter absoluto), o se haya causado el daño en el cumplimiento de un deber.

DAÑO

Para el nacimiento de la responsabilidad civil es necesario que se haya causado un daño. Lo cierto es que el concepto de daño es de difícil precisión. Pese a ello, ha gozado de cierta aceptación la llamada *"teoría de la diferencia"*, que lo identifica con la disminución evaluable económicamente que se produce en el patrimonio de una persona a consecuencia del hecho dañoso. Ahora bien, este concepto objetivo resulta demasiado estricto, por ejemplo, por cuanto no recogería ni el lucro cesante ni el daño moral. Si apostamos por un concepto más amplio de daño, de naturaleza subjetiva, este podría ser definido como la lesión de un interés valorable en dinero, pero entendiendo interés en sentido subjetivo, como aquel concreto del dañado.

Desde un punto de vista sistemático, podemos atender a diversas clasificaciones de daños, que, en ocasiones, se superponen entre sí. Entre las más comunes, distinguiríamos entre daños patrimoniales y no patrimoniales; en función de su duración, daños actuales y puntuales, daños duraderos, continuados y sobrevenidos; daño personal o biológico y daño material; daños punitivos; o daños puramente económicos o puramente patrimoniales.

> Los daños patrimoniales consisten en el menoscabo económico experimentado por la víctima en sus intereses patrimoniales, por tanto, susceptibles de valoración económica. Estos comprenden tanto el daño emergente como el lucro cesante. Mientras, el daño no patrimonial o moral recae sobre elementos o intereses de difícil estimación económica, por no tener un valor de mercado, de ahí que su reparación se pretenda por la vía sustitutiva. Merece la pena destacar que el daño moral fue tempranamente reconocido como indemnizable por los tribunales, en la famosa sentencia del Tribunal Supremo de 6 de diciembre de 1912.

Desde la perspectiva temporal, además de los daños actuales y puntuales, los daños pueden ser duraderos, continuados y sobrevenidos. La distinción muestra especial repercusión sobre todo por referencia al *dies a quo* para computar el inicio del plazo de un año para la prescripción de la acción prevista en el artículo 1968.2 CC.

El daño corporal se identificaría con toda alteración de la integridad del cuerpo humano, tanto en su aspecto físico como psíquico, que puede tener o no repercusiones patrimoniales.

Los denominados *punitive damages*/daños punitivos (en realidad, indemnizaciones punitivas), es una figura que ha sido tradicionalmente ajena a nuestro Derecho, pero cuya función sería la de sancionar al causante del daño imponiendo un castigo a este.

En cuanto a los daños puramente económicos o puramente patrimoniales (*pure economic losses*), serían aquellas pérdidas económicas que no resultan de un daño a la propia persona o a los bienes del dañado.

RELACIÓN DE CAUSALIDAD

Para que surja la obligación de indemnizar un daño, ha de existir necesariamente una relación de causalidad entre el comportamiento del sujeto y el daño causado. En ocasiones, este nexo causal se va a manifestar de modo claro y directo; mientras, en otras, resulta de mayor dificultad determinar el factor o factores causales.

En la actualidad, suele sostenerse la llamada teoría de la equivalencia de las condiciones, según la cual, basta con que la acción u omisión de la persona haya sido uno de los antecedentes del daño para que esta sea considerada su causante, sin que resulte trascendente que además hayan mediado otros acontecimientos. De ella deriva la tesis de la *conditio sine qua non*, esto es, se considera causa del daño aquel de los elementos o de las condiciones antecedentes que, de haber faltado, habría evitado la producción del daño.

Sin embargo, existen supuestos en los que la determinación del nexo causal puede ser problemático, como sucedería en casos de causas concurrentes, causas alternativas o causas potenciales o hipotéticas.

Junto con la relación de causalidad en sentido físico, se ha instaurado en nuestra doctrina y jurisprudencia la denominada causalidad jurídica (o imputación objetiva). Se trataría de un concepto puramente normativo que vendría a significar que el resultado dañoso puede jurídicamente atribuirse a una acción como obra suya y no como producto del azar; su determinación se basaría fundamentalmente en un juicio centrado en la peligrosidad *ex ante* de la acción. En la mayor parte de los supuestos, al menos de responsabilidad subjetiva o por culpa, para que concurra esta imputación han de concurrir sucesivamente una serie de criterios que, básicamente, serían el de la adecuación de la acción y del curso causal y la concordancia con el fin de protección de la norma.

Además, debemos referirnos también a los supuestos en los que se produce una interrupción o ruptura del nexo causal, que conducirían a una reducción o exoneración de la responsabilidad. Estas serían básicamente la fuerza mayor, el hecho de un tercero o la propia culpa de la víctima.

CULPA O NEGLIGENCIA

El artículo 1902 CC se basa en un sistema de responsabilidad civil subjetiva, asentado en la culpa como título de imputación. Pese a que el precepto solo se refiere a la culpa o negligencia (que han de entenderse como sinónimos), se entiende que el dolo también queda englobado (que exigiría intencionalidad en la producción del daño, sin que la omisión o la conducta dolosa no se halle tipificada en el CP, puesto que, en ese caso, habría que recurrir a la regulación contenida en este).

La culpa se vincula al cumplimiento del grado de diligencia exigible, que no siempre es la misma. El criterio general de diligencia es la llamada *"diligencia del buen padre de familia"* (*ex* art. 1104.2° CC, en materia de responsabilidad contractual), que puede identificarse con la exigible a una persona normal o a un ciudadano medio. Sin embargo, tal criterio no es óbice para que se excluya la consideración de las circunstancias del caso concreto, englobándose aquí las circunstancias de las personas, del tiempo y del lugar, en los términos previstos por el propio artículo 1104 CC en su apartado primero. Precisamente, en circunstancias determinadas se comprende la elevación del grado de diligencia exigible, debiendo acomodarse cualquier actuación a la denominada *lex artis ad hoc*, típica de los contextos en los que el agente causante del daño opera en un ámbito profesional, o incluso, en el contexto de la actividad empresarial.

> La culpa de la víctima puede llegar a exonerar de responsabilidad al causante del daño, si esta puede definirse como exclusiva. En ocasiones, podemos toparnos con una concurrencia de culpas (del causante del daño y del perjudicado), que, para algunos, sería una concurrencia de causas (y no de culpas). En este último supuesto, cabría *"ponderar"* el grado de responsabilidad de cada uno de los participantes.
>
> Desde otra perspectiva, en el ámbito de la responsabilidad por hecho propio pueden concurrir problemas de imputabilidad cuando los autores de una conducta u omisión que sea causante de un daño sean menores, personas con la capacidad modificada judicialmente (incapaces, o mejor, discapacitados) o personas jurídicas.

RESPONSABILIDAD OBJETIVA

La responsabilidad objetiva es aquella que obliga a indemnizar el daño causado con independencia de que este se haya causado por culpa o negligencia por parte del considerado responsable. Se trata, pues, de una responsabilidad que se asocia a la producción de daños vinculados a la realización de actividades potencialmente peligrosas, fundamentándose esta en la creación de un riesgo.

En los términos descritos, su carácter severo se ve matizado por la existencia de una serie de causas de exoneración de responsabilidad, tales como la culpa exclusiva de la víctima, el hecho de un tercero y la fuerza mayor.

Los supuestos de responsabilidad civil objetiva se contemplan con carácter general al margen de las disposiciones del Código civil, al fundarse este en la responsabilidad de corte subjetivo. Sin embargo, en este encontramos una serie de casos particulares que reflejan este tipo de responsabilidad (arts. 1905 a 1910 CC), relativos a daños causados por animales o cosas, en los que el grado de exigencia no es idéntico en todos ellos, puesto que en algunos supuestos se encuentran fundamentos de corte subjetivo.

Entran en el ámbito de la responsabilidad de corte objetivo los daños causados por la navegación aérea, la circulación de vehículos a motor, en el ejercicio de la caza, o en el ámbito de la responsabilidad patrimonial de la Administración Pública, entre otros supuestos.

RESPONSABILIDAD POR HECHO DE OTRO

De acuerdo con lo dispuesto en el artículo 1903 CC, *"La obligación que impone el artículo anterior [reparación del daño causado] es exigible, no sólo por los actos u omisiones propios, sino por los de aquellas personas de quienes se debe responder"*. En este sentido, el fundamento de esta responsabilidad puede considerarse doble: de un lado, porque se presume que ha habido culpa *in vigilando* o culpa *in eligendo* (en este sentido, el precepto señala que *"La responsabilidad de que trata este artículo cesará cuando las personas en él mencionadas prueben que emplearon toda la diligencia de un buen padre de familia para prevenir el daño"*); de otro, se busca asegurar a la víctima la percepción de la indemnización correspondiente. Se trata de una responsabilidad autónoma, distinta e independiente de la que atribuye el artículo 1902 CC al autor material del daño, siendo además indirecta, por cuanto tiene su origen en la actuación de otra persona.

En el caso de responsabilidad por hecho de otro, el legislador del Código civil presume la existencia de culpa de las personas consideradas responsables (cuestión que podría colisionar con la presunción de inocencia del artículo 24 CE).

Específicamente, en el artículo 1903 CC se disciplinan los siguientes supuestos de responsabilidad por hecho ajeno:

"Los padres son responsables de los daños causados por los hijos que se encuentren bajo su guarda.

Los tutores lo son de los perjuicios causados por los menores o incapacitados que están bajo su autoridad y habitan en su compañía.

Lo son igualmente los dueños o directores de un establecimiento o empresa respecto de los perjuicios causados por sus dependientes en el servicio de los ramos en que los tuvieran empleados, o con ocasión de sus funciones.

Las personas o entidades que sean titulares de un Centro docente de enseñanza no superior responderán por los daños y perjuicios que causen sus alumnos menores de edad durante los períodos de tiempo en que los mismos se hallen bajo el control o vigilancia del profesorado del Centro, desarrollando actividades escolares o extraescolares y complementarias".

RESPONSABILIDAD CIVIL POR PRODUCTOS DEFECTUOSOS

En la actualidad, el régimen de responsabilidad por *"bienes o servicios defectuosos"* se encuentra regulado en los artículos 128 y siguientes TRLGDCU. El régimen de responsabilidad previsto, de corte objetivo, comprende los daños personales, incluida la muerte, así como los daños materiales, siempre que estos afecten a bienes o servicios objetivamente destinados al uso o consumo privados y en tal concepto hayan sido utilizados principalmente por el perjudicado (art. 129.1 TRLGDCU). Ahora bien, los daños materiales que afecten al propio producto solo podrán ser indemnizables al margen de lo previsto en esta sede, practicándose una remisión a lo dispuesto en la legislación civil y mercantil (art. 142 TRLGDCU).

La norma facilita un concepto legal de producto que engloba cualquier bien mueble, aun cuando esté unido o incorporado a otro bien mueble o inmueble, considerándose como tal tanto el gas como la electricidad (art. 136 TRLGDCU). Por producto defectuoso, se entenderá aquel que no ofrezca la seguridad que legítimamente cabría esperar, tomando en consideración todas las circunstancias y, especialmente, su presentación, el uso razonablemente previsible del mismo, así como el momento de su puesta en circulación (art. 137 TRLGDCU).

A la hora de definir legalmente el concepto de productor (art. 138 TRLGDCU), además de lo dispuesto en el artículo 5 del propio texto, se considerará como tal al fabricante o importador en la Unión Europea de: *"a) un producto terminado, b) cualquier elemento integrado en un producto terminado, c) una materia prima"*. El TRLGDCU también prevé que, para el caso de que el productor no pueda ser identificado, será considerado como tal el proveedor del producto, *"a menos que, dentro del plazo de tres meses, indique al dañado o perjudicado la identidad del productor o de quien le hubiera suministrado o facilitado a él dicho producto. La misma regla será de aplicación en el caso de un producto importado, si el producto no indica el nombre del importador, aun cuando se indique el nombre del fabricante"*.

> El artículo 140 TRLGDCU prevé una serie de causas de exoneración de responsabilidad. Así, *"1. El productor no será responsable si prueba:*
>
> *a) Que no había puesto en circulación el producto.*
>
> *b) Que, dadas las circunstancias del caso, es posible presumir que el defecto no existía en el momento en que se puso en circulación el producto.*
>
> *c) Que el producto no había sido fabricado para la venta o cualquier otra forma de distribución con finalidad económica, ni fabricado, importado, suministrado o distribuido en el marco de una actividad profesional o empresarial.*
>
> *d) Que el defecto se debió a que el producto fue elaborado conforme a normas imperativas existentes.*
>
> *e) Que el estado de los conocimientos científicos y técnicos existentes en el momento de la puesta en circulación no permitía apreciar la existencia del defecto.*
>
> *2. El productor de una parte integrante de un producto terminado no será responsable si prueba que el defecto es imputable a la concepción del producto al que ha sido incorporado o a las instrucciones dadas por el fabricante de ese producto.*
>
> *3. En el caso de medicamentos, alimentos o productos alimentarios destinados al consumo humano, los sujetos responsables, de acuerdo con este capítulo, no podrán invocar la causa de exoneración del apartado 1, letra e)"*.
>
> En este sentido, el artículo 141 TRLGDCU establece una serie de límites a la responsabilidad. En primer lugar, sienta una franquicia de 500 euros; en segundo término, la

responsabilidad civil global del productor por muerte y lesiones personales causadas por productos idénticos que presenten el mismo defecto tendrá como límite la cuantía de 63.106.270,96 euros. Además, la culpa del perjudicado o de persona de la que deba responder civilmente, puede contribuir a la reducción o eliminación de la responsabilidad prevista (art. 154 TRLGDCU).

CAPÍTULO 6

DERECHO DE CONTRATOS

Julia Ammerman Yebra
Investigadora Postdoctoral de Derecho Civil
Universidade de Santiago de Compostela

CONTRATO

El contrato se refiere al acuerdo de voluntades entre dos o más personas dirigido a crear, modificar o extinguir obligaciones. También se define como el negocio jurídico de carácter bilateral o plurilateral cuyo efecto consiste en constituir, modificar o extinguir una relación jurídica de carácter patrimonial. El Código civil establece una regulación general de las obligaciones y contratos en el Título II del Libro IV (artículos 1254 a 1314 CC), siendo hoy en día la noción de contrato una de las ideas centrales de todo el sistema de Derecho privado, y pilar fundamental del orden económico. Los elementos esenciales del contrato, según el artículo 1261 CC, son el consentimiento, el objeto y la causa, además de la forma en aquellos contratos solemnes. El consentimiento debe contener un acuerdo contractual que recaiga sobre el objeto y la causa, no siendo suficiente la mera declaración de voluntad; es el artículo 1263 CC el que regula la capacidad para prestar consentimiento. Por su parte, el objeto podría identificarse con los intereses que el negocio está llamado a reglamentar, o también con los bienes susceptibles de valoración económica que corresponde a un interés de los contratantes, debiendo concurrir los requisitos de posibilidad (cosas presentes o futuras, pero posibles), licitud y determinación. Por último, la causa es un elemento complejo de definir: según DÍEZ-PICAZO, sería el propósito de alcanzar un determinado resultado empírico con el negocio, debiendo ser el propósito común a las partes del negocio o, al menos, que una lo tenga y la otra lo haya reconocido y consentido.

En cuanto a las clasificaciones de los contratos, estas son numerosas, citando a modo de ejemplo las que siguen: (a) contratos consensuales, reales y formales; (b) contratos unilaterales, bilaterales y plurilaterales; (c) contratos onerosos y lucrativos; (d) contratos conmutativos y aleatorios; (e) contratos típicos y atípicos; (f) contratos por negociación y contratos por adhesión o con condiciones generales de la contratación.

INTERPRETACIÓN DEL CONTRATO

La interpretación del contrato es una actividad dirigida a la determinación del sentido de la declaración contractual, de sus efectos y consecuencias en el orden jurídico, que se regula en los artículos 1281 a 1289 CC. La doctrina y jurisprudencia establecen tres principios esenciales de la interpretación contractual: el de tomar en cuenta la voluntad común de los contratantes, el de autorresponsabilidad de las declaraciones que hayan efectuado, y el de la confianza y buena fe en ellas. Así, la interpretación subjetiva se dirigirá a la búsqueda de la intención de los contratantes. Pero habrá otros elementos que entren en juego a la hora de interpretar, como los usos y costumbres del lugar (no pudiendo ser, por tanto, usos individuales de los contratantes sino generales) o el principio de la buena fe (principio que, aunque no aparece expresamente recogido para la interpretación contractual, sí se menciona en el artículo 1288 CC, que señala que *"la interpretación de las cláusulas oscuras de un contrato no deberá favorecer a la parte que hubiese ocasionado la oscuridad"*, cobrando especial importancia esta previsión en el ámbito de los contratos por adhesión o con condiciones generales de la contratación).

NULIDAD CONTRACTUAL

La nulidad contractual es una forma de invalidez que es intrínseca al contrato mismo, impidiendo que este produzca los efectos que le son propios, y sin necesidad de una previa impugnación o declaración. Son causa de nulidad, por un lado, la falta o ilicitud de los requisitos esenciales del contrato, y por el otro, los actos contrarios a una norma imperativa o prohibitiva, salvo que de la contravención se derive un efecto distinto. La declaración de nulidad producirá efectos retroactivos, restitutorios y, en su caso, otros efectos indirectos como la convalidación o usucapión extraordinaria. La acción de nulidad, que podrá ser apreciada de oficio, podrá interponerla cualquier interesado, habiendo de dirigirse contra los intervinientes en el contrato, sus herederos, los que obtuvieron un lucro con el contrato o los causantes de la nulidad.

Podrá darse una nulidad parcial, que será aquella que afecte solo a una cláusula o elemento no principal del contrato, y no a su totalidad. Por lo que el contrato se mantendrá, pero debiéndose integrar la cláusula nula. De entre las cláusulas nulas, han cobrado especial relevancia en los últimos tiempos las llamadas cláusulas abusivas.

ANULABILIDAD CONTRACTUAL

La anulabilidad contractual es una forma de invalidez dirigida a la protección de un determinado sujeto (por lo general, una de las partes del contrato, aunque véase el caso previsto en el artículo 1301.4 CC para los cónyuges), de manera que únicamente dicho sujeto puede alegarla y pueda optar por convalidar el contrato anulable mediante su confirmación. Es una medida de protección de unos intereses concretos y determinados, que solo autoriza al titular de los mismos, y no a quien tenga interés legítimo, al ejercicio de la acción. Estos intereses son los del contratante en quien concurra causa de anulabilidad recogida en la ley, que de la regulación contenida en los artículos 1301 y 1302 CC se deduce que son la menor edad, el error, la violencia o intimidación, el dolo y la falsedad de la causa. Los contratos anulables producen efectos legales desde su perfección, pero son claudicantes o provisionales, en el sentido de que cesarán y se tendrán por no existentes *ab initio* si la nulidad se declara judicialmente. La acción de anulabilidad tiene un plazo de ejercicio de cuatro años, cuyo plazo empezará a contar: desde el día que cesó la intimidación o violencia; desde la consumación del contrato en los casos de error, dolo o falsedad de la causa; desde que salieron de la tutela los menores o incapacitados; o desde la disolución de la sociedad conyugal o del matrimonio si se trata de contratos realizados por uno de los cónyuges sin consentimiento del otro.

RESCISIÓN DEL CONTRATO

La rescisión es el remedio jurídico para la reparación de un perjuicio económico que el contrato origina a determinadas personas, consistente en hacer cesar su eficacia, por lo que es un supuesto de ineficacia sobrevenida. Se regula en los artículos 1290 a 1299 CC. Se trata de una medida excepcional y subsidiaria, que obliga a la devolución de las cosas que fueron objeto del contrato con sus frutos, y del precio con sus intereses. Pero cuando no se puedan devolver las cosas objeto del contrato, la acción rescisoria se transforma en una indemnización de daños y perjuicios.

CONSUMIDOR

Según el artículo 3 TRLGDCU, son consumidores aquellas personas físicas que actúen con un propósito ajeno a su actividad comercial, así como aquellas personas jurídicas y las entidades sin personalidad jurídica que actúen sin ánimo de lucro en un ámbito ajeno a una actividad comercial. Por lo tanto, nuestra Ley contiene un concepto más amplio de consumidor que el manejado por la Directiva 2011/83/UE, que solo considera consumidor a la persona física que actúe con un propósito ajeno a su actividad comercial. Así, la doctrina española ha entendido posible considerar consumidores, en su caso, a las asociaciones, cooperativas y fundaciones, aunque sería cuestionable su consideración como consumidoras en caso de que proporcionasen algún bien o servicio a sus socios a título oneroso. Por otra parte, recientemente el Real Decreto-ley 1/2021, de 19 de enero, de protección de los consumidores y usuarios frente a situaciones de vulnerabilidad social y económica, ha añadido un segundo apartado al mencionado artículo 3 y que recoge el concepto de consumidor vulnerable, estableciendo que *"tienen la consideración de personas consumidoras vulnerables respecto de relaciones concretas de consumo, aquellas personas físicas que, de forma individual o colectiva, por sus características, necesidades o circunstancias personales, económicas, educativas o sociales, se encuentran, aunque sea territorial, sectorial o temporalmente, en una especial situación de subordinación, indefensión o desprotección que les impide el ejercicio de sus derechos como personas consumidoras en condiciones de igualdad"*. Los factores que, según la Exposición de motivos del mencionado Real Decreto, pueden hacer más probable que una persona consumidora obtenga resultados negativos en sus relaciones de consumo, son la dificultad para obtener o asimilar información, una menor capacidad para comprar, elegir o acceder a productos adecuados, o una mayor susceptibilidad a dejarse influir por prácticas comerciales, situaciones que se han acrecentado tras el impacto social y económico que la pandemia de la COVID-19 ha tenido sobre las prácticas de consumo.

No debemos hacer coincidir el Derecho de consumo con una definición general del concepto de consumidor, en el sentido de que los Libros III y IV TRLGDCU establecen la protección de un consumidor cuyo concepto es mucho más amplio: así, en el Libro III se equipara a cualquier persona física, estableciéndose una responsabilidad empresarial frente al perjudicado que sufre los daños del artículo 129, siendo el perjudicado cualquier persona física que sufra esos daños como consecuencia de los defectos de los productos (ya sea adquirente, o usuario, o incluso el que ni los adquiera ni los disfrute). Y en el Libro IV, dedicado a los viajes combinados, consumidor será cualquier persona física o jurídica, estableciéndose una responsabilidad empresarial del organizador y del detallista frente a un consumidor que puede ser tanto el contratante principal del viaje (persona física o jurídica), como el beneficiario o el cesionario (persona física en todo caso).

CONDICIONES GENERALES DE LA CONTRATACIÓN

Según el artículo 1 LCGC, son condiciones generales de la contratación aquellas cláusulas predispuestas cuya incorporación al contrato sea impuesta por una de las partes, con independencia de la autoría material de las mismas, de su apariencia externa, de su extensión y de cualesquiera otras circunstancias, habiendo sido redactadas con la finalidad de ser incorporadas a una pluralidad de contratos. A las partes del contrato se las denominará predisponente –que será el profesional que actúe, ya sea persona física o jurídica, dentro del marco de su actividad profesional– y adherente –cualquier persona física o jurídica, incluso un profesional, sin necesidad de que actúe en el marco de su actividad–. El contrato globalmente sometido a condiciones generales es un contrato de adhesión, aunque existan causas del mismo que hayan sido negociadas individualmente. Los riesgos que conllevan los contratos con condiciones generales han hecho que el legislador haya implementado mecanismos para controlarlos, con el fin de garantizar la justicia contractual; y ello porque el principio de autonomía de la voluntad, básico en la contratación por negociación, y en palabras de CARRASCO PERERA, *"no es suficiente para legitimar un acuerdo que ha sido creado por un procedimiento en el que es decisiva la premeditación del disponente y no la voluntad del adherente"*. Actualmente, podemos distinguir tres tipos de control: (i) de inclusión o transparencia formal, en el sentido de que las cláusulas deben estar redactadas de manera clara y comprensible (artículo 5 de la Directiva 93/13/CEE y artículos 5 y 7 LCGC); (ii) de transparencia material y (iii) de contenido, en el sentido de que las cláusulas no deben causar un desequilibrio importante entre los derechos y obligaciones de las partes.

CLÁUSULAS ABUSIVAS

Las cláusulas abusivas son condiciones generales de la contratación que, según el artículo 3 de la Directiva 93/13/CEE y el artículo 82 TRLGDCU, constituyen prácticas no consentidas expresamente y que, en contra de las exigencias de la buena fe causan, en perjuicio del consumidor y usuario, un desequilibrio importante de los derechos y obligaciones de las partes que se deriven del contrato. Por lo tanto, deben concurrir dos requisitos para apreciar abusividad: por una parte, la contravención de la buena fe (entendiendo por buena fe en sentido objetivo, un modelo de comportamiento leal del empresario, y para el consumidor el conjunto de expectativas que, con criterios razonables, pueden formar sobre el tipo contractual propuesto); y por otra parte, el desequilibrio importante de los derechos y obligaciones de las partes, siendo el patrón de referencia el *"derecho dispositivo"*, esto es, la relación del contenido predispuesto en la cláusula con lo que en su ausencia habría de dirimir el conflicto entre las partes, teniendo en cuenta los criterios de integración del artículo 1258 CC (la ley, los usos y la buena fe).

Por otra parte, el hecho de que ciertos elementos de una cláusula, o que una cláusula aislada, se hayan negociado individualmente no excluirá la aplicación de las normas sobre cláusulas abusivas al resto del contrato. La declaración como abusiva de una cláusula implica su nulidad de pleno derecho, pero es parcial, en el sentido de que el contrato seguirá siendo obligatorio para las partes en los mismos términos, siempre que pueda subsistir sin la cláusula; por otra parte, se trata de una nulidad relativa porque solo la puede alegar el consumidor.

> Con la Ley 5/2019, de 15 de marzo, reguladora de los contratos de crédito inmobiliario, se ha plasmado la doctrina jurisprudencial del Tribunal Supremo sobre el control de transparencia cualificada (aplicable solo a consumidores), añadiendo un segundo párrafo al artículo 83 TRLGDCU, *"las condiciones incorporadas de modo no transparente en los contratos en perjuicio de los consumidores serán nulas de pleno derecho"* –párrafo que igualmente se añade en el art. 5.5 LCGC–.

CLÁUSULAS DE VENCIMIENTO ANTICIPADO

La cláusula de vencimiento anticipado es aquella estipulación que provoca que el contrato en el que está inserta pueda terminar antes de la fecha acordada por las partes por el solo incumplimiento de una de ellas de cualquiera de sus obligaciones. En el artículo 693 LEC, en sede de ejecución de bienes hipotecados, se regulan los requisitos y procedimiento para reclamar el capital e intereses de los préstamos en los que se hubiese previsto una cláusula de vencimiento anticipado, remitiéndose a lo previsto en el artículo 24 de la Ley 5/2019, de 15 de marzo, reguladora de los contratos de crédito inmobiliario.

DOCTRINA *REBUS SIC STANTIBUS*

La doctrina *rebus sic stantibus* es aquella figura que permitiría el restablecimiento del equilibrio de las prestaciones en casos en los que, a una de las partes y debido a circunstancias sobrevenidas (en el sentido de imprevisibles en el momento de contratar), le resulte excesivo u oneroso el cumplimiento de la obligación. Con esta noción se trata de buscar la justicia contractual aplicando el principio de conmutatividad cuando se producen alteraciones sobrevenidas, excepcionales y sustanciales de las circunstancias que, aunque altamente improbables, si se producen sus consecuencias son devastadoras o desproporcionadas para el deudor. Aunque la cláusula no aparece recogida en el Código civil, la jurisprudencia la menciona con frecuencia (véanse, con una admisión amplia de la doctrina, la STS, Sala de lo Civil, 591/2014, de 15 de octubre; con una admisión más restrictiva, las SSTS, Sala de lo Civil, 452/2019, de 18 de julio, y 156/2020, de 6 de marzo).

La cláusula *"rebus sic stantibus"* ha cobrado especial relevancia durante la pandemia de la COVID-19. El Real Decreto-ley 15/2020 establece en su preámbulo, al hilo de las medidas sobre arrendamientos, que *"procede prever una regulación específica en línea con la cláusula rebus sic stantibus, de elaboración jurisprudencial, que permite la modulación o modificación de las obligaciones contractuales si concurren los requisitos exigidos: imprevisibilidad e inevitabilidad del riesgo derivado, excesiva onerosidad de la prestación debida y buena fe contractual"*. No obstante, MORALES MORENO defiende que lo que lleva a aplicar esta cláusula es la alteración del equilibrio de las prestaciones del contrato, establecido al celebrarlo, pero no la alteración de la capacidad económica o de la liquidez del contratante para cumplir, o su vulnerabilidad; por lo que entiende que la alteración que ha provocado la pandemia en los contratos debe resolverse por otras vías, preferiblemente a través de disposiciones del legislador que prevean una repartición de riesgos con criterios de justicia distributiva, tomando como referentes los principios de conservación de los contratos y de protección de la parte vulnerable.

FUERZA MAYOR/CASO FORTUITO

Nos referimos a la fuerza mayor y al caso fortuito para mencionar aquellas circunstancias que no pueden ser controladas (ni previstas, ni evitadas) por el deudor, por lo que, en caso de incumplimiento de un contrato por este hecho, se le eximirá, normalmente, de responsabilidad contractual. El artículo 1105 CC dispone que *"fuera de los casos expresamente mencionados en la ley, y de los en que así lo declare la obligación, nadie responderá de aquellos sucesos que no hubieran podido preverse, o que, previstos, fueran inevitables"*. Este precepto, aunque situado entre los que el Código civil dedica al incumplimiento de los contratos y sus efectos, solo se aplicará en ausencia de una norma legal que prevea otro desenlace y en defecto de pacto entre las partes.

CONTRATO DE COMPRAVENTA

Según el artículo 1445 CC, *"por el contrato de compra y venta uno de los contratantes se obliga a entregar una cosa determinada y el otro a pagar por ella un precio cierto en dinero o signo que lo represente"*. Por tanto, el contrato de compraventa es un contrato consensual, otorgando a las partes únicamente el derecho a exigirse el cumplimiento de sus respectivas obligaciones. Es un contrato oneroso, recíproco y conmutativo, cuyo precio debe pagarse siempre en dinero o signo que lo represente, configurando así, en palabras de DÍEZ-PICAZO, *"un estadio adelantado del comercio jurídico, que ha superado ya la fase más primitiva del simple trueque o permuta"*. En cuanto a la forma del contrato, la regla general será la libertad de forma, si bien habrá excepciones. Por otra parte, el vendedor estará obligado a entregar la cosa conforme con el contrato, lo que significa, desde la perspectiva tradicional, que quede obligado al saneamiento por evicción (que protege al comprador frente a la falta de titularidad del transmitente en el momento de la celebración del contrato) y al saneamiento por cargas o gravámenes ocultos (que protege al comprador frente a cargas que no conocía); desde la perspectiva del moderno derecho de contratos, por el contrario, el vendedor responde de la falta de conformidad, constituyendo esta un incumplimiento, por lo que se atendería a los remedios propios del incumplimiento. Por su parte, el comprador estará obligado a pagar el precio, recibir la cosa vendida, y, en su caso, satisfacer ciertos gastos. La compraventa se regula en el Título IV, Libro IV CC, además de en múltiples normas sectoriales e internacionales.

Entre otros, deben tenerse en cuenta el TRLGDCU, el Convenio de Viena de 1980 sobre compraventa internacional de mercaderías, la Ley 7/1996, de 15 de enero, de Ordenación del Comercio Minorista, y la Ley 28/1998, de 13 de julio, de Venta a Plazos de Bienes Muebles. También deben considerarse la PMCC de la Comisión General de Codificación, sección civil, de 2009, y la Propuesta de Reglamento del Parlamento Europeo y del Consejo relativo a una normativa común de compraventa europea.

DONACIÓN

Según el artículo 618 CC la donación *"es un acto de liberalidad por el cual una persona dispone gratuitamente de una cosa en favor de otra, que la acepta"*. La gratuidad significa que el desplazamiento patrimonial hacia el donatario no va acompañado de ninguna contraprestación, pudiendo deberse a un ánimo liberal, aunque también podría ser por vanidad, o por afán de notoriedad, por ejemplo. Lo que se reclama en el donante es un *animus donandi*, es decir, el querer aumentar el patrimonio del donatario, empobreciéndose el donante correlativamente. Según el artículo 634 CC, la donación puede comprender todos los bienes del donante o parte de ellos, pero con unos límites: deberá reservarse lo necesario para vivir en un estado correspondiente a sus circunstancias, y además deberá salvaguardar los derechos de los herederos legitimarios –en caso de traspasar este límite, la donación no sería nula, sino solo parcialmente ineficaz, reduciéndose en la parte correspondiente a la legítima–. La donación requerirá forma escrita si estamos ante la donación de un bien inmueble, debiendo formalizarse en escritura pública –y en caso de no hacerse, la donación no será válida–.

CONTRATO DE ARRENDAMIENTO

El arrendamiento es un acto de administración, en tanto que es un modo normal de explotar los bienes y obtener un rendimiento de ellos. Existen tres grandes tipos de arrendamientos: de cosas, urbanos y rústicos. El arrendamiento de cosas, aunque definido en el artículo 1543 CC *("es aquel por el que una de las partes se obliga a dar a la otra el goce o el uso de una cosa por tiempo determinado y precio cierto")*, no dispone de una regulación específica, aunque como dice la doctrina, nada impide que se pueda aplicar la normativa del Código civil sobre arrendamientos rústicos y urbanos a los restantes arrendamientos de cosas, con las debidas matizaciones según la naturaleza de su objeto. No habrá más requisito de forma que aquella a la que se puedan compeler las partes recíprocamente una vez perfeccionado el contrato. Los derechos y obligaciones de arrendador y arrendatarios se regulan en los artículos 1554 y siguientes CC.

Por su parte, los arrendamientos urbanos y rústicos se regulan por legislación especial. Así, la LAU se aplica a los arrendamientos de fincas urbanas que se destinen a vivienda (cuando recaen sobre una edificación habitable cuyo destino primordial sea satisfacer la necesidad permanente de vivienda del arrendatario) y para uso distinto de vivienda (considerándose en especial a los arrendamientos de fincas urbanas celebrados por temporadas, y los celebrados para ejercerse una actividad industrial, comercial, artesanal, profesional, recreativa, asistencial, cultural o docente). Aunque la duración del arrendamiento será la que pacten libremente las partes, en caso de ser inferior a cinco años (o siete si el arrendador es persona jurídica), llegado el día del vencimiento del contrato, se prorrogará obligatoria y anualmente hasta alcanzar dicho mínimo, salvo manifestación en contra del arrendador, hecha con un mínimo de treinta días de antelación a la fecha de terminación del contrato o de cualquiera de las prórrogas.

> El impacto de la pandemia de la COVID-19 en los contratos de arrendamiento ha sido notable. El RD-Ley 11/2020 diferenció, en los contratos de arrendamiento de vivienda habitual, los que tienen a una persona física de arrendador (un pequeño propietario, que en España suponen el 85% de los alquileres de vivienda), de aquellos otros cuyos arrendadores son empresas, previendo, sintéticamente y entre otras medidas, la suspensión de lanzamientos y procedimientos de desahucio si se acreditaba la situación de vulnerabilidad del arrendatario (salvo que también se acreditase la del arrendador), la prórroga extraordinaria del contrato, la moratoria y el fraccionamiento del pago de la deuda arrendaticia. EL RD-Ley 15/2020 ya se refiere a los arrendamientos para uso distinto del de vivienda y a los arrendamientos de industria.

Por último, la LAR regula esta modalidad de contratos en los que se cede temporalmente una o varias fincas, o parte de ellas, para su aprovechamiento agrícola, ganadero o forestal a cambio de un precio o renta. No obstante, siguiendo lo estipulado en la Disposición final 1ª LAR, las normas de los derechos civiles propios se aplicarán preferentemente en los respectivos territorios. Así, en Galicia se aplicarán las normas contenidas en la LDCG.

CONTRATO DE SERVICIOS

El contrato de servicios es aquel contrato por el que una de las partes se obliga a prestar a la otra un servicio por precio cierto. La regulación del Código civil se ha tornado totalmente obsoleta (pues se refiere únicamente al servicio de trabajadores asalariados y *"criados"*), por lo que debemos acudir a los Principios de Derecho Europeo de Contratos o al *"Draft Common Frame of Reference"*, para encontrar una regulación actual del contrato de servicios. Se trata de un contrato que tiene por objeto la prestación de servicios organizado al amparo de la autonomía de la voluntad por los operadores económicos y jurídicos, y que se encuentra en continuo desarrollo de nuevas especies y modalidades, resultando de las constantes novedades de la organización económica y de las nuevas tecnologías. Los sectores de servicios más frecuentes en la práctica, y a los que se refieren específicamente estas regulaciones, son aquellos relacionados con la construcción, la actividad de mantenimiento y reparación de bienes, el depósito y custodia, el diseño y elaboración de proyectos, el asesoramiento profesional y las prestaciones médicas. Entre los contratos de servicios, debemos distinguir los que se refieren a obligaciones de medios, en los que el deudor compromete su actividad diligente, normalmente tendiendo al logro de un resultado esperado pero que no es asegurado; y las obligaciones de resultados, en las que el deudor se compromete al cumplimiento de un determinado objetivo, asegurando un resultado.

La PMCC, elaborada en 2009 por la Comisión General de Codificación española, no contiene una regulación sistemática y completa del contrato de servicios, pero sí regula ciertas cuestiones que afectarían a este contrato, como el deber de información del prestador del servicio, o el derecho de desistimiento del cliente.

CONTRATO DE OBRA

El contrato de obra es aquel contrato por el que uno de los contratantes (contratista) se obliga frente a otro (comitente) a ejecutar una obra por un precio cierto. Así, el contratista se compromete al resultado de una labor o actividad. Dado lo anticuado de las normas que regulan este contrato en el Código civil, se promulgó la Ley 38/1999, de 5 de noviembre, de ordenación de la edificación, para aquellos contratos sobre construcción de inmuebles. Esta Ley, a los efectos de poder establecer posteriormente su posible responsabilidad civil frente a los propietarios y terceros adquirentes, define las figuras concretas que intervienen en el proceso de edificación, entre ellas al promotor, proyectista, constructor o al director de obra.

CONTRATO DE PRÉSTAMO

El contrato de préstamos es aquel por el que una de las partes entrega a la otra, o bien una cosa no fungible para que use de ella y luego se la devuelva, o bien dinero u otra cosa fungible, a condición de devolver otro tanto de la misma especie y calidad (art. 1740 CC). Así, el Código civil está distinguiendo, respectivamente, el comodato del préstamo mutuo.

Aunque en el Código civil parece configurarse como un contrato real –perfeccionándose en virtud de la entrega de la cosa objeto del préstamo y no del mero consentimiento–, tanto doctrina como jurisprudencia vienen declarando su naturaleza consensual. En este sentido, la STS, Sala de lo Civil, 432/2018, de 11 de julio, admite el carácter consensual del préstamo, al aceptar la aplicación del artículo 1124 CC al contrato de préstamo, en caso de impago de intereses.

También el Código de Comercio regula el llamado *"préstamo mercantil"*, exigiendo que alguna de las partes sea empresario y que las cosas prestadas tengan un fin comercial. No obstante, las diferencias entre ambos préstamos, civil y mercantil, prácticamente se reducen a la regulación en materia de intereses y la determinación del plazo de devolución. Hoy en día la mayoría de los préstamos se regulan en normas especiales que regulan los contratos de financiación.

Por mencionar algunas de las más relevantes, si estamos ante un prestatario consumidor, será de aplicación la Ley 16/2011, de 24 de junio, de contratos de crédito al consumo; y si el préstamo está garantizado mediante hipoteca, se aplicará la Ley 5/2019, de 15 de marzo, reguladora de los contratos de crédito inmobiliario.

CONTRATO DE MANDATO

Según el artículo 1709 CC, *"por el contrato de mandato se obliga a una persona a prestar algún servicio o hacer alguna cosa, por cuenta o encargo de otra"*. Según Díez-Picazo, el legislador concibe el mandato como un contrato por el que el mandatario gestiona negocios o asuntos del mandante, siendo en la jurisprudencia predominante la tesis de que al mandatario se le encarga un hacer jurídico (véase transigir, o vender un inmueble). Se trata de un contrato consensual, que produce obligaciones solo para el mandatario (si es gratuito) o para ambos (si media retribución), y en el que es fundamental la confianza del mandante en el mandatario.

CONTRATO DE DEPÓSITO

Según el artículo 1758 CC, *"se constituye en depósito desde que uno recibe la cosa ajena con la obligación de guardarla y restituirla"*. La obligación principal, por tanto, es la custodia de una cosa. El Código civil diferencia el depósito extrajudicial del judicial, siendo este último el decretado por embargo o aseguramiento de bienes litigiosos; mientras, el depósito extrajudicial o voluntario (o depósito *"propiamente dicho"*, como lo califica el Código civil) es aquel en que se hace la entrega por la voluntad del depositante, y se regula en los artículos 1760 y siguientes CC.

CONTRATOS DE GARANTÍA

Los contratos de garantía son aquellos contratos accesorios que se constituyen para asegurar el cumplimiento de otro contrato principal, pudiéndose exigir su cumplimiento solo en el caso de que no se haya cumplido el contrato principal. Dado que dependen del contrato principal, la prestación de este debe ser posible, lícita y determinada o determinable, pues en caso contrario el contrato de garantía será inexigible. Son contratos típicos de garantía la fianza (arts. 1822 a 1856 CC), las cartas de patrocinio, el contrato de garantía a primer requerimiento, y los contratos constitutivos de derechos reales de garantía (hipoteca inmobiliaria, anticresis y prenda, arts. 1857 a 1886 CC).

CONTRATO DE PRÉSTAMO HIPOTECARIO

El contrato de préstamo hipotecario es aquel en virtud del cual se constituye un derecho real de garantía sobre una finca con el fin de asegurar la satisfacción de un crédito cuya titularidad activa corresponde a una de las partes del contrato (acreedor hipotecario) y la pasiva a la otra (deudor hipotecante) o a un tercero (fiador real). La garantía será, por tanto, subsidiaria al crédito, lo que implica que el gravamen real dependa de la obligación cuyo cumplimiento se asegura, y que, según el principio de accesoriedad, la transmisión del crédito conlleve el cambio de titularidad de la garantía. Al ser la hipoteca una garantía de naturaleza real, el instrumento que cumple dicha función es la concesión al acreedor de una facultad de agresión sobre un bien en caso de incumplimiento por el deudor, con eficacia *erga omnes* que podrá hacerse valer contra el nuevo propietario de la cosa, aunque este no hubiera convenido en el contrato de hipoteca.

La regulación del contrato de hipoteca inmobiliaria se encuentra en el Título XV, Libro IV Código civil (arts. 1857 a 1880), en la legislación hipotecaria (arts. 104 a 197 LH y 215 a 271 RH), así como en numerosas leyes especiales: debido a que frecuentemente los préstamos hipotecarios constituyen contratos de consumo, será aplicable el TRLGDCU, y como normalmente aparecen condiciones generales, también se aplicará la LCGC. Entre otras muchas leyes especiales, destacamos la reciente Ley 5/2019, de 15 de marzo, reguladora de los contratos de crédito inmobiliario, por aplicarse a los contratos de préstamo que estén garantizados mediante hipoteca u otro derecho real de garantía sobre bienes inmuebles de uso residencial o cuya finalidad sea adquirir o conservar derechos de propiedad sobre terrenos o inmuebles construidos o por construir concedidos por personas físicas o jurídicas que realicen dicha actividad de manera profesional, pero no necesariamente dirigidos a consumidores.

CUMPLIMIENTO CONTRACTUAL

Según el artículo 1157 CC, la obligación contractual no se entiende cumplida sino cuando se entrega la cosa o se ejecuta la prestación en que la obligación consiste. En general, el cumplimiento debe ser exacto, debiendo corresponderse la prestación entregada con la prometida (regla de la identidad) y cumpliéndose íntegramente (es decir, el cumplimiento debe ser completo, debiendo entregarse completamente la cosa o servicio prometido). El cumplimiento por antonomasia es aquel al que el Código civil denomina pago, si bien hay otros medios (art. 1156

CC) mediante los que la deuda se extingue, el deudor se libera y, eventualmente, el acreedor queda satisfecho aun sin consistir en la realización de la prestación objeto del contrato; estos serían los subrogados del cumplimiento, como la pérdida de la cosa debida, la condonación, la compensación, la confusión, la novación, u otros medios de extinción del vínculo contractual. Normalmente, el cumplimiento libera al deudor de su obligación y, al mismo tiempo, satisface el interés del acreedor en el contrato (cumplimiento liberatorio y satisfactivo). No obstante, podría liberarse el deudor de su obligación sin que el acreedor vea satisfecho su interés de cumplimiento, por ejemplo, cuando la cosa debida se pierde en las condiciones del artículo 1182 CC; y a la inversa, podría darse que el acreedor resulte satisfecho, pero el deudor no se libere, en casos en los que es un tercero el que paga por cuenta del deudor en las circunstancias de los artículos 1158, 1159 y 1210 CC.

INCUMPLIMIENTO CONTRACTUAL

El incumplimiento contractual es toda forma posible en la que el deudor deja de cumplir el deber contractual, mediante la no realización de la prestación debida o la realización en un modo distinto del debido, provocando insatisfacción del interés contractual del acreedor. No importa si existe o no causa de justificación, culpa, dolo o caso fortuito, pues el incumplimiento incluye toda modalidad de falta de cumplimiento objetivo, ya sea provisional o definitivo. Se distinguen como modalidades fundamentales de incumplimiento (i) la mora, cuando el deudor se retrasa en el cumplimiento de una obligación principal o accesoria, y el retraso se halla cualificado por alguno de los factores establecidos en el artículo 1100 CC; (ii) el incumplimiento definitivo, sucediendo por diferentes circunstancias, entre ellas cuando el término del cumplimiento es un término esencial y el deudor no cumple en plazo, o cuando la obligación se hace sobrevenidamente imposible, o cuando, producida la mora, el acreedor pierde el interés contractual en el cumplimiento tardío (frustración del fin del contrato); (iii) la contravención o cumplimiento irregular, por ejemplo cuando la obligación de entrega se cumple indebidamente mediante una prestación no conforme al contrato, o cuando la obligación de hacer se incumple por mala praxis aplicada a la ejecución de una obligación de hacer; (iv) y el desistimiento sin preaviso.

CAPÍTULO 7

DERECHOS REALES

Gil Vicente Matoses Astruells

Registrador de la Propiedad

DERECHOS REALES

Los derechos reales son aquellos derechos subjetivos de carácter patrimonial que atribuyen a su titular un poder inmediato sobre una cosa y que permite ejercerlo frente a cualquier otra persona. Se distinguen de los derechos de crédito u obligaciones por dos caracteres esenciales. El primero de ellos es la inmediatividad, pues el derecho real se ejerce directamente sobre la cosa sin necesidad de que intervenga una tercera persona obligada a realizar una prestación. El segundo de los caracteres esenciales es la oponibilidad o absolutividad, pues el ejercicio de estos derechos implica un deber de respeto por parte de terceras personas, a las cuales se les da a conocer su titularidad mediante la inscripción en el Registro de la Propiedad, si el derecho recae sobre bienes inmuebles, o mediante la posesión, si recae sobre bienes muebles.

Resulta interesante distinguir los derechos reales de otras figuras afines como el *ius ad rem*, que suponen derechos que siendo obligacionales tienen una vocación a equipararse a los derechos reales, pero no se consideran como tales. Tampoco deben confundirse con las *obligaciones propter rem*, en las que el deudor aparece determinado por el hecho de ser el propietario o poseedor de una cosa, y que son distintas a su vez de los *derechos reales in facendo*, que sí son verdaderos derechos reales en los que la especialidad radica en que imponen al sujeto pasivo una prestación de carácter positivo.

POSESIÓN

La posesión es el ejercicio de un poder de hecho sobre las cosas, en nombre propio o en nombre de otra persona, manifestado de modo ostensible y continuado en el tiempo a través de actos que revelan una voluntad de dominación adecuada a la naturaleza de las cosas. La posesión, a su vez, puede configurarse de dos formas distintas: como facultad integradora del ámbito de poder del dominio u otro derecho real, o *ius possidendi*, y como poder efectivo sobre la cosa e independiente del dominio, o *ius possesionis*.

El Código civil regula ampliamente la posesión en los artículos 430 y siguientes, en los que, tras establecer una clasificación de los distintos tipos de posesión, regula su adquisición, pérdida y conservación, con especial regulación de la liquidación del estado posesorio. Además, es de destacar que, si bien la posesión era susceptible de causar inscripción en el Registro de la Propiedad, actualmente el artículo 5 LH impide su inscripción.

PROPIEDAD

El término propiedad tiene dos significados: uno amplio, equivalente a derechos patrimoniales, y otro estricto y técnico equivalente a dominio. Por tanto, el derecho de propiedad o dominio puede definirse como el derecho real cuyo ámbito de poder comprende, en principio, todas las facultades posibles sobre un determinado bien. Estas facultades son las de goce –accesión, utilización y disfrute–, disposición y exclusión, que pueden limitarse voluntariamente por su titular para crear otros derechos reales como el usufructo, o pueden limitarse por ley, como ocurre con las servidumbres legales y demás limitaciones impuestas por la legislación sectorial –defensa nacional, aguas, costas, minas, etc.–.

El Código civil regula el derecho de propiedad o dominio en el artículo 348 disponiendo que *"La propiedad es el derecho de gozar y disponer de una cosa, sin más limitaciones que las establecidas en las leyes"*, pero esta definición ha sido criticada por la doctrina por resultar incompleta, ya que las facultades del dominio son muchas más de las enumeradas, y por no aludir a la función social de propiedad a la que sí se refiere el artículo 33 CE.

USUCAPIÓN

La usucapión es un modo de adquirir el dominio u otros derechos reales sobre los bienes a través de su posesión durante un período de tiempo determinado. Además, se requiere que esa posesión se ejerza de buena fe y ostentando un justo título que ampare la misma. En cuanto al plazo, si se trata de bienes muebles el mismo es de tres años, siendo para los inmuebles el de diez años entre presentes y veinte entre ausentes. Como excepción, también se admite la usucapión extraordinaria, en la que no es necesario el justo título ni la buena fe, pero siendo más dilatado el plazo en estos casos, pues se exige el transcurso de seis años para los bienes muebles y treinta años para los inmuebles.

En nuestro Derecho se admite también la denominada *usucapión contra tabulas*, que es aquella en la se adquiere en contra de los pronunciamientos registrales, y que además de los requisitos anteriormente citados requiere el cumplimiento de lo dispuesto en el artículo 36 LH.

COMUNIDAD DE BIENES

La comunidad de bienes es la situación jurídica que se produce cuando la titularidad de un derecho real sobre una cosa pertenece proindiviso a varias personas.

Y cuando esta situación de comunidad recae sobre la propiedad o dominio de una cosa recibe el nombre de condominio. La comunidad o condominio puede configurarse de diversas maneras, siendo la distinción más relevante en nuestro Derecho la referida a la comunidad romana o por cuotas, que responde a un fin exclusivamente patrimonial y en la que cada comunero tiene una cuota específica y puede disponer libremente de ella, y la comunidad germánica o en mano común, en la que existe un vínculo personal entre los comuneros, quienes no tienen asignada una cuota específica de la que puedan disponer –sociedad de gananciales–.

A pesar de que la comunidad de bienes puede ser el instrumento jurídico empleado para el desarrollo de una actividad o empresa, y a efectos fiscales pueda ser considerada como sujeto pasivo, es de destacar que la misma no goza de personalidad jurídica propia e independiente y, por tanto, no puede ser sujeto de derechos y obligaciones, sino que lo serán cada uno de los comuneros que conforman la misma.

PROPIEDAD HORIZONTAL

La propiedad horizontal es una propiedad especial, en la que coexisten dos regímenes distintos de propiedad, y que recae exclusivamente sobre edificios divididos por pisos o locales susceptibles de aprovechamiento independiente. En la propiedad horizontal se atribuye al titular de cada piso o local un derecho singular y exclusivo sobre los mismos, el cual conlleva inseparablemente unido un derecho de copropiedad sobre los restantes elementos y servicios comunes del edificio. La configuración de este régimen de propiedad se lleva a cabo en el título constitutivo de la misma, en el que se describen cada uno de los pisos o locales independientes, asignándoles una cuota de participación en el total del inmueble, y también todos los demás elementos y servicios comunes. Además, resulta frecuente en la práctica aprobar unos estatutos que regulen el uso y destino del edificio, los gastos de comunidad, el régimen de utilización de las instalaciones comunes, su conservación y demás cuestiones relativas al funcionamiento de la comunidad.

La propiedad horizontal puede configurarse de múltiples formas para dar solución a los distintos tipos de edificaciones. Así, se admite la propiedad horizontal tumbada respecto a urbanizaciones de viviendas unifamiliares con viales y servicios comunes, los complejos inmobiliarios que integran varias comunidades en distintos bloques o portales, las subcomunidades de plantas de garajes comunes a varios edificios independientes entre sí, o incluso situaciones inmobiliarias en que en una única parcela coinciden espacios o superficies destinados a dominio privado con otros cuya finalidad es la integración en dominio público.

USUFRUCTO

El usufructo viene definido en el artículo 467 CC, disponiendo que *"el usufructo da derecho a disfrutar los bienes ajenos con la obligación de conservar su forma y sustancia, a no ser que el título de su constitución o la ley autoricen otra cosa"*. Por tanto, se configura como un derecho real en cosa ajena, pues el propietario puede constituir un derecho de usufructo a favor de otra persona, pero nunca a favor de sí mismo, pues este ya se encuentra embebido en el derecho de propiedad. En cuanto a las obligaciones del usufructuario, el Tribunal Supremo ha declarado que la obligación de conservar la forma implica la obligación de no alterar el destino económico de la cosa, y que la obligación de conservar la sustancia equivale a la prohibición de consumir total o parcialmente la cosa, o destruirla. No obstante, también se admite el usufructo de disposición, que es aquel en el que el título constitutivo o la Ley autorizan al usufructuario a enajenar la cosa usufructuada dispensándole de la obligación de conservar su forma y sustancia.

Cuando el propietario de una cosa constituye un derecho de usufructo sobre la misma, el dominio que tenía sobre la misma deja de ser pleno, pues se encuentra gravado con dicho usufructo hasta su extinción, conservando únicamente la denominada nuda propiedad, que sigue un régimen análogo al del pleno domino con la excepción de las facultades de uso y disfrute que se desprenden de la misma integrándose en el usufructo.

SERVIDUMBRE

La servidumbre se define en el artículo 530 CC que dispone que *"la servidumbre es un gravamen impuesto sobre un inmueble en beneficio de otro perteneciente a distinto dueño"*. No obstante, la servidumbre tiene una doble vertiente, pues si bien para el predio o inmueble que soporta la misma conlleva un gravamen, llamado por ello predio sirviente, para el predio a cuyo favor se constituye la servidumbre implica un verdadero derecho real y por ello se denomina predio dominante. En nuestro Derecho existen múltiples tipos de servidumbre, siendo las más frecuentes las de aguas, desagüe, paso, medianería, luces y vistas, etc., todas ellas reguladas en el CC, aunque no se excluye la posibilidad de constituir nuevos tipos de servidumbre al amparo de la autonomía de la voluntad.

Son numerosas las leyes especiales que imponen servidumbres sobre los inmuebles que radican en determinadas zonas consideradas de interés público, tales como la Ley de Aguas, la Ley de Carreteras, la Ley de Costas o la Ley de Vías Pecuarias.

HIPOTECA

La hipoteca es un derecho real que recae sobre bienes inmuebles y que tiene por objeto garantizar el cumplimiento de una obligación dineraria, de manera que en caso de incumplimiento se procederá a enajenar el inmueble para satisfacer al acreedor con el importe obtenido. Una de las características esenciales a este derecho es que, a diferencia de la prenda, no requiere el desplazamiento de la posesión del inmueble a favor del acreedor, por ello, para constituir la hipoteca y que sea conocida en el tráfico se requiere su inscripción en el Registro de la Propiedad.

La Ley 5/2019, de 15 de marzo, reguladora de los contratos de crédito inmobiliario, con el fin de trasponer la Directiva 2014/17/UE ha introducido numerosos cambios en nuestra legislación hipotecaria con el fin de robustecer la protección del consumidor. Entre ellos destaca la obligatoriedad de asesoramiento notarial recogida mediante acta previa, la regulación de los gastos, comisiones y demás costes de la operación, los productos vinculados, las causas de vencimiento anticipado, los intereses de demora o el previo depósito de las condiciones generales de dichos contratos en el Registro de Condiciones Generales de la Contratación.

REGISTRO DE LA PROPIEDAD

El Registro de la Propiedad es la institución jurídica que tiene por objeto la seguridad del tráfico jurídico inmobiliario, y en la que se registra la constitución, transmisión, modificación y extinción de los derechos reales sobre bienes inmuebles y demás situaciones jurídicas de trascendencia real. También resulta frecuente identificar el Registro con la oficina pública en la que se lleva a cabo la inscripción y publicidad registral, a cargo del Registrador de la Propiedad que tiene la consideración de funcionario público, o identificarlo con el archivo o conjunto de libros custodiados en la oficina y en los que constan los respectivos asientos registrales.

La finalidad primordial del Registro de la Propiedad es la seguridad jurídica del tráfico inmobiliario, que permite a los terceros confiar en las situaciones publicadas a través de la cognoscibilidad general que proporciona la publicidad registral, y que produce importantes efectos sustantivos como la fe pública, legitimación, prioridad o inoponibilibad.

FINCA REGISTRAL

La finca registral es la unidad de suelo o edificación que atribuida exclusiva y excluyentemente a un propietario o a varios en proindiviso es susceptible de abrir folio registral independiente en el Registro de la Propiedad. La finca es un concepto esencial en nuestro Derecho, pues no sólo sirve de soporte físico a los derechos y demás situaciones jurídicas inscribibles, sino que además es el criterio organizador del propio Registro de la Propiedad, el cual siguiendo el sistema de folio real se clasifica abriendo folio a cada una de las fincas en el que se extenderán todos los asientos relativos a la misma, conformado su historial registral.

Además de las fincas ordinarias, existen fincas especiales que son aquellas que sin reunir las características propias de las fincas permiten abrir folio registral. Entre ellas destacan las fincas funcionales, constituidas por una pluralidad de fincas materiales (explotaciones agrícolas o industriales), las fincas en régimen de propiedad horizontal, en las que se emplea el sistema de folio múltiple (edificios de viviendas, plantas de garajes, complejos inmobiliarios), y finalmente las propiedades especiales que permiten abrir folio registral independiente (aguas, concesiones administrativas, aprovechamiento urbanístico).

INMATRICULACIÓN

La inmatriculación es la operación jurídica mediante la cual una finca ingresa por primera vez en el Registro de la Propiedad, practicando una primera inscripción de dominio a favor del inmatriculante. La LH regula la inmatriculación en los artículos 203 y siguientes, en los que se distinguen tres procedimientos: el expediente de dominio notarial, que es un expediente de jurisdicción voluntaria en el cual el notario puede proveer al propietario de una finca de un título supletorio para obtener la inmatriculación; el doble título público, que permite la inmatriculación de una finca a partir de un título público que necesariamente debe ser traslativo, y siempre que se acredite mediante otro título también público que el transmitente era el dueño de la finca; y finalmente, se regula un procedimiento especial para las Administraciones Públicas, las cuales podrán obtener la inmatriculación de sus bienes mediante certificación administrativa.

Es frecuente la equiparación entre inmatriculación y primera inscripción, pero no pueden confundirse ambos términos ya que la primera inscripción es un concepto más amplio, pues comprende los supuestos de segregación, división y agrupación en los que sí existe primera inscripción, pero no inmatriculación, ya que las fincas no son nuevas para el Registro, sino procedentes de otra ya inscrita.

ASIENTO REGISTRAL

El asiento registral es el texto que se practica en los libros del Registro de la Propiedad y que supone la constatación de un hecho, acto, negocio jurídico, o cualquier otra circunstancia de trascendencia real, para que produzca los efectos hipotecarios legalmente determinados. El sistema registral español es el de inscripción que, a diferencia de la transcripción, supone un extracto del contenido del título o documento presentado, expresivo de sus datos fundamentales y que recoge la sustancia jurídica publicable. Los principales tipos de asiento en el Registro de la Propiedad son el asiento de presentación, inscripción, anotación preventiva, nota marginal y cancelación.

ASIENTO DE PRESENTACIÓN

El asiento de presentación es un tipo determinado de asiento que se practica en el Libro Diario del Registro de la Propiedad, que constata el acceso al Registro de un documento susceptible de iniciar el procedimiento registral. Se trata de un asiento de carácter accesorio y preliminar que inicia el procedimiento registral, y que sirve de soporte para la práctica de posteriores asientos de inscripción, anotación preventiva, cancelación o nota marginal, y que determina la fecha inicial de los efectos de los mismos. Además, se configura como un asiento de duración limitada a sesenta días desde el siguiente a su fecha, siendo susceptible de prórroga en los supuestos legalmente determinados, la cual se hará constar por nota al margen del propio asiento.

Además de iniciar el procedimiento registral, la función esencial del asiento de presentación es cerrar el Registro a los documentos incompatibles o contradictorios presentados con posterioridad, determinando así la prioridad registral.

INSCRIPCIÓN

La inscripción es un tipo determinado de asiento que se practica en el cuerpo de los Libros de Inscripciones del Registro de la Propiedad que constata de un modo completo la constitución, transmisión, gravamen o modificación de un derecho real inscribible u otra situación jurídica de transcendencia real, como la declaración de situación de concurso o incapacidad. Se caracteriza por ser un asiento principal, con sustantividad propia e independiente, a diferencia de las notas marginales. Es un asiento definitivo, de duración indefinida, pues no está sujeto a ningún plazo de caducidad, a diferencia de las anotaciones preventivas. Y, por último, se configuran como asientos positivos, pues publicitan un derecho real vivo y existente, a diferencia de las cancelaciones. Las inscripciones se practican sucesivamente en el historial de cada finca registral con el contenido legalmente determinado y se identifican mediante su número correlativo.

En nuestro Derecho existen distintos tipos de inscripciones. Atendiendo a su forma se distinguen inscripciones extensas y concisas, principales y de referencia, primeras y segundas o posteriores, y comunes o especiales. Atendiendo a sus efectos encontramos inscripciones declarativas y constitutivas, voluntarias y obligatorias, y comunes y con efectos limitados.

ANOTACIÓN PREVENTIVA

La anotación preventiva es un tipo determinado de asiento que se practica en el cuerpo de los Libros de Inscripciones del Registro de la Propiedad que recoge situaciones jurídicas que, por diversos motivos, no pueden causar un asiento de inscripción, pero se considera conveniente que tengan algún reflejo registral, tal como los procedimientos judiciales, situaciones no consumadas o transitorias, o títulos con defectos subsanables. La característica fundamental de las anotaciones preventivas es que, a diferencia de las inscripciones, son asientos provisionales de vigencia temporalmente limitada por regla general a cuatro años, salvo que la ley determine una mayor o menor duración. Al igual que las inscripciones, son asientos principales y generalmente positivos. Las anotaciones se practican sucesivamente en el historial de cada finca registral con el contenido legalmente determinado y se identifican mediante letras correlativas.

En cuanto a los diferentes tipos de anotaciones, se pueden distinguir por su origen en rogadas y de oficio, por su objeto pueden recaer sobre fincas o derechos determinados o un patrimonio en su conjunto, por su duración pueden ser determinadas o indeterminadas, y finalmente, por sus efectos se distinguen en convertibles o no en inscripciones, de mera publicidad o constitutivas, y de mera afección o de cierre.

CANCELACIÓN

La cancelación es un tipo determinado de asiento que se practica en el cuerpo de los Libros de Inscripciones del Registro de la Propiedad que extingue un asiento anterior, y en consecuencia se presume extinguido el derecho real o situación jurídica que aquel publicaba. Al igual que las inscripciones y las anotaciones preventivas, se trata de un asiento principal con existencia autónoma, aunque referido al asiento anterior objeto de cancelación. Pero a diferencia de aquellas, se trata de un asiento de carácter negativo porque deja sin efecto un asiento anterior. Finalmente, es un asiento definitivo no sujeto a caducidad, y que además no puede practicarse bajo condición.

Respecto a los diferentes tipos de cancelaciones, por sus efectos la cancelación puede ser total o parcial, pueden extenderse con, sin o contra el consentimiento del titular registral, pueden cancelar inscripciones o anotaciones, por su causa se distinguen en sustantivas y adjetivas, por su origen se practican a instancia de parte o de oficio, y por sus circunstancias pueden ser extensas y concisas.

NOTA MARGINAL

La nota marginal es un tipo determinado de asiento que se practica en el margen izquierdo de los Libros de Inscripciones del Registro de la Propiedad que tiene por objeto consignar un hecho que modifica un derecho inscrito, o hacer las veces de una inscripción, anotación preventiva o cancelación, o facilitar la mecánica de la oficina. La característica fundamental de este tipo de asientos es su carácter accesorio, pues complementan a otro asiento principal, y serán definitivos o provisionales y positivos o negativos dependiendo de si hacen las veces de una inscripción o una anotación preventiva.

Se pueden distinguir distintos tipos de notas marginales dependiendo de la finalidad de las mismas. Las notas marginales de oficina son las que desempeñan una función puramente mecánica relacionando unos asientos con otros a fin de coordinar las operaciones registrales. Las notas marginales de modificación jurídica, que tienen eficacia sustantiva y constatan un hecho o circunstancia que altera la situación anteriormente publicada. Finalmente, las notas marginales sucedáneas que son verdaderas inscripciones, anotaciones preventivas o cancelaciones, que sin embargo se practican en forma de nota marginal a fin de simplificar las operaciones registrales.

CALIFICACIÓN REGISTRAL

La calificación registral es la función primordial del registrador de la Propiedad consistente en el examen de los títulos presentados en el Registro con el fin de comprobar que reúnen todas las exigencias requeridas por la ley para su validez y eficacia, determinando por tanto su inscribibilidad. Se trata de una función de control de legalidad que se extiende a las formalidades extrínsecas del documento, la capacidad de los otorgantes del mismo y la validez de los actos dispositivos contenidos en el documento presentado. Los medios en que ha de basarse la calificación registral son dos, el propio documento presentado, y los antecedentes que resultan del Registro. El plazo máximo para calificar un documento es de 15 días hábiles desde su presentación, y sus efectos pueden ser positivos, en cuyo caso se procederá a la práctica del asiento correspondiente, o negativo, que dará lugar a la extensión de la nota de calificación debidamente fundamentada indicando los defectos subsanables o insubsanables que impiden la inscripción.

La calificación registral negativa es susceptible de revisión a través de tres vías alternativas: la calificación sustitutoria, solicitada dentro de los 15 días siguientes a la notificación de la misma, a efectuar por otro registrador sustituto, designado conforme al cuadro de sustituciones, y no apelable cuando revoca la calificación inicial; el recurso gubernativo, interpuesto ante la Dirección General de Seguridad Jurídica y Fe Pública en el plazo de un mes, y susceptible de revisión judicial; y finalmente, mediante demanda judicial directa, interpuesta en el plazo de dos meses ante el Juzgado de Primera Instancia de la Provincia, y susceptible de apelación ante la Audiencia Provincial respectiva.

PRIORIDAD REGISTRAL

La prioridad registral es el principio hipotecario en cuya virtud el acto que primeramente ingresa en el Registro de la Propiedad se antepone con preferencia excluyente o prioridad de rango a cualquier otro acto registrable que, siendo incompatible o contradictorio con el primero, sea presentado con posterioridad. El fundamento de este principio se halla en que, a diferencia de los derechos de crédito, que recaen sobre la conducta del deudor y no plantean problemas de colisión, los derechos reales dado su carácter de inmediatividad sobre los bienes, conllevan una relación excluyente sobre los mismos que impide su coexistencia en pie de igualdad, y por ello surge la necesidad de ordenar un criterio de preferencia entre derechos incompatibles.

Cuando nos encontramos en presencia de derechos reales compatibles en su ejercicio, para regular su coexistencia y la preferencia entre ellos, el principio de prioridad se materializa en la atribución a cada uno de ellos del rango registral, que es aquella cualidad de los derechos reales inscritos que les proporciona el tener una determinada posición de preferencia registral respecto a otros derechos reales de rango inferior. El rango registral cobra especial relevancia en materia de hipotecas, en la que se admiten los negocios sobre el rango hipotecario en los términos regulados en el artículo 241 RH.

TRACTO SUCESIVO

El tracto sucesivo es uno de los principios hipotecarios que determina un requisito indispensable para lograr la inscripción, consistente en la exigencia de que el bien o derecho que es objeto de transmisión se halle previamente inscrito en el Registro de la Propiedad a favor de la persona que lo transmite o en cuyo nombre se transmita. Esta exigencia posibilita que cada uno de los sucesivos titulares del dominio o derechos reales inscritos traiga causa inmediatamente del anterior. Y ello tiene su reflejo en el propio Registro, pues cada acto registrable consta en un asiento que a su vez tiene su soporte en el anterior, conformando de esta manera la cadena de asientos derivados unos de otros que cada título ha producido en el Registro referentes a una misma finca.

Este principio tiene su reflejo legal en el artículo 20 LH, que también admite la posibilidad de un tracto sucesivo abreviado o comprimido y que supone una excepción a la regla general de que cada título y cada titular generan un asiento, ya que en ocasiones un mismo asiento puede comprender varios actos traslativos. Estos supuestos son frecuentes en el ámbito sucesorio, en el que se admite la inscripción de particiones hechas con herederos de un heredero o transmisiones hereditarias sucesivas, embargos por deudas del heredero o legatario, o disposiciones realizadas conjuntamente por todos los herederos durante la indivisión.

LEGITIMACIÓN REGISTRAL

La legitimación registral es el principio hipotecario en cuya virtud los asientos registrales se presumen exactos y veraces, de modo que el dominio o derecho real reflejado en los mismos existen y pertenecen a su titular en la forma determinada en el asiento respectivo. Ello tiene importantes consecuencias prácticas, pues el titular registral está legitimado para actuar en los ámbitos judicial y extrajudicial. Como demandante tiene a su favor la inversión de la carga de la prueba aportando la certificación registral en la que conste su titularidad, pudiendo ejercitar las acciones reinvindicatoria, confesoria y negatoria en defensa de su propiedad, así como las acciones reales derivadas de los derechos inscritos. Como demandado, el titular registral goza de la proscripción de la indefensión, pues no podrá inscribirse o anotarse preventivamente ningún título o resolución judicial sobre derechos inscritos sin que el titular registral haya sido parte en el procedimiento respectivo o haya podido intervenir en el mismo.

La formulación positiva del principio de legitimación registral se halla contenida en los artículos 1.3, 38.1, 41 y 97 LH.

FE PÚBLICA REGISTRAL

La fe pública registral es el principio hipotecario en cuya virtud se presume la exactitud del Registro de la Propiedad cuando se trata de proteger a terceros que, confiando en la apariencia registral, adquieran con las condiciones establecidas por la Ley. Este principio básico de nuestro sistema registral se consagra en el artículo 34 LH, que exige para su concurrencia una serie de requisitos. En primer lugar, únicamente gozará de protección el tercer adquirente que inscriba su título en el Registro de la Propiedad confiando en la apariencia que genera el propio Registro. Por tanto, debe tratarse de una persona que no sea parte en el negocio que previamente originó la inscripción, y que adquiera algún derecho de la persona que en el Registro figuraba como titular del mismo. Esta adquisición, además de ser válida, debe ser a título oneroso o mediante precio, pues el que adquiere a título gratuito no puede gozar de más protección de la que ya tenía el transmitente. Y, por último, el tercero quedará protegido sólo si actúa de buena fe, lo que implica que no conocía la inexactitud del Registro, esto es, que no podía conocer las causas de nulidad o resolución del derecho del transmitente, las cuales no resultan del propio Registro. Cumpliéndose todos estos requisitos, el adquirente será mantenido en su adquisición.

Nuestro Derecho también regula una serie de supuestos en que la fe pública registral es suspendida o exceptuada, siendo los casos más frecuentes las adquisiciones hereditarias por no legitimarios (art. 28 LH), la inmatriculación de fincas no inscritas (art. 207 LH), las menciones de derechos (art. 29 LH), o las hipotecas legales (arts. 194 y 196 LH).

PUBLICIDAD REGISTRAL

El principio de publicidad registral tiene dos vertientes: la publicidad material, que se identifica con la legitimación y la fe pública registral, y la publicidad formal o publicidad registral propiamente dicha, que se refiere a la posibilidad de conocer el contenido del Registro de la Propiedad para todas aquellas personas que tengan un interés conocido en averiguar el estado de los bienes inmuebles o derecho reales inscritos. Esta publicidad se hace efectiva mediante dos medios: la nota simple informativa y la certificación registral. La nota simple informativa es una reproducción literal o en extracto del contenido de los asientos vigentes relativos a la finca, constando su descripción, los titulares de los derechos inscritos, y su extensión, naturaleza y limitaciones, así como las prohibiciones o limitaciones afectantes a los titulares o a los derechos inscritos, y tiene un valor puramente informativo, sin dar fe del contenido de los asientos. La certificación registral es una copia o transcripción, literal o en relación, del contenido del Registro y que acredita fehacientemente la situación hipotecaria de las fincas o derechos reales y tiene la consideración de documento público.

Las notas simples o las certificaciones pueden solicitarse presencialmente en los Registros de la Propiedad o telemáticamente a través de la web del Colegio de Registradores de España: www.registradores.org.

CAPÍTULO 8

DERECHO DE FAMILIA

Julia Ammerman Yebra
Investigadora Postdoctoral de Derecho Civil
Universidade de Santiago de Compostela

DERECHO DE FAMILIA

El Derecho de familia es la disciplina jurídica que ordena las relaciones personales y patrimoniales de los miembros de la familia. En ella se regulan, entre otras cuestiones, las relaciones filiales, el matrimonio, el sistema de separación y divorcio, los regímenes de las parejas de hecho, la responsabilidad parental, la custodia de los menores, o el deber de alimentos entre parientes. No obstante, nos encontramos ante una especialidad que se refiere a una realidad cambiante, en la que deben incluirse realidades nuevas, y que se resiste a ser dogmatizada en categorías cerradas.

El panorama actual de las familias es una realidad abierta, en la que van surgiendo nuevas reivindicaciones propiciadas por un marco constitucional que ampara los derechos fundamentales de las personas por encima de la institucionalización de modelos familiares. La CE no establece un concepto de familia, aunque sí formula una serie de principios constitucionales que toman como referencia la familia. Así, es el artículo 39 CE el que enuncia los principios de protección integral de la familia y el artículo 32 CE el que garantiza la institución del matrimonio; también se deben tener en cuenta los principios de libre desarrollo de la personalidad, mejor interés del menor y protección de las personas vulnerables. A nivel europeo, el CEDH recoge en su artículo 8 el derecho al respeto a la vida privada y familiar, y la CDDFFUE también establece este derecho (art. 7), así como el derecho a contraer matrimonio y el derecho a fundar una familia (art. 9); por otra parte, cuando entre en juego el Derecho internacional privado, deberán considerarse los Reglamentos UE que incumban al ámbito familiar (entre los últimos, destacan el 2016/1103, sobre regímenes económicos matrimoniales, y el 2016/1104, sobre los efectos patrimoniales de las uniones registradas).

PRINCIPIO DE IGUALDAD EN EL ÁMBITO FAMILIAR

El principio de igualdad del artículo 14 CE, y su manifestación reforzada en los artículos 32 y 39 CE en lo que se refiere al ámbito familiar, trajo como consecuencia que se reformase, mediante la Ley 11/1981, de 13 de mayo, diversos preceptos del Código civil que todavía mostraban discriminaciones sustanciales en el ámbito familiar. Las reformas incluyeron la eliminación de las diferencias de trato existentes entre la filiación matrimonial y no matrimonial, la implantación del principio de codecisión –en contraposición a la primacía del marido que reinaba anteriormente–, la instauración del sistema de divorcio, y la previsión constitucional sobre la libre investigación de la paternidad. La siguiente gran reforma en el ámbito familiar fue con la Ley 13/2005, de 1 de julio, con la que se pretendió la preservación de la libertad en lo que a las formas de convivencia se refiere y la instauración de un marco de igualdad real en el disfrute de los derechos sin discriminación alguna. También la Ley 15/2005, de 8 de julio, vino a establecer que los cónyuges pueden optar, tanto de común acuerdo como unilateralmente, por la separación o por el divorcio, y sin necesidad de justificar causa alguna en su decisión. Por último, la LOI establece que el principio de igualdad supone la ausencia de toda discriminación, directa o indirecta, por razón de sexo, y, especialmente, las derivadas de la maternidad, la asunción de obligaciones familiares y el estado civil.

Actualmente, siguen siendo varias las cuestiones que todavía quedan por resolver para lograr la plena igualdad. Sirvan de ejemplo los permisos de maternidad y paternidad, que siguen presentando notables diferencias en su duración, con la consiguiente descompensación en lo que a cuidados se refiere, y que no parece tener visos de cambiar a corto plazo. A este respecto, *vid.* la STC 111/2018, de 17 de octubre, en la que no se consideró contrario a los artículos 14 y 39 CE la duración inferior del permiso de paternidad (13 días, frente a las 16 semanas del de maternidad); no obstante, véase el voto particular formulado por la magistrada María Luisa Balaguer Callejón, denunciando el impacto desfavorable que la duración desigual ocasiona en el empleo y la promoción profesional de las mujeres.

MATRIMONIO

El matrimonio es el paradigma de las relaciones de pareja, un proyecto de vida en común dominado por la autonomía de los cónyuges en su nacimiento y en su disolución, cuya relación se impregna casi exclusivamente del respeto a los derechos fundamentales en una relación de pareja que se pretende solidaria. El artículo 32 CE establece la garantía de la institución del matrimonio, y el artículo 149.1.8ª CE reserva al Estado la competencia exclusiva en materia de formas del matrimonio. El Código civil regula los requisitos, validez y efectos del matrimonio civil, cuya forma de contraerlo puede ser tanto civil como religiosa (arts. 51 a 60 CC). Para la validez del matrimonio deben darse unos requisitos previos (arts. 44 a 48 CC) que vienen determinados por la edad, la ausencia de vínculo matrimonial subsistente, la no concurrencia de un determinado parentesco entre los cónyuges, y la ausencia de condena como autor o cómplice de la muerte dolosa del cónyuge de cualquiera de los dos.

La STC, Pleno, 198/2012, de 6 de noviembre, equiparó los matrimonios entre personas del mismo sexo y entre heterosexuales. Así, declaró que la reforma del Código civil de 2 de julio de 2005, en la que se estableció que *"el matrimonio tendrá los mismos requisitos y efectos cuando ambos contrayentes sean del mismo o de diferente sexo"*, es conforme a la CE.

La STS, Sala de lo Civil, Sección 1ª, 145/2018, de 15 de marzo, estimó que ni la declaración de incapacitación ni el padecimiento de discapacidad intelectual son hechos que excluyan por sí mismos la aptitud para contraer matrimonio.

PAREJA NO CASADA

Al referirnos a las parejas no casadas, atendemos a aquella realidad de uniones entre dos personas que, aun sin haber contraído matrimonio, conviven juntas. Se trata de una realidad compleja y variable, no solo por las múltiples modalidades de cohabitación que se pueden encontrar en la práctica, sino también porque nuestro ordenamiento no dispone de una ley estatal que regule el régimen de las parejas no casadas. Han sido los diferentes Parlamentos autonómicos los que han ido regulando esta forma de convivencia, lo que genera que no pueda hablarse de un único modelo de pareja de hecho, cuya constitución y efectos personales y patrimoniales variarán de un territorio a otro. En la mayoría de las leyes autonómicas que las han regulado se establece, para su constitución, o bien un determinado tiempo de convivencia (entre uno y dos años generalmente), o su necesaria inscripción registral –así, podríamos hacer una primera distinción entre, simplemente, *"parejas de hecho"*, y entre *"parejas de hecho registradas"* (o *"parejas estables"* según alguna ley)–.

A modo de ejemplo, señalamos que en Galicia las parejas de hecho aparecen reguladas en la Disposición adicional tercera de la LDCG; y en Cataluña se encuentra en el Capítulo IV (*"Convivencia estable en pareja"*) del Libro III, Título II del CCCat.

NULIDAD MATRIMONIAL

La nulidad matrimonial es uno de los supuestos de crisis matrimonial, regulado en los artículos 73 a 80 CC, que implica la invalidez del vínculo contraído entre los cónyuges como consecuencia de la falta de concurrencia de alguno de los requisitos del matrimonio o de la existencia de algún vicio en dichos requisitos. Así, será nulo aquel matrimonio celebrado sin consentimiento matrimonial (entre los que se encuentran los matrimonios blancos y los matrimonios forzados), aquel en el que concurran vicios del consentimiento invalidantes o violación de las prohibiciones de contraer (por cuestión de edad, ligamen matrimonial, parentesco entre los contrayentes o muerte dolosa de uno de los cónyuges de los contrayentes), o aquel en el que concurran vicios o defectos de forma en su celebración. La declaración de nulidad solo podrá ser realizada mediante sentencia judicial y tendrá efectos *ex nunc*, suponiendo que este nunca ha tenido lugar. No obstante, debe tenerse en cuenta lo establecido en el artículo 79 CC respecto del matrimonio putativo, en el que al menos uno de los cónyuges era de buena fe: el matrimonio se reputará válido para el pasado con respecto al cónyuge(s) de buena fe; y tampoco tendrá efectos retroactivos la declaración de nulidad con respecto a los hijos.

SEPARACIÓN MATRIMONIAL

La separación matrimonial es uno de los supuestos de crisis matrimonial en la que se suspende la vida en común de los cónyuges, se altera su régimen de derechos y obligaciones y no se disuelve el vínculo matrimonial. Se distinguen dos tipos de separación: la llamada separación de hecho, y la legal. En la primera no existe una sentencia que la declare, sino que son los cónyuges quienes deciden suspender su vida en común, y que en algunos casos puede tener efectos jurídicos (*vid.* los arts. 116, 156, 157, 177, 234, 834, 945, 1368, 1393.3° CC). Por su parte, la separación legal, podrá ser ante el LAJ o mediante escritura pública ante notario. La primera, la llamada separación judicial, deberá darse siempre que concurran menores no emancipados, y según el artículo 81 CC podrá ser tanto de mutuo acuerdo como contenciosa. En esta última, desde la reforma del CC a raíz de la Ley 15/2005, ya no es necesario que el cónyuge demandante alegue una causa que justifique su decisión, bastando su mera voluntad de querer separarse. En la separación de mutuo acuerdo la demanda habrá de acompañarse de una propuesta de convenio regulador (siguiendo lo establecido en el artículo 90 CC), mientras que, si se trata de una separación contenciosa, se deberán proponer las medidas que hayan de regular los efectos derivados de la separación. La sentencia de separación producirá la suspensión de la vida en común y cesará la posibilidad de vincular bienes del otro cónyuge en el ejercicio de la potestad doméstica. Por su parte, la separación mediante escritura pública ante notario se permite desde la reforma del artículo 82 CC por la LJV, debiendo intervenir en el otorgamiento de la escritura ambos cónyuges de modo personal, y determinando las medidas que hayan de regular los efectos derivados de la separación.

DIVORCIO

El divorcio es uno de los supuestos de crisis matrimonial que implica la disolución de un matrimonio, perfectamente válido, por quererlo así uno o ambos cónyuges, para lo que deberá declararse por sentencia o escritura pública, produciendo efectos *ex nunc*, sin efecto retroactivo. El artículo 86 CC establece que *"se decretará judicialmente el divorcio, cualquiera que sea la forma de celebración del matrimonio, a petición de uno solo de los cónyuges, de ambos o de uno con el consentimiento del otro, cuando concurran las circunstancias y requisitos exigidos en el artículo 81 CC".* De nuevo, desde la reforma de 2005, con la mera voluntad de los cónyuges o de uno de ellos basta para decretar el divorcio, sin ser necesario alegar causa alguna. Además del divorcio judicial, con la LJV se introdujo la posibilidad de divorcio o separación legal por mutuo acuerdo de los cónyuges ante notario, siempre y cuando no tuviesen hijos menores o emancipados; para ello, se exige la presencia simultánea de ambos cónyuges ante el notario del último domicilio común o el del domicilio o residencia habitual de cualquiera de ellos. Por otra parte, los efectos del divorcio, además de la disolución de matrimonio y la libertad de volver a contraerlo, son que dejan de estar sujetos al cumplimiento de los deberes conyugales, carecen de derechos sucesorios entre ellos, y se disuelve el régimen económico matrimonial existente hasta ese momento. No obstante, seguirán teniendo obligaciones para con sus hijos (art. 92.1 CC).

PATRIA POTESTAD/RESPONSABILIDAD PARENTAL

Por patria potestad (responsabilidad parental) nos referimos al conjunto de derechos y obligaciones que ostentan los progenitores respecto de sus hijos no emancipados, y que se fundan en una relación de protección, cuidado y representación de los padres y madres respecto de sus hijos menores. Según el artículo 154 CC, la patria potestad (o *"responsabilidad parental"* según la denominación más moderna) *"se ejercerá siempre en interés de los hijos, de acuerdo con su personalidad, y con respeto a sus derechos, su integridad física y mental"*. Los deberes y facultades inherentes a esta función son los de velar por los hijos, tenerlos en su compañía (guarda y custodia), alimentarlos, educarlos, procurarles una formación integral, representarlos y administrar sus bienes. Así y todo, este mismo artículo establece que, en caso de que los hijos tuviesen suficiente madurez, deberán ser oídos siempre antes de adoptarse decisiones que les afecten. Por otra parte, como regla general se ejercerá conjuntamente, si bien cabe la posibilidad de ejercicio unilateral en ciertos casos.

GUARDA Y CUSTODIA

La guarda y custodia se identifica con aquella función de la patria potestad que consiste en tener a los hijos en compañía de los progenitores. Según el artículo 154 CC, es uno de los deberes y facultades inherentes a la patria potestad, que corresponde a ambos progenitores por igual. En caso de ruptura de estos y del consecuente cese de convivencia conyugal, será necesario acordar un régimen sobre la guarda y custodia, ya sea mediante resolución judicial (art. 92.2 CC), ya sea mediante acuerdo en el convenio regulador (arts. 90 a) y 92.5 CC). En estos casos, se podrá atribuir la guarda y custodia exclusivamente a un progenitor, o a ambos de forma compartida.

CUSTODIA COMPARTIDA

Se trata del ejercicio conjunto e igualitario de la custodia de los hijos de progenitores no convivientes, presente en nuestro ordenamiento desde la reforma del Código civil por la Ley 15/2005 (aunque adoptada ya con anterioridad por los tribunales). Al posibilitar las relaciones en condiciones de paridad con ambos progenitores, respeta en mayor medida el principio de igualdad entre ellos. No obstante, el Código civil sigue dando preferencia a la custodia a favor de uno solo de los progenitores, según se desprende de los artículos 156, 159 y 92 CC, quedando la custodia compartida en aquellos supuestos en los que, o bien la soliciten ambos progenitores, o bien la solicite uno de ellos, acordándola el juez tras analizar que ello redundará en el interés del menor.

Al margen de esta preferencia del Código civil, la jurisprudencia es cada vez más proclive a establecer la custodia compartida. La STC 185/2012, de 17 de octubre, suprimió la exigencia previa del carácter *"favorable"* del informe del Ministerio Fiscal para la adopción judicial de la custodia compartida. Y el Tribunal Supremo ha establecido reiteradamente que el artículo 92.8 CC no permite concluir que la custodia compartida sea una medida excepcional, sino que, por el contrario, ha de considerarse normal e incluso deseable porque permite que sea efectivo el derecho de los hijos a relacionarse con ambos progenitores, aun en situaciones de crisis, siempre que sea posible (*vid.*, por ejemplo, la STS, Sala de lo Civil, 280/2017, de 9 de mayo).

Por otro lado, algunas CCAA han regulado mediante leyes específicas la custodia compartida. Así, por ejemplo, en Aragón (al igual que en la mayoría de las CCAA que han regulado la institución) se establece un modelo preferente de custodia compartida en los artículos 75 y siguientes del CDFA (aprobado por Decreto Legislativo 1/2011, de 22 de marzo). Galicia es una de las CCAA que no dispone de regulación propia, si bien en el año 2017 se presentó por iniciativa popular la *"Proposición de Lei de Corresponsabilidade parental e de relación familiares no cese da convivencia de Galicia"*, pero que finalmente no llegó a tramitarse.

DERECHO DE VISITA

El derecho de visita es aquel que asiste al progenitor al que no se le haya asignado la guarda de los hijos por decisión judicial o convenio regulador, pudiendo comunicarse y relacionarse con ellos. Así lo establece el artículo 94.1 CC, disponiendo en su apartado segundo el mismo derecho de los hijos respecto de sus abuelos, algo que viene reforzado por el artículo 160.2 CC (*"No podrán impedirse sin justa causa las relaciones personales del menor con sus hermanos, abuelos y otros parientes y allegados")*.

CAPITULACIONES MATRIMONIALES

Las capitulaciones matrimoniales son aquel pacto por el que los cónyuges, o futuros cónyuges, acuerdan las reglas básicas de la organización económica de su matrimonio, eligiendo qué régimen económico resulta de aplicación *"o cualesquiera otras disposiciones por razón del mismo"* (art. 1325 CC). El contenido típico de las capitulaciones sería, por tanto, el dirigido a determinar qué régimen será aplicable al matrimonio, pero también podrán acordarse en las capitulaciones otros pactos como, por ejemplo, las donaciones *propter nuptias* o las disposiciones *mortis causa* sobre el tercio de mejora hereditaria (o cualquier otro pacto atípico –v. g., el de renuncia a la pensión compensatoria, *vid.* la STS, Sala de lo Civil, 315/2018, de 30 de mayo– o cualquier pacto permitido por el Derecho foral que resulte de aplicación). No obstante, serán nulas aquellas estipulaciones contrarias a las leyes, a las buenas costumbres, o limitativas de la igualdad de derechos entre cónyuges. Por otra parte, las capitulaciones podrán otorgarse antes o después de celebrado el matrimonio (art. 1326 CC) en escritura pública (art. 1327 CC), y deberán constar en la inscripción del matrimonio en el Registro Civil, además de en el Registro de la Propiedad si afectasen a inmuebles (art. 1333 CC).

RÉGIMEN ECONÓMICO-MATRIMONIAL

El régimen económico-matrimonial lo constituye el conjunto de normas que regulan las relaciones económicas entre los cónyuges y de estos con terceros. En los artículos 1315 a 1324 CC se establecen las normas de carácter básico aplicables a todos los matrimonios, independientemente del modelo económico que elijan, y que se conoce como régimen matrimonial primario. Así, se sientan reglas sobre contribución a las cargas del matrimonio, las *litis expensas*, la potestad doméstica, la vivienda familiar y el ajuar doméstico, además de otras relacionadas con la disposición y la calificación de los bienes existentes en el matrimonio. Además de estas reglas, se aplicarán las propias del régimen económico matrimonial que hayan acordado mediante capitulaciones matrimoniales, y que no tiene por qué ajustarse a ninguno de los modelos previstos por el Código civil. En Derecho común, a falta de capitulaciones o cuando estas sean ineficaces, el régimen aplicable será el de sociedad de gananciales (art. 1316 CC); si hubiesen pactado que no regirá el de sociedad de gananciales, sin expresar las reglas por las que hayan de regirse sus bienes, se aplicará el de separación de bienes (art. 1435 CC); el tercer régimen previsto por el Código civil es el de participación en ganancias (arts. 1411 a 1434 CC).

En los derechos forales existen reglas sobre el régimen económico matrimonial, por lo que en aquellos territorios que tengan un Derecho civil propio, habrá de estarse a lo contenido en sus normas. Por ejemplo, quien ostente vecindad civil catalana tendrá como régimen supletorio el de separación de bienes, pues así lo establece el artículo 231.10, apartado 2, CCCat; en cambio, en Galicia, a falta de pacto será el de sociedad de gananciales, según el artículo 171 LDCG.

Por otra parte, cuando entre en juego el Derecho internacional privado, deberá considerarse el Reglamento UE 2016/1103, sobre regímenes económicos matrimoniales.

SOCIEDAD DE GANANCIALES

La sociedad de gananciales es el régimen económico-matrimonial por el que se hacen comunes para los cónyuges las ganancias o beneficios obtenidos indistintamente por cualquiera de ellos, que les serán atribuidos por mitad al disolverse la sociedad de gananciales (art. 1344 CC). De esta forma, se diferencia una masa patrimonial privativa de cada uno de los cónyuges, y una masa común, formada por las ganancias o beneficios obtenidos indistintamente por los cónyuges durante la vigencia del matrimonio. La calificación de bienes como privativos o gananciales se regula en los artículos 1346 a 1361 CC, estableciéndose, primero, una detallada casuística de bienes privativos y de bienes gananciales, que debe complementarse con la presunción de ganancialidad de los bienes que no sean calificables conforme a los criterios anteriores, la atribución voluntaria de ganancialidad por parte de los cónyuges (pudiendo estos convertir cualquier bien de su patrimonio en ganancial) y el valor de la confesión de privatividad de un bien en su calificación. La liquidación de la sociedad de gananciales (prevista en los artículos 1392 y siguientes CC, y artículos 808 y siguientes LEC) se dará cuando se disuelva el matrimonio, se declare nulo, se acuerde la separación legal de los cónyuges o estos convengan un régimen económico distinto, o cuando uno de los cónyuges lo solicite judicialmente cuando concurran alguna de las causas del artículo 1393 CC. La liquidación conllevará una primera fase de inventario, una segunda de liquidación del pasivo, y una última de determinación del haber líquido.

SEPARACIÓN DE BIENES

La separación de bienes es el régimen económico-matrimonial, regulado en los artículos 1435 a 1444 CC, en el que cada cónyuge conserva la propiedad, el disfrute, la administración y disposición de todos sus bienes, tanto de los que le pertenecen al contraer matrimonio como de los que adquiera con posterioridad. No obstante, tal administración individual tendrá unos límites que en la práctica se traducirán en la contribución a las cargas del matrimonio, el interés familiar o la vivienda habitual, e incluso, en ocasiones, la confusión en la titularidad de los bienes. Así, en este régimen coexisten dos masas patrimoniales privativas.

Debe tenerse en cuenta la regla del artículo 1438 CC, que establece la compensación, en caso de extinción del régimen de separación de bienes, del trabajo para la casa que haya realizado uno de los cónyuges. La jurisprudencia ha ido perfilando esta indemnización: así, las SSTS, Sala de lo Civil, 534/2011, de 14 de julio, o 135/2015, de 26 de marzo, exponen que el trabajo doméstico es una de las formas de contribuir al levantamiento de las cargas del matrimonio a la vez que un título para obtener una compensación en el momento de finalización del régimen, pero que la indemnización del artículo 1438 CC solo podrá darse si la dedicación a las tareas domésticas ha sido exclusiva, es decir, que no se haya trabajado, a la vez, fuera de casa. La STS, Sala de lo Civil, 252/2017, de 26 de abril, estableció que es compatible con la pensión compensatoria, pues son medidas que pretenden compensar o indemnizar hechos diferenciados. La STS, Sala de lo Civil, 658/2019, de 11 de diciembre, reiteró la anterior doctrina, inclusive el hecho de que no es requisito subordinar la compensación económica a la circunstancia de que el otro cónyuge se haya enriquecido durante la vigencia del régimen de separación de bienes.

DOMICILIO CONYUGAL/VIVIENDA HABITUAL/ VIVIENDA FAMILIAR

El artículo 69 CC establece la presunción *iuris tantum* de que los cónyuges viven juntos, diciendo a continuación el artículo 70 CC que el establecimiento del domicilio conyugal será una decisión conjunta de ambos. Ninguno de los dos podrá disponer del domicilio conyugal ni de su mobiliario sin consentimiento del otro, independientemente de cuál sea la titularidad del bien y del régimen económico matrimonial de los esposos (art. 1320 CC).

No obstante, la convivencia en un hogar común dependerá de las decisiones que hayan tomado los cónyuges respecto a su proyecto de vida, muchas veces determinado por circunstancias laborales que exigen formas de convivencia diferentes.

Por otra parte, en caso de cese de la convivencia conyugal, el artículo 96 CC establece unos criterios de uso de la vivienda familiar al margen de quién ostente su propiedad, y que tienen en cuenta el interés del menor (en caso de que haya menores), o si no los hay, incluso el interés del más necesitado de protección, que aun sin ostentar la propiedad podría disfrutar temporalmente de la vivienda (sobre este último supuesto, *vid.* la STS, Sala de lo Civil, 268/2018, de 9 de mayo).

ALIMENTOS ENTRE PARIENTES

Los alimentos entre parientes son una institución regulada en los artículos 142 a 153 CC, fundamentada en el principio de solidaridad familiar, obligando a los parientes a atender las necesidades vitales que cualquiera de ellos tenga y no pueda satisfacer por sí mismo. Los familiares que quedan sujetos a esta obligación legal son los cónyuges, ascendientes y descendientes en grado más próximo junto con los hermanos, quienes contribuirán con una cuantía que deberá ser siempre proporcionada al caudal o medios de quien los proporciona y a las necesidades de quien los reciba. Tradicionalmente se ha constituido como un derecho personalísimo, dado que no es renunciable ni transmisible a un tercero, y cuya obligación de suministro cesará, además de por la muerte del alimentista y otras causas establecidas en el artículo 152 CC, con la muerte del obligado.

La obligación de alimentos derivada de los artículos 142 a 153 CC presupone siempre un vínculo de parentesco, por lo que no cabe confundirla con las obligaciones alimenticias que voluntariamente se pacten a favor de cualquier persona, ya sea a través de un negocio *inter vivos* o *mortis causa*.

Cuando estamos ante hijos menores, la obligación alimenticia tiene particularidades que obligan a replantearse algunas de las normas del Código civil, dado que se trata de una obligación integrada en un conjunto más amplio de derechos y deberes propios de la institución matrimonial –o relación análoga– y que se desprende de los artículos 110 y 154 CC (y reforzado por el art. 39 CE), sin que la obligación de alimentos se supedite a la situación de necesidad del alimentista. Uno de los artículos del régimen general de alimentos que no se adapta a estas particularidades que se dan con los menores es el artículo 148.1 CC, que establece que los alimentos no se abonarán *"sino desde la fecha en que se interponga la demanda"*, por lo que, aunque la doctrina jurisprudencial todavía se muestra reacia a ello (*vid.* el ATC 301/2014 y las SSTS, Sala de lo Civil, 573/2016, de 29 de septiembre, y 574/2016, de 30 de septiembre), cada vez son más las voces que abogan por los efectos retroactivos, con los límites de la prescripción, que debe ostentar la petición de alimentos para un menor.

FILIACIÓN

La filiación es la relación jurídica que vincula de forma directa e inmediata a los progenitores biológicos con los hijos que han engendrado. Como cualidad personalísima que es, es irrenunciable, indisponible, imprescriptible y de interés público, influyendo en la identificación de la persona a través de los apellidos. De acuerdo con el artículo 108 CC, se habla de filiación por naturaleza (matrimonial y no matrimonial), y por adopción, surtiendo los mismos efectos cualquiera de las modalidades. Básicamente, se pueden distinguir los siguientes efectos: el derecho a los apellidos (pudiendo los progenitores, si la filiación está determinada por ambas líneas, decidir el orden de transmisión de su respectivo primer apellido), el derecho de alimentos, y los derechos sucesorios (adquiriendo los hijos la condición de herederos forzosos con derecho a la legítima).

ADOPCIÓN

La adopción es el instrumento de integración familiar mediante el que se crea una relación de filiación *ope legis* con una persona con la que en principio no existía ningún vínculo previo de consanguinidad. Se regula en los artículos 175 a 180 CC, 33 a 42 LJV y en la Ley 54/2007, de 28 de diciembre, de Adopción internacional, en caso de estar ante esta modalidad de adopción, estableciéndose un procedimiento y requisitos que deberán ser escrupulosamente cumplidos, ya que como sentó la sentencia del TEDH de 26 de febrero de 2002, asunto Frette c. Francia, la adopción es *"dar una familia a un niño, y no un niño a una familia"*. Solo podrá adoptarse a los menores de edad no emancipados, aunque excepcionalmente podrían adoptarse mayores de edad o menores emancipados cuando, inmediatamente antes de la emancipación, existiese una situación ininterrumpida de acogimiento o convivencia con el adoptante, iniciada antes de que el adoptante hubiere cumplido catorce años. Por otro lado, el adoptante debe ser mayor de veinticinco años, y tener, como mínimo, catorce años más que el adoptado. La adopción solo podrá constituirse mediante resolución judicial, en el que resultará preceptiva la intervención del Ministerio Fiscal.

INTERÉS DEL MENOR

Traducido de forma un tanto equívoca de la expresión inglesa *"best interest of the child"*, el interés del menor es el criterio de decisión fundamental que se viene aplicando en la mayoría de los casos de Derecho de familia (e incluso de otros sectores del ordenamiento) en los que está implicado un menor de edad, y que, según el Comité de los derechos del niño de la ONU, tiene una triple dimensión, hoy ya recogida en el artículo 2 LOPJM: a) un derecho sustantivo, que implica que el interés superior del niño o niña sea una consideración primordial que se evalúe y tenga en cuenta al sopesar distintos intereses para tomar la decisión sobre la cuestión debatida; b) un principio jurídico interpretativo fundamental, en el que la interpretación debe hacerse *pro menor*; y c) una norma de procedimiento.

TÉCNICAS DE REPRODUCCIÓN HUMANA ASISTIDA

Las técnicas de reproducción humana asistida son una serie de procedimientos o técnicas médicas de manipulación controlada de gametos o de embriones destinados a favorecer el embarazo. Desde el punto de vista civil, es importante su regulación a los efectos de establecer la eficacia jurídica de los distintos tipos de técnicas existentes, así como para determinar la filiación del nacido a través de ellas. La actual Ley 14/2006, de 26 de mayo, sobre técnicas de reproducción humana asistida, sigue un criterio abierto en lo que a técnicas se refiere, enumerando las existentes (según el Anexo de la Ley: la inseminación artificial, la fecundación *in vitro* e inyección intracitoplásmica de espermatozoides con gametos propios o de donante y con transferencia de preembriones, y la transferencia intratubárica de gametos), pero dejando la puerta abierta a que la autoridad sanitaria correspondiente pueda autorizar, previo informe de la Comisión Nacional de Reproducción Humana Asistida, la práctica provisional y asistida de nuevas técnicas.

MATERNIDAD SUBROGADA

La maternidad subrogada, también llamada gestación por sustitución, es la práctica por la que una mujer gesta a un niño por cuenta de otros, prestándose normalmente a una técnica de reproducción médicamente asistida, entregando al bebé a los progenitores comitentes, y renunciando la madre gestante a sus derechos y deberes como madre. En nuestro ordenamiento no existe un régimen jurídico sobre la gestación por sustitución; únicamente contamos con la previsión del artículo 10 de la Ley 14/2006, de 26 de mayo, sobre técnicas de reproducción humana asistida, del que se extrae que la maternidad solo puede determinarse por el parto, por lo que, aunque la práctica no está prohibida, el contrato es nulo (ni será exigible, ni producirá efectos). Así, nuestro ordenamiento no reconoce los efectos típicos de la gestación por sustitución, señaladamente que la madre de intención no sea la madre legal, algo que en la práctica se intenta salvar acudiendo al extranjero, para a continuación tratar de hacer válido el acto en nuestro ordenamiento: solicitando, por parte de los progenitores comitentes, la inscripción de nacimiento y filiación a su favor en el Registro Civil.

En los casos de menores nacidos por maternidad subrogada en el extranjero, la Instrucción de la DGRN de 18 de febrero de 2019, sobre el régimen registral de la filiación de los nacidos mediante gestación por sustitución, dejó sin efecto la anterior de 14 de febrero de 2019, estableciendo como requisito para la inscripción en el Registro Civil consular de la filiación de menores nacidos por esta técnica con posterioridad al 18 de febrero de 2019, la existencia de una sentencia de las autoridades judiciales del país correspondiente que sea firme y dotada de *exequatur*.

CAPÍTULO 9

DERECHO DE SUCESIONES

Marta Otero Crespo
Profesora Contratada Doctora de Derecho Civil
Universidade de Santiago de Compostela

DERECHO DE SUCESIONES

El Derecho de sucesiones es aquel sector del Derecho civil que se encarga de disciplinar el destino que ha de darse a las titularidades y relaciones patrimoniales activas y pasivas de una persona física a su fallecimiento, así como de las que con este motivo se producen.

En la actualidad, además de las normas contenidas en el CC o en los Derechos civiles autonómicos, resulta clave el Reglamento (UE) nº 650/2012 del Parlamento Europeo y del Consejo, de 4 de julio de 2012, relativo a la competencia, la ley aplicable, el reconocimiento y la ejecución de las resoluciones, a la aceptación y la ejecución de los documentos públicos en materia de sucesiones *mortis causa* y a la creación de un certificado sucesorio europeo (cuyo estudio suele enmarcarse en el ámbito del Derecho internacional privado).

SUCESIÓN *MORTIS CAUSA*

La sucesión *mortis causa* se produce cuando, a consecuencia de la muerte de un sujeto, una o varias personas pasan a ocupar la posición jurídica del fallecido en aquellas relaciones jurídicas transmisibles, dejadas vacantes por este (visión personalista, o sistema de continuación de la persona); asimismo, también puede referirse al destino del patrimonio al fallecer su titular (visión patrimonialista, o sistema de sucesión en los bienes). En este sentido, se distingue de la sucesión *inter vivos* por cuanto en esta última el traspaso de la posición jurídica se produce entre dos sujetos que viven, transmitiendo uno y recibiendo el otro.

La sucesión *mortis causa* puede ser universal (el sucesor adquiere, en un solo acto, en su conjunto, la totalidad o una parte alícuota de los derechos y deudas del causante) o particular (supuesto en el que se sucede en uno o varios bienes o derechos individualmente determinados).

Tal y como señalan Díez-Picazo y Gullón, los criterios normales de clasificación de la sucesión *mortis causa* suelen ser dos, referidos al origen de la sucesión, así como al objeto sobre el que recae. Así, en función del origen, puede ser voluntaria (la persona del sucesor o sucesores han sido designados libremente por el causante, en virtud de testamento o mediante convenio con otra persona –sucesión contractual, con desigual aceptación en los ordenamientos jurídicos civiles españoles) o legal (cuando la designación del sucesor y la regulación del fenómeno sucesorio se determina por la ley. Sería la sucesión *abintestato*, que entra en funcionamiento en defecto de sucesión testamentaria– o incluso, de forma complementaria a esta) o, en su caso, contractual. Recuerdan los autores que existen quienes se refieren como sucesión legal a la normativa de las legítimas, en la medida en la que los familiares que son *"herederos forzosos"* (art. 806 CC), suceden por ley en la porción de herencia que constituye la legítima, siendo la propia ley la que regula el fenómeno sucesorio. Finalmente, cabría mencionar una sucesión mixta, cuando el fenómeno hereditario se regula tanto por la voluntad del causante como por la ley (art. 658 CC).

En función del objeto sobre el que recae, la sucesión puede ser universal (caso del heredero, *ex* art. 660 CC) como a título particular (supuesto del legatario, de nuevo, art. 660 CC).

HERENCIA

La herencia, en los términos expuestos en el artículo 659 CC, comprende todos los bienes, derechos y obligaciones de una persona que no se extinguen con su muerte. En consecuencia, es el objeto de la sucesión *mortis causa*, y es el total patrimonio del difunto. Sin embargo, patrimonio y herencia no pueden identificarse como sinónimos. La herencia sería una *universitas iuris*, esto es, un complejo o grupo de cosas que se unifican por el efecto de la ley y que presuponen una unidad de destino. Es importante destacar que quedan excluidas de la herencia todas aquellas relaciones jurídicas del causante que se extingan por su muerte, tanto de naturaleza patrimonial (por ejemplo, los derechos de uso y de habitación), como extrapatrimonial (por ejemplo, las ligadas a las relaciones familiares y al estado civil, como lo serían la condición de cónyuge, de hijo, la nacionalidad o la vecindad civil, etc.). Igualmente, existen derechos personalísimos que se transmiten al heredero, como, por ejemplo, el derecho moral de autor o, en ciertos casos, el ejercicio de las acciones de filiación. Lo mismo sucede con relaciones de hecho con trascendencia jurídica, como la usucapión o la prescripción ya comenzadas.

En la herencia también se integran relaciones jurídicas que no formaban parte del patrimonio del causante, pero que, a consecuencia de su muerte o después de ella, surgen. Así sucede con las cargas hereditarias. En el mismo sentido, pueden ser objeto de la sucesión *mortis causa* derechos nuevos, nacidos por voluntad del testador o por disposición de la ley, pero cuyo fundamento se residencia en un derecho preexistente del causante, como sucedería con un usufructo (voluntario o legal) constituido sobre una finca propiedad del causante. Por último, pueden mencionarse aquellos derechos que surgen con ocasión del fallecimiento del causante, pero que se adjudican a determinadas personas que caen fuera de la órbita de la sucesión *mortis causa*, no formando parte de la herencia, como, por ejemplo, las pensiones de viudedad u orfandad, los contratos a favor de terceros, el seguro sobre la vida para el caso de muerte del asegurado, etc.

En los últimos tiempos se ha referenciado la existencia de una llamada *"herencia digital"*. Se trata de un término incorrecto, por lo que acabamos de sostener, y que pretende englobar tanto contenidos digitales extrapatrimoniales (tales como perfiles en redes sociales, cuentas de correo electrónico, etc.) como patrimoniales (bitcoins o saldo acumulado en una cuenta de *Paypal*) del causante.

RESPONSABILIDAD POR DEUDAS HEREDITARIAS

La cuestión de la responsabilidad por las deudas hereditarias entronca el fenómeno sucesorio con el obligacional, en la medida en la que, pese al fallecimiento del causante, las deudas contraídas por este todavía perviven, resultando natural que los acreedores del difunto exijan su cumplimiento o pago al heredero. En este sentido, este último respondería personalmente de todas las deudas sucesorias que fuesen transmisibles *ex* artículo 659 CC, siendo tal responsabilidad, en principio, *ultra vires*, produciéndose, en último término, una confusión de patrimonios. Y, siguiendo a la doctrina mayoritaria, tal responsabilidad será personal en el ámbito del Código civil, tanto si el heredero es aceptante puro y simple *ex* artículos 999 y siguientes CC (aceptando los bienes del causante, pero también sus deudas y responsabilidades), como si ha solicitado el beneficio de inventario *ex* artículos 1010 y siguientes CC (si bien en este supuesto, no estará obligado a pagar las deudas que sobrepasen el valor de la herencia).

Nuestro Código civil destina los artículos 1082 y siguientes a la regulación *"Del pago de las deudas hereditarias"*. Sin embargo, no existe un procedimiento general de liquidación del pasivo hereditario, lo que determina que el heredero vaya pagando a los acreedores (tanto hereditarios como personales) y legatarios según se vayan presentando. Es importante destacar también que el sistema de responsabilidad por deudas varía cuando hay más de un heredero, puesto que nos obliga a distinguir la relación externa, entre acreedores hereditarios y herederos, de la relación interna, entre coherederos.

Por último, al margen de lo disciplinado en el Código civil, existen normas de Derecho civil autonómico que abordan la cuestión en Cataluña, Navarra, Aragón y País Vasco.

HEREDERO

De acuerdo con lo dispuesto en el artículo 660 CC, el heredero es quien sucede a título universal al causante (lo que lo distingue del legatario, puesto que este lo sucede a título particular). En este sentido, el heredero subentra en el conjunto de relaciones jurídicas transmisibles de las que era titular el causante, en bloque, con la excepción de las destinadas a los legatarios. De conformidad con el artículo 764 CC, no es necesario que se contenga una institución de heredero para que el testamento sea válido.

El llamamiento del heredero o herederos puede tener su origen tanto en la voluntad del causante como en la ley. También es importante destacar que el heredero o herederos suceden en las deudas por disposición de la ley (el causante no puede disponer de ellas). Y en este sentido, se ha señalado por LACRUZ que la importancia práctica de la distinción entre heredero y legatario radica en la diversa responsabilidad por el pasivo hereditario.

Pese a la sistematización anterior, también es posible la institución de heredero en cosa cierta. Serían supuestos en los que el testador deja solo un bien determinado al sucesor, por lo que no recibiría su herencia en general. ALBALADEJO señala que para que el instituido como heredero en cosa cierta sea querido como heredero, solo caben dos posibilidades: en primer lugar, que la ley haga caso omiso de que se le dejó únicamente el bien en que se le instituyó, y lo llame, a pesar de todo, a suceder en la generalidad de la herencia; y en segundo término, que el causante quiera que el sucesor sea partícipe en la generalidad de su sucesión, satisfaciendo con el bien concreto o bienes que le deja tal participación (recibiría la cosa *sub specie universalitatis*). Por tanto, el problema será determinar cuándo el causante quiso que recibiese la cosa en concepto de sucesor universal (a título de heredero), y cuándo se deja como bien que, separado de la herencia, le destina de modo singular (a título de legatario). Al respecto, debemos mencionar el artículo 768 CC, puesto que dispone que *"el heredero instituido en una cosa cierta y determinada será considerado como legatario"*; ahora bien, si se demuestra que la voluntad era instituirlo como sucesor universal, será heredero en cosa cierta (a modo de partición hecha por el testador).

LEGATARIO

Partiendo de lo dispuesto en el artículo 660 CC, el legatario es un sucesor particular del causante, esto es, quien recibe un bien o derecho singularmente, de forma aislada, y no en cuanto componente de la masa hereditaria. Por lo que se refiere a su objeto, el legado puede recaer sobre cosas, bienes y derechos de diversa índole; ahora bien, es nulo el legado de cosas que estén fuera del comercio *ex* artículo 865 CC.

El Código civil disciplina varios tipos de legados, sin que ello suponga que, en virtud de la autonomía de la voluntad del causante, no quepa ordenar otros que no se acomoden a los *"típicos"* contemplados en el propio Código. En este sentido, el Código civil prevé el legado de cosa específica y determinada propia del testador, el legado de cosa ajena, el legado de cosas genéricas, el legado de un derecho de habitación, el legado de cantidad, el legado de cosa gravada, el legado de crédito, el legado en pago de deuda, o el de prestaciones periódicas, entre otros.

Legatario puede serlo cualquier persona, incluso uno de los herederos, de modo tal que, si una persona es ya heredera y se instituye legatario en la misma herencia, técnicamente se trataría de un prelegado. De acuerdo con la previsión contenida en el artículo 890.2 CC, el heredero que sea al mismo tiempo legatario puede renunciar a la herencia y aceptar el legado, o viceversa.

Se ha consagrado jurisprudencialmente la figura del legado de cuota alícuota, cuya validez se extrae del contenido del artículo 768 CC, *a contrario sensu*. Sería aquella disposición en virtud de la cual el testador atribuye a una persona, a título de legado, una cuota de la herencia. Por ello, debe presumirse que el favorecido no deja de ser un heredero, aunque el testador le haya denominado legatario. Cabe probar que en realidad el testador quería arbitrar una sucesión a título singular, atribuyéndole la condición de legatario.

El legatario de cuota alícuota no responde de las deudas hereditarias, aunque sí pueda verse afectado por ellas, puesto que su participación en la herencia puede resultar disminuida.

CAPACIDAD PARA SUCEDER

Con carácter general, en nuestro ordenamiento jurídico todo sujeto de derecho tiene capacidad para suceder, puesto que esta no es más que un aspecto de la capacidad jurídica general. Y en estos términos se manifiesta el artículo 744 CC, de conformidad con el que *"Podrán suceder por testamento o ab intestato los que no estén incapacitados por la ley"*. Por tanto, toda persona (física o jurídica) puede ser sucesor. Además, es opinión común la capacidad para suceder del concebido que aún no ha nacido (*nasciturus*), siendo discutible la capacidad para suceder del que todavía no se ha concebido (*concepturus*), puesto que su nacimiento es una mera hipótesis.

Pese a esta regla general, en virtud de la cual, toda persona tiene capacidad para suceder, existen una serie de excepciones que pueden ser sistematizadas en torno a tres rúbricas: las incapacidades absolutas, las incapacidades relativas y la indignidad para suceder.

El típico supuesto de incapacidad absoluta tiene su encaje en el artículo 745 CC. En el precepto se declaran incapaces para suceder a las criaturas abortivas y a las asociaciones o corporaciones no permitidas por la ley. Al respecto, la doctrina considera que en realidad estaríamos ante supuestos en los que el defecto alcanzaría no a la capacidad, sino a su existencia misma (no serían personas, ni físicas, ni jurídicas, de ahí que no puedan suceder).

En los supuestos de incapacidades relativas, nos encontraríamos ante causas de privación del derecho a la herencia de una determinada persona, por constituir eventuales ocasiones de influencia indebida por parte del favorecido en el acto *mortis causa* de quien dispone. Se ha señalado que su finalidad no es otra que preservar al máximo la libertad y la integridad de la voluntad sucesoria del causante, evitando, a través de la instauración de una serie de normas, situaciones de conflicto de intereses. Los casos de incapacidad relativa se encuentran regulados en los artículos 752 a 754 CC (referidos al confesor, al tutor, al notario y a los testigos), a los que debemos sumar las disposiciones contenidas en los Derechos civiles autonómicos, tales como en el catalán, aragonés o navarro.

Finalmente, la indignidad para suceder comporta la introducción de una sanción o pena civil frente a las conductas especialmente reprobables del indigno contra el causante, sus allegados o su libertad de testar, tipificadas en la ley (art. 756 CC). De nuevo, a las del Código civil, debemos sumar las previsiones contenidas en el Derecho civil catalán, aragonés o balear.

TESTAMENTO

El testamento puede ser definido como un negocio jurídico *mortis causa* por el que una persona física dispone de todo o de parte de sus bienes para después de su muerte (art. 667 CC). Su contenido puede recoger tanto disposiciones patrimoniales como no patrimoniales. Entre estas últimas, se encontraría el reconocimiento de un hijo no matrimonial (art. 120.2° CC), la designación de tutor para los hijos (art. 223 CC), la designación de las personas que hayan de ejercitar ciertas acciones relativas a la protección del honor, intimidad y propia imagen de la persona fallecida (art. 4 LO 1/82), etc.

El testamento es un negocio jurídico personalísimo (solo puede ser otorgado por la misma persona cuya sucesión ordena, sin que sea posible su otorgamiento por medio de representación), unilateral (en la medida en la que produce sus efectos por virtud de la sola voluntad del testador, declaración de voluntad no recepticia), solemne (puesto que para su validez es necesaria la observancia de ciertas formalidades, de modo tal que, si no se cumplen, el testamento será nulo) y esencialmente revocable (puede ser objeto de modificación cuantas veces considere el testador, siendo un acto de última voluntad).

De acuerdo con lo dispuesto en los artículos 676 y 677 CC, los testamentos pueden ser comunes o especiales. Entre los comunes se sitúan el ológrafo (escrito de puño y letra por el testador, con los requisitos exigidos en el art. 688 CC), abierto (el testador manifiesta su última voluntad en presencia de las personas que deben autorizar el acto, conociéndose lo que se dispone) o cerrado (el testador, sin revelar su última voluntad, declara que esta se contiene en el pliego que presenta a las personas que han de autorizar el acto). Entre los especiales, se señalan por el Código civil, el militar (otorgado en tiempo de guerra), el marítimo (otorgado en viaje marítimo) y el hecho en país extranjero (otorgado, naturalmente, en territorio no nacional).

Pueden testar todos aquellos a quienes la ley no lo prohíbe (art. 662 CC), estableciéndose expresamente que están incapacitados para hacerlo los menores de catorce años, así como quien habitual o accidentalmente *"no se hallare en su cabal juicio"* (art. 663 CC). Eso sí, el testamento hecho *"antes de la enajenación mental es válido"* (art. 664 CC). Por lo que se refiere al testamento de las personas con discapacidad, el artículo 665 CC dispone que *"Siempre que el incapacitado por virtud de sentencia que no contenga pronunciamiento acerca de su capacidad para testar pretenda otorgar testamento, el Notario designará dos facultativos que previamente le reconozcan y no lo autorizará sino cuando éstos respondan de su capacidad"* (al respecto, *vid.* la STS, Sala de lo Civil, 146/2018, de 15 de marzo).

La Ley Orgánica 3/2018, de 5 de diciembre, de Protección de Datos Personales y garantía de los derechos digitales, ha insertado en su artículo 96 una referencia a un teórico testamento digital. Sin embargo, de su regulación se desprende que en ningún supuesto nos encontramos ante un auténtico testamento en sentido técnico.

Al margen de la regulación de Derecho común, debemos reseñar la existencia de distintas regulaciones autonómicas en las que se prevén modalidades testamentarias.

LEGÍTIMA

De conformidad con el artículo 806 CC, la legítima es aquella *"porción de bienes de que el testador no puede disponer por haberla reservado la ley a determinados herederos, llamados por esto herederos forzosos"*. En este sentido, actúan como freno a la libertad dispositiva del causante, no solo desde la perspectiva de la sucesión *mortis causa*, sino que también afecta a sus disposiciones a título gratuito *inter vivos*. En la regulación del Código civil, son herederos forzosos, en primer lugar, los hijos y descendientes respecto de sus padres y ascendientes; en segundo término, y a la falta de los anteriores, los padres y ascendientes respecto de sus hijos y descendientes; finalmente, el viudo o viuda en la forma y medida establecida en el propio Código civil.

En el ámbito del Código civil, la legítima de los hijos y descendientes alcanza a las dos terceras partes del haber hereditario del padre y de la madre. Sin embargo, pueden estos disponer de una parte de las dos que forman la legítima para aplicarla como mejora a sus hijos o descendientes, siendo la tercera parte de libre disposición (art. 808 CC).

Para el caso de los padres o ascendientes, la legítima queda constituida por la mitad del haber hereditario de los hijos y descendientes, salvo en el caso en que concurrieren con el cónyuge viudo del descendiente causante, en cuyo supuesto será de una tercera parte de la herencia (art. 809 CC).

La legítima en el caso de los padres se dividirá en dos partes iguales, recayendo sobre el sobreviviente si uno de ellos hubiere premuerto. Además, si al testador no le sobreviven los padres, pero sí ascendientes, en igual grado, de las líneas materna y paterna, se dividirá la herencia por mitad entre ambas líneas. En el caso de que los ascendientes fueren de grado diferente, corresponderá por entero a los más próximos de una u otra línea (art. 810 CC).

Debe destacarse que la regulación de las legítimas no es uniforme en el marco de los Derechos civiles que conviven en nuestro país. En buena parte de ellos la legítima es un mero derecho de crédito. En el caso gallego, de acuerdo con el artículo 238 LDCG, son legitimarios, en primer lugar, los hijos y descendientes de hijos premuertos, justamente desheredados o indignos; en segundo término, el cónyuge viudo no separado legalmente o de hecho. Los legitimarios tienen derecho a percibir del causante, por cualquier título, una atribución de naturaleza patrimonial en la forma y medida que la LDCG establece. A diferencia de las previsiones contenidas en el Código civil, la legítima prevista en la LDCG de 2006 otorga una mayor libertad al testador, puesto que en el caso de la legítima de los descendientes, el artículo 243 LDCG la limita a la cuarta parte del haber hereditario líquido; si concurriese con los descendientes del causante, el cónyuge viudo deberá recibir en concepto de legítima el usufructo vitalicio de una cuarta parte del haber hereditario, de acuerdo con las reglas establecidas en el artículo 245 LDCG (art. 253 LDCG); a falta de tal concurrencia, el cónyuge viudo tendrá derecho al usufructo vitalicio de la mitad del capital (art. 254 LDCG).

Al margen de las regulaciones de otros Derechos civiles autonómicos, el Derecho civil gallego se muestra en sintonía con la tendencia a atribuir una mayor libertad al testador, limitando la rigidez de las imperativas y tradicionales legítimas.

MEJORA

De acuerdo con lo dispuesto en el artículo 823 CC, *"El padre o la madre podrán disponer en concepto de mejora a favor de alguno o algunos de sus hijos o descendientes, ya lo sean por naturaleza ya por adopción, de una de las dos terceras partes destinadas a legítima"*. Por tanto, la mejora es un poder del testador, en virtud del cual este puede disponer de uno de los dos tercios que componen la legítima de los hijos y de los descendientes en el ámbito del Código civil. Y decimos que se trata de un poder, puesto que, de no hacer uso de él, no cabría hablar de tercio de mejora, sino de los dos tercios de legítima (legítima larga); *a contrario sensu*, si la utiliza, existirá un tercio de legítima estricta y otro tercio de mejora.

Lo expuesto revela que la mejora exige la concurrencia de una pluralidad de descendientes, sin que resulte necesario que todos lo sean en igualdad de grado (por ejemplo, cabe mejorar a un nieto cuando la legítima corresponde a los hijos del testador). Los sujetos de la mejora son el mejorante (típicamente el testador) y el mejorado (hijos o descendientes del causante, entendiéndose incluidos –según nuestra jurisprudencia– los ulteriores descendientes del causante, en segundo o tercer grado, aun en vida de los hijos).

Pese a que la facultad de mejorar no puede encomendarse a otro (art. 830 CC), sí que *"podrán conferirse facultades al cónyuge en testamento para que, fallecido el testador, pueda realizar a favor de los hijos o descendientes comunes mejoras incluso con cargo al tercio de libre disposición y, en general, adjudicaciones o atribuciones de bienes concretos por cualquier título o concepto sucesorio o particiones, incluidas las que tengan por objeto bienes de la sociedad conyugal disuelta que esté sin liquidar.*

Estas mejoras, adjudicaciones o atribuciones podrán realizarse por el cónyuge en uno o varios actos, simultáneos o sucesivos. Si no se le hubiere conferido la facultad de hacerlo en su propio testamento o no se le hubiere señalado plazo, tendrá el de dos años contados desde la apertura de la sucesión o, en su caso, desde la emancipación del último de los hijos comunes.

Las disposiciones del cónyuge que tengan por objeto bienes específicos y determinados, además de conferir la propiedad al hijo o descendiente favorecido, le conferirán también la posesión por el hecho de su aceptación, salvo que en ellas se establezca otra cosa" (art. 831.1 CC). Cabe, por tanto, la delegación de la facultad de mejorar atribuyéndosele tal al cónyuge (sobreviviente), que cesará en caso de que este hubiese pasado a ulterior matrimonio, a relación de hecho análoga a la matrimonial, o tenido un hijo no común, siempre y cuando el testador no hubiese dispuesto otra cosa (art. 831.5 CC).

PACTOS SUCESORIOS

Los pactos o contratos sucesorios constituyen un negocio jurídico *mortis causa* en el que la voluntad del ordenante (el causante) queda vinculada a otra voluntad, de modo tal que lo dispuesto no puede ser objeto de revocación por el primero unilateralmente (precisamente por la existencia de esa bilateralidad, lo que lo diferencia sustancialmente de un testamento).

En la medida en la que imponen una restricción a la libertad de testar, han sido objeto de prohibición en algunos ordenamientos jurídicos. El Código civil establece como regla general su prohibición (art. 1271.2° CC), frente a la que podrían oponerse ciertas excepciones, como, por ejemplo, en los supuestos de las promesas de mejorar o no mejorar, hechas por escritura pública en capitulaciones matrimoniales, y a la mejora por contrato oneroso celebrado por un tercero o realizada en capítulos matrimoniales (arts. 826 y 827 CC).

Sin embargo, en los Derechos civiles autonómicos, se trata de figuras que gozan de reconocimiento y que, en algunos supuestos han sido objeto de actualización y adaptación (casos de Aragón, Cataluña o Galicia).

Por ejemplo, en el caso de Galicia, en la LDCG, nos encontramos con la regulación de dos pactos sucesorios: los pactos de mejora (en los que se conviene a favor de los descendientes la sucesión en bienes concretos, *ex* art. 214 LDCG), y los pactos de apartación (a través de los cuales, quien tenga la condición de legitimario si se abriese la sucesión en el momento en que se formaliza tal pacto, queda excluido de modo *"irrevocable, por sí y su linaje, de la condición de heredero forzoso en la herencia del apartante"*, todo ello a cambio de unos bienes concretos que le son adjudicados (art. 224 LDCG).

SUSTITUCIONES HEREDITARIAS

En el ámbito del Código civil, los artículos 774 a 789 CC regulan las denominadas sustituciones hereditarias, que pueden sistematizarse en cuatro: sustitución vulgar, pupilar, ejemplar y fideicomisaria. Estas constituyen modalidades heterogéneas de sustituciones, motivo por el cual resulta difícil ofrecer una definición con carácter universal de las mismas. Sin embargo, ello no impide que podamos apreciar la concurrencia de una serie de elementos personales comunes, tales como la existencia de un testador o sustituyente, la persona instituida en primer lugar, así como el sustituto para el caso de que aquel no llegue a serlo (sustitución vulgar), o para que lo sea después de aquel (sustitución fideicomisaria), o bien en lugar de quien, no pudiendo otorgar testamento válidamente, no puede designarlo (donde encajarían las sustituciones pupilar y ejemplar).

En la sustitución vulgar, existe una disposición testamentaria en la que el causante, en previsión de que el heredero no llegue a adquirir lo que le corresponde de la herencia, procede a designar a una o varias personas que le sustituirán en la posición de heredero. En la sustitución pupilar, el testador designa a uno o varios sustitutos para el supuesto de que el menor (heredero), que no haya llegado a la edad necesaria para testar (con carácter general, catorce años, de acuerdo con el art. 663.1° CC), fallezca antes de alcanzar dicha edad. La sustitución ejemplar o cuasipupilar se asemeja a la anterior en el sentido de que permite al testador nombrarle un sustituto a quien instituye como heredero a un descendiente mayor de catorce años, pero que no puede testar por sus condiciones psíquicas. Finalmente, en la sustitución fideicomisaria se impone al heredero que conserve y transmita a un tercero el todo o parte de la herencia.

Además de la regulación contenida en el Código civil, existen disposiciones de Derecho civil autonómico en las que también se regulan estas instituciones.

PRETERICIÓN

La preterición consiste en la omisión en el testamento de un legitimario (heredero forzoso). El Código civil no nos ofrece una definición al efecto, pero sí podemos sistematizar una serie de presupuestos que han de concurrir necesariamente. Es precisa la existencia de un testamento a través del cual el causante organice el destino de sus bienes, puesto que solo puede existir preterición en la sucesión testada, así como que existan legitimarios.

La preterición puede ser querida por el causante (intencional) o un mero olvido involuntario (no intencional).

En el caso de la preterición intencional, el artículo 814 CC dispone que *"La preterición de un heredero forzoso no perjudica la legítima. Se reducirá la institución de heredero antes que los legados, mejoras y demás disposiciones testamentarias"*. En el supuesto de la preterición no intencional, *"de hijos o descendientes producirá los siguientes efectos:*

1.° Si resultaren preteridos todos, se anularán las disposiciones testamentarias de contenido patrimonial.

2.° En otro caso, se anulará la institución de herederos, pero valdrán las mandas y mejoras ordenadas por cualquier título, en cuanto unas y otras no sean inoficiosas. No obstante, la institución de heredero a favor del cónyuge sólo se anulará en cuanto perjudique a las legítimas".

> La preterición también es objeto de regulación en los Derechos civiles autonómicos. Por ejemplo, en el caso del Derecho civil gallego, el artículo 258 LDCG dispone que la preterición intencional de un descendiente no afecta a la validez de las disposiciones por causa de muerte, teniendo el legitimario solo derecho a percibir su legítima conforme a las previsiones de la propia ley. Lo mismo se entenderá también para el caso de preterición del cónyuge, sea intencional o no. Para el caso de preterición no intencional *ex* artículo 259 LDCG, si se trata de un legitimario descendiente, faculta a la persona preterida para obtener la declaración de nulidad de la institución de heredero hecha en testamento, siendo las demás disposiciones testamentarias y pactos sucesorios válidos en cuanto su reducción no sea necesaria para el pago de las legítimas. Además, la preterición no intencional de todos los legitimarios descendientes producirá, a instancia de cualquiera de ellos, la nulidad de las disposiciones testamentarias de contenido patrimonial, reduciéndose las apartaciones y pactos de mejora si fuese necesario para el pago de las legítimas. *Vid.* también artículos 260 y 261 LDCG.

DESHEREDACIÓN

La desheredación supone la privación expresa al legitimario, articulada en el testamento del causante, de su condición de heredero forzoso, al incurrir este en alguna de las causas previstas por la ley. En este sentido, la desheredación es una sanción civil que tiene su razón de ser en conductas que, física o moralmente, ofenden gravemente al testador. En el Código civil se encuentra regulado en los artículos 848 y siguientes CC, exigiéndose que el legitimario haya incurrido en alguna de las causas legales de desheredación (art. 848 CC) y que esta conste en testamento, expresándose de modo claro la causa legal en la que se funde (art. 849 CC).

En el régimen previsto en el Código civil las causas de desheredación se establecen en los artículos 852 a 856 CC. Así, *"Son justas causas para la desheredación, en los términos que específicamente determinan los artículos ochocientos cincuenta y tres, ochocientos cincuenta y cuatro y ochocientos cincuenta y cinco, las de incapacidad por indignidad para suceder, señaladas en el artículo setecientos cincuenta y seis con los números 1º, 2º, 3º, 5º y 6º"* (art. 852 CC); *"Serán también justas causas para desheredar a los hijos y descendientes, además de las señaladas en el artículo 756 con los números 2, 3, 5 y 6, las siguientes: 1.ª Haber negado, sin motivo legítimo, los alimentos al padre o ascendiente que le deshereda. 2.ª Haberle maltratado de obra o injuriado gravemente de palabra"* (art. 853 CC); *"Serán justas causas para desheredar a los padres y ascendientes, además de las señaladas en el artículo 756 con los números 1, 2, 3, 5 y 6, las siguientes: 1.ª Haber perdido la patria potestad por las causas expresadas en el artículo 170. 2.ª Haber negado los alimentos a sus hijos o descendientes sin motivo legítimo. 3.ª Haber atentado uno de los padres contra la vida del otro, si no hubiere habido entre ellos reconciliación"* (art. 854 CC); *"Serán justas causas para desheredar al cónyuge, además de las señaladas en el artículo 756 con los números 2.º, 3.º, 5.º y 6.º, las siguientes: 1.ª Haber incumplido grave o reiteradamente los deberes conyugales. 2.ª Las que dan lugar a la pérdida de la patria potestad, conforme el artículo 170. 3.ª Haber negado alimentos a los hijos o al otro cónyuge. 4.ª Haber atentado contra la vida del cónyuge testador, si no hubiere mediado reconciliación"* (art. 855 CC). *Pese a lo anterior, el régimen prevé la reconciliación posterior del ofensor y el causante, privándole a este del derecho del desheredar, dejando sin efecto la desheredación ya hecha* (art. 856 CC).

En los últimos años, la jurisprudencia del Tribunal Supremo ha reevaluado las causas de desheredación, desde su STS (Sala de lo Civil), 258/2014, de 3 de junio, consolidada en otras resoluciones posteriores, en la que se reconoce como causa de desheredación el maltrato psicológico de un hijo a un padre. Y ello resulta así en la medida en la que los malos tratos o injurias graves de palabra, en cuanto causa de desheredación *ex* artículo 853.2 CC, debe ser objeto de *"una interpretación flexible conforme a la realidad social, al signo cultural y a los valores del momento en el que se producen"*.

De nuevo, conviene señalar que la normativa civil autonómica también se hace eco del instituto de la desheredación. Por ejemplo, el artículo 262 LDCG señala que el *"desheredamiento justo de un legitimario priva a este de su legítima"*. Tal ha de llevarse a cabo en testamento, con expresión de la causa del mismo, recayendo sobre el heredero del testador la carga de probar tal, si la persona desheredada la negara (al respecto, *vid.* arts. 262 a 266 LDCG). En el caso del CCCat, los artículos 451-17 y siguientes se refieren a las causas y requisitos de la desheredación, el juego de la reconciliación y el perdón, así como a la impugnación de la desheredación y a la desheredación injusta.

PARTICIÓN

La partición supone el fin de la situación de comunidad hereditaria, por la división de esta. Así, *"ningún coheredero podrá ser obligado a permanecer en la indivisión de la herencia, a menos que el testador prohíba expresamente la división. Pero, aun cuando la prohíba, la división tendrá siempre lugar mediante alguna de las causas por las cuales se extingue la sociedad"* (art. 1051 CC). En la partición se comprende tanto la disolución de la comunidad hereditaria como su liquidación, así como la concreta adjudicación de los derechos que correspondan a los herederos. El Código civil no estable un íter de operaciones que comprenda la partición, pero normalmente se corresponderán con las siguientes: a) la determinación de la relación de bienes (comprendiendo el inventario y el avalúo); b) la liquidación y colación (determinación del saldo o activo neto, restando el pasivo al activo bruto, así como, para el caso de que concurran varios legitimarios, lo que hayan recibido del causante, en vida de este y a título gratuito, que se trata como un anticipo de la legítima, por lo que tienen que añadir su valor en la partición, a efectos de calcular lo que les corresponde como legítima); y, finalmente, c) la formación de lotes y adjudicación (se divide el haber partible y se forman grupos de bienes y/o derechos, que después se adjudican a quien corresponda).

De acuerdo con el artículo 1052 CC, *"Todo coheredero que tenga la libre administración y disposición de sus bienes podrá pedir en cualquier tiempo la partición de la herencia. Por los incapacitados y por los ausentes deberán pedirla sus representantes legítimos"*. Sin embargo, *"Si antes de hacerse la partición muere uno de los coherederos, dejando dos o más herederos, bastará que uno de éstos la pida; pero todos los que intervengan en este último concepto deberán comparecer bajo una sola representación"* *ex* artículo 1055 CC.

Ahora bien, *"Los herederos bajo condición no podrán pedir la partición hasta que aquélla se cumpla. Pero podrán pedirla los otros coherederos, asegurando competentemente el derecho de los primeros para el caso de cumplirse la condición; y, hasta saberse que ésta ha faltado o no puede ya verificarse, se entenderá provisional la partición"* (art. 1054 CC). Incluso, de conformidad con lo dispuesto en el artículo 1001 CC, los acreedores que hayan aceptado la herencia en nombre de su deudor también pueden pedir la división como subrogados, pero actuando siempre dentro del límite de los importes de su crédito.

Finalmente, la partición puede ser judicial, siguiendo el procedimiento de división de herencia regulado en la LEC; extrajudicial, realizada por el propio testador, por un comisario o contador-partidor o convencional, realizada por los propios herederos; o bien, arbitral, si así lo acuerdan los coherederos o se ha dispuesto por el propio testador.

> De nuevo, también podemos tomar como ejemplo algún ordenamiento civil autonómico. Así, en la LDCG, en el artículo 270 se prevé que la partición pueda ser llevada a cabo por el propio testador, en testamento u otro documento anterior o posterior a él, por el contador-partidor, en los casos admitidos por la ley, por los herederos o bien por resolución judicial. La Ley gallega permite la *"partija conjunta"*

de los cónyuges, incluso aunque testen por separado. Esta partija conjunta y unitaria será eficaz en el momento del fallecimiento de ambos cónyuges, sin perjuicio de que también producirá plenos efectos si, fallecido uno de ellos, el sobreviviente la cumpliera en su integridad por atribuciones patrimoniales *inter vivos* (art. 277 LDCG). De conformidad con lo previsto en el artículo 278 LDCG, *"Fallecido uno de los cónyuges que hiciera la partija conjunta y unitaria, el sobreviviente podrá disponer de sus bienes privativos. Para la disposición de los bienes comunes y de los del premuerto incluidos en la partición será necesario el concurso de sus herederos y del cónyuge sobreviviente. La confusión de patrimonios en esta partija no perjudicará a los terceros acreedores y legitimarios"*. Además, *"En vida de ambos cónyuges, la partija conjunta y unitaria podrá ser revocada por cualquiera de ellos. La revocación no producirá efecto mientras no sea notificada fehacientemente al otro cónyuge. La revocación producirá la ineficacia total de la partija"* (art. 279 LDCG).

COLACIÓN

La colación, en los términos en los que se expresa el Código civil, es aquella operación que sirve tanto para el cálculo de la legítima, así como para contar en la partición lo donado a los legitimarios por el causante a modo de anticipo. Así, el artículo 1035 CC dispone que *"El heredero forzoso que concurra, con otros que también lo sean, a una sucesión deberá traer a la masa hereditaria los bienes o valores que hubiese recibido del causante de la herencia, en vida de éste, por dote, donación u otro título lucrativo, para computarlo en la regulación de las legítimas y en la cuenta de partición"*. Ahora bien, la colación *"no tendrá lugar entre los herederos forzosos si el donante así lo hubiese dispuesto expresamente o si el donatario repudiare la herencia, salvo el caso en que la donación deba reducirse por inoficiosa"* (art. 1036 CC).

La colación es una operación a la que viene obligada el heredero que concurra a la herencia (no afectaría a quien repudia la herencia o al heredero en cosa cierta); además, ha de tratarse de un legitimario, siendo preciso que concurran varios legitimarios (art. 1035 CC); se colacionan las donaciones hechas a uno mismo y no a otros (art. 1039 CC); y, finalmente, sí se colacionan las donaciones hechas al representado (art. 1038 CC).

En puridad, son colacionables cualesquiera liberalidades *inter vivos*, puesto que el artículo 1035 CC se refiere a *"dote, donación u otro título lucrativo"*.

ALBACEA

El albacea en el Código civil es un cargo testamentario personalísimo (o, al menos, *intuitu personae*) cuya función es ejecutar y vigilar la ejecución del testamento, junto con otras, ajenas al testamento, referidas a entierro, sufragios, o la administración del caudal relicto que se encomiende. El albacea actúa frente a los herederos, de modo independiente, gestionando los asuntos que el testador le haya encomendado.

El albaceazgo puede ser único o plural (art. 894 CC), ha de nombrarse en testamento y debe tener, quien acceda al cargo, la capacidad para obligarse (art. 893 CC).

Tras la apertura de la sucesión, corresponderá al albacea aceptar o rechazar el encargo, al ser este un cargo voluntario. Sin embargo, *"se entenderá aceptado por el nombrado para desempeñarlo si no se excusa dentro de los seis días siguientes a aquel en que tenga noticia de su nombramiento, o, si éste le era ya conocido, dentro de los seis días siguientes al en que supo la muerte del testador"* (art. 898 CC).

CONTADOR-PARTIDOR

El contador-partidor es una figura que tiene como función típica y exclusiva la de partir la herencia, tarea que no es propia del albacea, sin perjuicio de que nada impide que también se le otorgue, siendo entonces albacea contador-partidor. Se trata de un cargo personalísimo (pudiendo delegar si así lo ha previsto el testador), voluntario (ha de ser aceptado o rechazado), gratuito (sin perjuicio de que el testador disponga una retribución) y de naturaleza esencialmente temporal.

Existen tres tipos de contadores-partidores: testamentarios (nombrados por el testador), dativos (nombrados por el LAJ o notario en los términos previstos en el artículo 1057.2 CC) o nombrado en el seno de un procedimiento judicial de división de patrimonios (*vid.* arts. 782 y siguientes LEC).

SUCESIÓN LEGAL

La sucesión legal, legítima, intestada o *abintestato* tiene lugar cuando una persona no ha ordenado para después de su fallecimiento el destino de su patrimonio, bien porque no existe testamento (o sucesión contractual), el testador no haya dispuesto de todos sus bienes, cuando el instituido como heredero es incapaz de suceder, el testamento es declarado nulo, o, habiendo sido inicialmente válido, ha perdido luego su eficacia (por ejemplo, por haberse repudiado la herencia) –*vid.* artículo 658.1 y 658.2 CC–. En este sentido, la ley pretende que no quede vacante la herencia del causante.

Se trata de una sucesión que, en el régimen del Código civil español, juega supletoriamente con respecto a la sucesión voluntaria (art. 658 CC), es compatible con esta (art. 658.3 CC), el llamamiento a la herencia se produce en calidad de heredero (con la excepción del cónyuge viudo cuando es llamado exclusivamente por la cuota legal legitimaria), y, finalmente, para la efectividad del llamamiento previsto, se exige declaración formal que acredite el título de heredero (en los términos previstos en la legislación notarial).

> En el ámbito de las regulaciones autonómicas, la sucesión legal también se prevé, por ejemplo, en el artículo 181 LDCG, en el artículo 441 CCCat o en el artículo 516 CDFA (nos remitimos ahora a las previsiones contenidas en tales instrumentos normativos).

REGISTRO GENERAL DE ACTOS DE ÚLTIMA VOLUNTAD

El Registro General de Actos de Última Voluntad es aquel en el que se inscriben los testamentos, con el fin de garantizar el conocimiento de su existencia una vez fallecidas las personas que los hubiesen otorgado o, incluso, en vida por sus propios otorgantes. Desde un punto de vista orgánico, depende de la Dirección General de Seguridad Jurídica y Fe Pública (anteriormente, la Dirección General de los Registros y del Notariado).

DERECHO PROCESAL

Cristina Alonso Salgado
Profesora Ayudante Doctora de Derecho Procesal
Universidade de Santiago de Compostela

Ana Rodríguez Álvarez
Profesora Ayudante Doctora de Derecho Procesal
Universidade de Santiago de Compostela

Almudena Valiño Ces
Investigadora Postdoctoral del Área de Derecho Procesal
Universidade de Santiago de Compostela

DERECHO PROCESAL

El Derecho procesal es el área del Derecho que aborda el estudio de los procesos judiciales y de la organización judicial del Estado.

Así, el Derecho procesal se ocupa de explicar cómo se desarrollan los procesos civiles, penales, laborales y contencioso-administrativos: sus distintas fases y actos, pero también los derechos, deberes y cargas de las diferentes partes que intervienen en ellos. Además, el Derecho procesal regula cuáles son los diversos juzgados y tribunales que existen en nuestro Estado y cuál es su composición y ámbito competencial.

Por otro lado, el Derecho procesal también establece el marco que rige la actuación de las autoridades, funcionarios y demás personal al servicio de la Administración de Justicia (jueces, magistrados, LAJ, fiscales, etc.) y cuáles son las funciones que cada uno de ellos asumen.

CAPÍTULO 10

NOCIONES PROCESALES COMUNES

Cristina Alonso Salgado
Profesora Ayudante Doctora de Derecho Procesal
Universidade de Santiago de Compostela

Ana Rodríguez Álvarez
Profesora Ayudante Doctora de Derecho Procesal
Universidade de Santiago de Compostela

Almudena Valiño Ces
Investigadora Postdoctoral del Área de Derecho Procesal
Universidade de Santiago de Compostela

PROCESO JUDICIAL

El proceso judicial es el mecanismo del que disponen las personas para obtener la tutela de sus derechos e intereses. En palabras de GIMENO SENDRA, el proceso judicial es el instrumento que tiene el Poder Judicial para resolver los conflictos que se planteen ante sus juzgados y tribunales. El proceso consiste en una sucesión de actos –realizados por las partes, el LAJ y el juez y, en ocasiones, también por terceros vinculados al proceso– que van dirigidos a aplicar el Derecho en un supuesto concreto.

A la hora de clasificar los procesos, hay que señalar que existen tantas clases como órdenes jurisdiccionales. En primer lugar, los procesos civiles, que se utilizan para la tutela del llamado Derecho privado, entendido en sentido amplio; en segundo lugar, los procesos penales, para el ejercicio del ius puniendi del Estado; en tercer lugar, los procesos laborales, que se inician para la tutela de los derechos laborales o sociales; y, en último lugar, los procesos contenciosos-administrativos, entablados para la tutela de los intereses y derechos derivados de las actuaciones administrativas. Dentro de cada una de estas clases, existen diversos procesos que cubren los distintos fines que se pretenden alcanzar con este instrumento: procesos declarativos (su finalidad es juzgar); de ejecución (su fin es llevar a cabo lo juzgado); y cautelares (dirigidos a la adopción de medidas cautelares). Otra clasificación es aquella que distingue entre procesos ordinarios, que están pensados para la tutela de la generalidad de los derechos; procesos especiales, los creados para la tutela de ciertos derechos; y procesos sumarios, en los que únicamente se puede debatir un determinado aspecto o parte de la relación jurídica en cuestión.

En ocasiones, se confunde el concepto de proceso con el término procedimiento. Ambos se utilizan indistintamente, pero lo cierto es que no hacen referencia a una misma realidad, toda vez que el concepto de proceso es más complejo que el de procedimiento.

El procedimiento hace alusión a un conjunto de actos (como podrían ser, por ejemplo, los de procedimiento administrativo) que no tienen por qué ser ejercidos por los órganos jurisdiccionales, mientras que en el proceso sí es donde se ejerce la función jurisdiccional. Además, el procedimiento no es exclusivo del ámbito judicial, pues en una gran parte de actuaciones que despliegan consecuencias de índole jurídica, existe uno. Por tanto, todo proceso se vincula a la existencia de un procedimiento, pero no siempre que hay procedimiento existe un proceso.

CAPACIDAD PARA SER PARTE

La capacidad para ser parte es la aptitud para ser titular de los derechos, deberes y cargas que se derivan de un proceso judicial. Constituye el equivalente, dentro del ámbito procesal, de capacidad jurídica a que se refiere el Derecho Civil.

El artículo 6 LEC establece el elenco de sujetos y entidades a los que, en nuestro ordenamiento, se le reconoce tal capacidad.

Así las cosas, tendrán capacidad para ser parte, en primer lugar, todas las personas físicas y jurídicas. Asimismo, este precepto también se la reconoce a otros sujetos y entidades distintos de los anteriores, a saber: el *nasciturus* –concebido no nacido–, para todos los efectos que le sean favorables; las masas patrimoniales o los patrimonios separados que carezcan transitoriamente de titular o cuyo titular haya sido privado de sus facultades de disposición y administración –por ejemplo, la herencia yacente–; las entidades sin personalidad jurídica a las que la ley reconozca capacidad para ser parte –como sería el caso de las comunidades de propietarios–; los grupos de consumidores o usuarios afectados por un hecho dañoso cuando los individuos que lo compongan estén determinados o sean fácilmente determinables –siempre que el grupo se constituya con la mayoría de los afectados–; y las entidades habilitadas conforme a la normativa comunitaria europea para el ejercicio de la acción de cesación en defensa de los intereses colectivos y de los intereses difusos de los consumidores y usuarios.

Además, se reconoce capacidad para ser parte única y exclusivamente como demandada –no como parte actora– a las sociedades irregulares. Esto es, a las entidades que, no habiendo cumplido los requisitos legalmente establecidos para constituirse en personas jurídicas, estén formadas por una pluralidad de elementos personales y patrimoniales puestos al servicio de un fin determinado.

Junto con ello, el artículo 6 LEC reconoce también capacidad para ser parte al Ministerio Fiscal con relación a los procesos en los que, conforme a la Ley, deba intervenir como parte (por ejemplo, en los procesos no dispositivos como serían los matrimoniales). Esta alusión al Ministerio Público en el artículo 6 LEC no se entiende del todo bien, toda vez que, en realidad, estaría haciendo referencia a la legitimación.

Si un acto procesal se realiza careciendo de capacidad para ser parte, será nulo de pleno Derecho. Sin perjuicio de que las partes puedan denunciar su falta, el tribunal, de oficio, podrá apreciar su eventual concurrencia en cualquier momento del proceso (art. 9 LEC).

CAPACIDAD PROCESAL

La capacidad procesal es la aptitud para realizar válidamente actuaciones procesales –en palabras del artículo 7 LEC, para *"comparecer en juicio"*–. Si decíamos que la capacidad para ser parte era el trasunto procesal de la capacidad jurídica del Derecho civil; la capacidad procesal lo es de la capacidad de obrar.

Al igual que acontece en el tráfico jurídico civil, donde no todos los que tienen capacidad jurídica tienen capaz de obrar; en el proceso judicial no siempre quien tiene capacidad para ser parte tendrá capacidad procesal.

De este modo, el ya mencionado artículo 7 LEC dispone que únicamente tendrán capacidad procesal los que estén en el pleno ejercicio de sus derechos civiles. En el caso de que no lo estén (por ejemplo, porque se trate de un menor de edad) deberán comparecer en juicio mediante la representación o con la asistencia, la autorización, la habilitación o el defensor exigidos por la ley (en el ejemplo que poníamos y, como regla general, los menores serán representados por sus progenitores).

Por los *nasciturus* lo harán quienes ostentarían su representación si ya hubiesen nacido.

Si una persona física carece de representante legal que supla su falta de capacidad procesal, el LAJ habrá de nombrarle un defensor judicial. Mientras no se produce su efectivo nombramiento, su representación y defensa será asumida por el Ministerio Fiscal (art. 8 LEC y arts. 27 y siguientes de la LJV).

En el caso de las personas jurídicas, la legislación les reconoce plena capacidad procesal. No obstante, su falta de corporeidad determina que sean personas físicas las que deban comparecer por ellas en el proceso judicial. Más concretamente, deberán hacerlo las personas que el propio precepto determina:

- los representantes legales de las personas jurídicas;
- las personas que, conforme a la ley, administren las masas patrimoniales o los patrimonios separados;
- las personas que en cada supuesto se indique con respecto a las entidades sin personalidad jurídica a las que la Ley reconoce capacidad para ser parte;
- las personas que, de hecho o en virtud de pactos de la entidad, actúen en nombre de los grupos de consumidores o usuarios o de las sociedades irregulares frente a terceros.

Del mismo modo que con la capacidad para ser parte, serán nulos los actos que se realicen careciendo de capacidad procesal. Igualmente, y sin perjuicio de que las partes puedan denunciar su falta, el tribunal, de oficio, podrá apreciar su eventual concurrencia en cualquier momento del proceso (art. 9 LEC).

LEGITIMACIÓN

Para constituirse como parte en un concreto proceso, no basta con tener capacidad para ser parte y capacidad procesal. Además, se ha de ostentar legitimación.

La legitimación es la vinculación que una persona debe tener con un determinado asunto para poder ser parte en un proceso judicial. Por ejemplo, en un pleito civil en el que se discute un incumplimiento contractual, las partes de dicho contrato estarán legitimadas para ser, en su caso, demandante o demandado. Por el contrario, un tercero ajeno al mismo no lo estará –como regla general–.

La legitimación ha sido objeto de diversas clasificaciones. La más importante sería aquella que distingue entre la ordinaria y la extraordinaria:

La ordinaria la tienen quienes comparezcan y actúen en juicio como titulares de la relación jurídica u objeto litigioso (art. 10.I LEC).

La extraordinaria, por su parte, correspondería a todos aquellos a los que la Ley se la reconoce a pesar de no ser titulares de la relación jurídica u objeto litigioso (art. 10.II LEC). Ejemplos de legitimación extraordinaria serían los previstos para el ejercicio de la acción subrogatoria del artículo 1111 CC; la conferida a las asociaciones de consumidores y usuarios *ex* artículo 11 LEC; y la del propio Ministerio Fiscal en determinados procesos civiles.

A diferencia de la capacidad para ser parte y la capacidad procesal, la legitimación no constituye un presupuesto procesal, sino un presupuesto de fondo. Ello implica que, si en el transcurso de un pleito se pone en tela de juicio su eventual existencia, el tribunal habrá de pronunciarse sobre esta cuestión en la sentencia, antes de entrar en el fondo del asunto. Y solo en el caso de que concluya que la legitimación existe, podrá resolver sobre el fondo.

ABSTENCIÓN Y RECUSACIÓN

La abstención y la recusación son instrumentos procesales utilizados para garantizar la imparcialidad de la función jurisdiccional. Ambas figuras se encuentran reguladas en los artículos 217 a 228 LOPJ. Además, aparecen contempladas en los artículos 99 a 128 LEC y en los artículos 52 a 99 LECrim.

En este sentido, véase la STC 157/1993, de 6 de mayo, la cual declaró, entre otras cosas, que tanto la abstención como la recusación son instrumentos que sirven para asegurar la exigencia de imparcialidad del juez, que se deriva del artículo 24.2 CE. El mismo tribunal reitera, posteriormente en su STC 155/2002, de 22 de julio, que la recusación sirve para garantizar no solo la exigencia de imparcialidad del juez, sino también la confianza misma de los individuos en una Justicia objetiva y libre y, por ende, fuera de toda duda de prejuicio.

La abstención implica que, cuando en el titular del órgano judicial que deba conocer un asunto concreto concurra alguna de las causas contempladas en el artículo 219 LOPJ, éste deberá apartarse de tal conocimiento sin esperar a que se le recuse (arts. 217 LOPJ, 100 LEC y 55 LECrim). La abstención y la sustitución del juez o magistrado que se hubiera abstenido han de ser comunicadas a las partes (art. 222 LOPJ). Este deber no solo recae en jueces y magistrados, sino también en fiscales, LAJ, peritos y personal al servicio de la Administración de Justicia.

La abstención del magistrado o juez se comunicará –mediante escrito razonado tan pronto como sea advertida la causa que la motive–, respectivamente, a la Sección o Sala de la que forme parte o al tribunal al que corresponda la competencia funcional para conocer de recursos contra las sentencias, que resolverá en el plazo de diez días. La referida abstención suspenderá el curso del proceso en tanto no se resuelva sobre ella, suspensión que será acordada por el LAJ. Cuando no se estimara justificada la abstención, se ordenará al juez o magistrado que continúe el conocimiento del asunto, poniendo fin el LAJ a la suspensión del proceso. En cambio, cuando se estimara justificada por el tribunal competente, el abstenido dictará auto apartándose definitivamente del asunto y ordenando remitir las actuaciones al que deba sustituirle. Cuando el que se abstenga forme parte de un tribunal colegiado, el auto, que no será susceptible de recurso alguno, lo dictará la Sala o Sección a que pertenezca el que se abstenga (art. 102 LEC).

La abstención referida al personal al servicio de la Administración de Justicia se comunicará por escrito motivado a quien sea competente para dictar la resolución que ponga término al pleito o causa en la respectiva instancia, que decidirá sobre su procedencia: si se estima, el funcionario en quien concurra causa legal será reemplazado en el proceso por quien legalmente deba sustituirle, y si se desestima, continuará actuando en el asunto (art. 104 LEC).

En cuanto a los peritos designados judicialmente, estos deberán abstenerse cuando concurra en ellos alguna de las causas legalmente previstas. En el caso de que la causa exista en el momento de ser designado, el perito no aceptará el cargo y será sustituido en el acto por el perito suplente, si éste hubiere sido designado. En cambio, si la causa es conocida o se produce con carácter posterior a la aceptación del cargo, la abstención se decidirá por quien haya realizado la designación (art. 105 LEC).

Por último, en cuanto a la abstención de los LAJ y de los miembros del Ministerio Fiscal se regirá por las normas previstas en la LOPJ y en su Estatuto Orgánico, respectivamente (arts. 103 y 106 LEC).

A través de la recusación se pretende apartar al titular del órgano judicial del conocimiento de un asunto concreto, cuando concurra en ellos alguna de las causas del artículo 219 LOPJ y, por tanto, existan dudas acerca de su imparcialidad. Al igual que en la abstención, podrán recusarse no sólo a los jueces y magistrados, sino también a fiscales, a LAJ, a peritos y al personal al servicio de la Administración de Justicia.

En los asuntos civiles, sociales y contencioso-administrativos, únicamente estarán legitimados para recusar las partes, pero también podrá hacerlo el Ministerio Fiscal siempre que se trate de un proceso en el que pueda o deba intervenir. En cuanto a los asuntos penales, podrán recusar el Ministerio Fiscal, el acusador popular, particular o privado, el actor civil, el procesado o inculpado, el querellado o denunciado y también el tercero responsable civil (art. 218 LOPJ).

La recusación debe de ser propuesta *"tan pronto como se tenga conocimiento de la causa en que se funde"* y de no hacerse en ese momento, ésta no se admitirá a trámite (arts. 223.1 LOPJ, 107.1 LEC y 56 LECrim). El instructor del incidente deberá solicitar informe del recusado, si éste aceptara como cierta la causa de recusación se resolverá el incidente sin más trámites. En caso contrario, el instructor ordenará la práctica de la prueba que se hubiera solicitado, remitiendo lo actuado al órgano competente para decidir la recusación, quien resolverá lo que proceda por medio de auto. Cuando el auto fuera desestimatorio se devolverán las actuaciones al recusado en el estado en que se hallaren. En cambio, cuando el auto estimara la causa de recusación propuesta, el recusado quedará definitivamente apartado del conocimiento del asunto. En cualquier caso, contra estas resoluciones no cabrá recurso alguno.

MEDIDA CAUTELAR

La tutela cautelar constituye un imprescindible derivado de la propia potestad jurisdiccional. En efecto, comoquiera que la satisfacción de las pretensiones puede no lograrse plenamente a través de los procesos de declaración y ejecución, en ocasiones, para poder juzgar y ejecutar lo juzgado, se hace necesario establecer una suerte de garantías que, justamente, permitan viabilizar de manera real y efectiva la eventual resolución derivada de la actividad jurisdiccional. Aun cuando parezca un lugar común, la señalada actividad requiere, sin duda, tiempo. Y ello puede comportar no pocos problemas, toda vez que, ese *impasse* es susceptible de comprometer, *per se*, la eficacia del propio proceso.

Así pues, para sortear estas eventualidades, y asegurar la eficacia de la potestad jurisdiccional en los términos previstos en el artículo 117.3 CE, a la vista de las circunstancias puede resultar necesario adoptar las denominadas medidas cautelares, a saber: actuaciones procesales diseñadas para impedir que el transcurso del tiempo o que la propia voluntad de un individuo pueda malograr la eficacia del proceso. En buena lógica, el derecho a la tutela cautelar permite solicitar al órgano jurisdiccional que se acuerden las medidas precisas para, en atención a las especificidades del supuesto, garantizar la efectividad de la resolución con la que finalice el proceso.

Como las medidas cautelares friccionan –en mayor o menor medida– con los derechos de quien se ve sometido a ellas, su adopción se condiciona a la convergencia de tres presupuestos: en primer lugar, el *periculum in mora*; en segundo lugar, el *fumus boni iuris*; y, por último, la resolución judicial. El *periculum in mora* es el presupuesto básico para la señalada adopción. Alude al riesgo de ineficacia derivado de la demora procesal en la obtención de una resolución judicial firme. El *fumus boni iuris* hace referencia a la existencia de elementos que, siquiera indiciariamente, permiten apreciar una apariencia de buen derecho. Por último, resulta imprescindible que, salvo en el caso de la detención, la adopción se acuerde a través de resolución judicial motivada por parte del órgano jurisdiccional competente.

Con base en este último extremo, es posible colegir una de las principales características de las medidas cautelares, esto es, la relativa a su jurisdiccionalidad. Asimismo, en segundo lugar, comoquiera que friccionan con derechos merecedores de tutela, su adopción debe ser excepcional y proporcionada, y su duración provisional. Es decir, únicamente pueden mantenerse en tanto subsistan las causas que justificaron su adopción, y siempre dentro de unos límites temporales máximos que, en función de la medida, establece la legislación. Por último, son las medidas cautelares instrumentales en relación con un proceso principal, toda vez que se acuerdan en su propia garantía.

Para finalizar, cabe diferenciar dos tipos de medidas cautelares en función del régimen de afectación que padece quien se ve sometido a ellas: por un lado, las de naturaleza patrimonial, que afectan a sus bienes; y, por el otro, las de carácter personal, que hacen lo propio con respecto al ejercicio de sus derechos y libertades individuales.

REBELDÍA

Situación procesal en la que se encuentra la parte contra la que se dirige un proceso judicial –como sería el demandado en el proceso civil o el acusado en el proceso penal– cuando no comparece en el mismo, voluntaria o involuntariamente.

En el ámbito del proceso civil, el LAJ declarará en rebeldía al demandado cuando no comparezca en el proceso dentro del plazo establecido para la contestación a la demanda. Dicha declaración tendrá lugar con independencia de que la falta de comparecencia sea o no voluntaria. Con todo, la rebeldía no será considerada como allanamiento ni como admisión de los hechos de la demanda, salvo los casos en que la ley expresamente disponga lo contrario (art. 496 LEC).

> Con posterioridad a la declaración de rebeldía y cualquiera que sea el estado en el que se encuentre el proceso judicial el demandado rebelde podrá comparecer y realizar actuaciones en él. No obstante, en ningún caso se retrotraerá la tramitación ni podrá realizar actos procesales ya precluidos (art. 499 LEC).

En lo que al proceso penal respecta, el procesado será declarado rebelde cuando no comparezca en el término fijado en las requisitorias o no fuese localizado y presentado ante el juez o tribunal que esté conociendo de la causa (art. 834 LECrim). Los efectos de la declaración de rebeldía dependerán de la fase en la que el proceso se encuentre.

Si nos hallamos en la fase de instrucción, la investigación continuará hasta que ésta se finalice. A continuación, se suspenderá el curso del proceso y se archivarán los autos (art. 840 LECrim).

Por su parte, si la declaración de rebeldía se produjera en fase de juicio oral, se procederá directamente a decretar la suspensión y a archivar los autos (art. 841 LECrim). Y ello porque, a diferencia de lo que sucede en el orden civil, la regla general en materia penal es que no cabe la celebración del juicio oral en ausencia de la persona acusada, en vista de la importancia de los derechos en liza en este tipo de procesos.

Recalcamos que se trata de la regla general porque la propia LECrim prevé excepciones a la misma. Véase en este sentido lo dispuesto en los artículos 786.1 y 971 LECrim en sede de juicio abreviado y de proceso por delitos leves, respectivamente.

Si con posterioridad el declarado rebelde se presenta o es localizado, el tribunal reabrirá la causa y continuará con su tramitación (art. 846 LECrim).

TESTIGO

Las partes pueden solicitar que declaren como testigos las personas que tengan conocimiento de hechos controvertidos que estén relacionados con el objeto del juicio (art. 360 LEC). Por tal motivo, el testigo puede ser cualquier persona que sea diferente de las partes y que sea mayor de catorce años, salvo que se halle permanentemente privada de razón o del uso de sentidos para declarar respecto de hechos sobre los que únicamente quepa tener conocimiento por dichos sentidos. En caso de que esa persona fuese menor de esta edad, podrá declarar como testigo si el tribunal considera que posee el discernimiento necesario para conocer y para declarar verazmente (art. 361 LEC).

Por el contrario, la LECrim (art. 410) no establece un límite de edad, en tanto se refiere a que *"Todos los que residan en territorio español, nacionales o extranjeros, que no estén impedidos, tendrán obligación de concurrir al llamamiento judicial para declarar cuanto supieren sobre lo que les fuere preguntado si para ello se les cita con las formalidades prescritas en la Ley"*, salvo las excepciones contempladas en sus artículos 411 y siguientes.

El testigo que haya sido citado tiene el deber de comparecer en el juicio o vista que finalmente se hubiese señalado, de modo que, si no lo hiciese, se le sancionará por el tribunal, previa audiencia por cinco días, con multa de ciento ochenta a seiscientos euros (art. 292 LEC).

La figura del testigo se encuentra regulada en los artículos 360 a 381 LEC y 410 a 450 LECrim.

RECURSO

El recurso es el medio del que disponen las partes para impugnar las resoluciones de los tribunales y de los LAJ que les afecten desfavorablemente (art. 448.1 LEC). Por tanto, cuando en el marco de un proceso, a una de las partes le resulta perjudicial una resolución o no se ajusta a las normas de procedimiento, puede interponer un recurso y pretender un nuevo examen de las cuestiones fácticas o jurídicas resueltas en la misma para que sea modificada o sustituida por otra que le favorezca, o sea anulada, antes de que tal decisión se convierta en firme. Con todo, la persona que recurra podrá desistir del recurso interpuesto antes de que sobre él recaiga resolución (art. 450.1 LEC).

Además del litigante perjudicado por la resolución que pretende impugnar –recurrente–, en todo recurso diferenciamos, por un lado, el juez o tribunal que ha dictado la resolución que se va a recurrir –juez o tribunal *a quo*– y, por el otro, el juez o tribunal que va a conocer del recurso y que dictará una nueva resolución –juez o tribunal *ad quem*–.

Los recursos se pueden clasificar atendiendo, fundamentalmente, a dos criterios: a) El órgano competente para conocer del recurso: el segundo examen que implica la impugnación se dirige al mismo órgano jurisdiccional que dictó la resolución que se impugna (recurso no devolutivo) o a otro distinto y superior (recurso devolutivo); b) El ámbito del recurso. En este caso se distinguen dos tipos: por un lado, los ordinarios, cuando para impugnar no es necesario especificar la causa o motivo del recurso, siendo suficiente alegar el perjuicio de la resolución recurrida. A este respecto, la Ley no establece una lista cerrada de motivos que condicionan su admisión y, por ende, tampoco la limitación de los poderes del tribunal superior; y, por el otro, los extraordinarios, cuando es preciso especificar en el momento del recurso el motivo o motivos concretos que dan lugar al mismo, los cuales han de estar admitidos por la Ley. Por tanto, la alegación del motivo o de los motivos por la parte recurrente constituye un requisito de admisión y, además, sirve para delimitar el marco de los poderes del tribunal superior.

RECURSO DE APELACIÓN

El recurso de apelación, en materia civil, es un recurso ordinario que se interpone con la finalidad de que el tribunal superior al que dictó la resolución recurrida la revoque y, en su lugar, dicte otra favorable al recurrente, mediante un nuevo examen de las actuaciones llevadas a cabo ante aquel tribunal y conforme a la prueba que se practique ante el tribunal de apelación (art. 456.1 LEC).

De acuerdo con el artículo 455.1 LEC, son apelables las sentencias dictadas en toda clase de juicio, los autos definitivos y aquéllos otros que la Ley expresamente señale, salvo las sentencias que se dicten en los juicios verbales por razón de la cuantía cuando ésta no exceda de 3.000 euros.

El recurso de apelación se encuentra regulado en los artículos 455 a 467 LEC. Asimismo, en materia penal, este recurso se encuentra regulado en los artículos 846 *bis* a) a 846 *ter* LECrim.

RECURSO DE CASACIÓN

El recurso de casación, en materia civil, es un recurso extraordinario que se basa, como motivo único, en la infracción de normas aplicables para resolver las cuestiones objeto del proceso (art. 477.1 LEC). Se podrán recurrir en casación las sentencias dictadas en segunda instancia por las Audiencias Provinciales, en los siguientes casos: a) Cuando se dictaran para la tutela judicial civil de derechos fundamentales, excepto los que reconoce el artículo 24 de la Constitución; b) Siempre que la cuantía del proceso excediere de 600.000 euros; c) Cuando la cuantía del proceso no excediere de 600.000 euros o este se haya tramitado por razón de la materia, siempre que, en ambos casos, la resolución del recurso presente interés casacional.

De acuerdo con el artículo 477.3 LEC, un recurso presenta interés casacional *"cuando la sentencia recurrida se oponga a doctrina jurisprudencial del Tribunal Supremo o resuelva puntos y cuestiones sobre los que exista jurisprudencia contradictoria de las Audiencias Provinciales o aplique normas que no lleven más de cinco años en vigor, siempre que, en este último caso, no existiese doctrina jurisprudencial del Tribunal Supremo relativa a normas anteriores de igual o similar contenido.*

Cuando se trate de recursos de casación de los que deba conocer un Tribunal Superior de Justicia, se entenderá que también existe interés casacional cuando la sentencia recurrida se oponga a doctrina jurisprudencial o no exista dicha doctrina del Tribunal Superior sobre normas de Derecho especial de la Comunidad Autónoma correspondiente".

El conocimiento del recurso de casación, en materia civil, corresponde a la Sala Primera del Tribunal Supremo. Ello no obstante, corresponderá a las Salas de lo Civil y Penal de los Tribunales Superiores de Justicia conocer de los recursos de casación que procedan contra las resoluciones de los tribunales civiles con sede en la Comunidad Autónoma, siempre que el recurso se funde, exclusivamente o junto a otros motivos, en infracción de las normas del Derecho civil, foral o especial propio de la Comunidad, y cuando el correspondiente Estatuto de Autonomía haya previsto esta atribución (art. 478.1 LEC).

El recurso de casación se encuentra regulado en los artículos 477 a 489 y en la Disposición final 16ª LEC. Asimismo, en materia penal, este recurso se encuentra regulado en los artículos 847 a 906 LECrim.

RECURSO DE QUEJA

El recurso de queja, en materia civil, es ordinario e instrumental, en la medida en que se interpone contra las resoluciones que deniegan la tramitación de un recurso, a fin de que no se vea indebidamente frustrado el derecho a la impugnación. Así, cabe contra los autos en los que el tribunal que haya dictado la resolución hubiera denegado la tramitación de un recurso de apelación, extraordinario por infracción procesal o de casación. Se entabla ante el órgano al que corresponda resolver del recurso no tramitado y su tramitación y resolución tendrán carácter preferente. Con el recurso deberá acompañarse copia de la resolución recurrida.

El recurso de queja se encuentra regulado en los artículos 494 y 495 LEC. Por lo que se refiere al ámbito penal, este recurso viene regulado en los artículos 218, 233 a 235 y 862 a 871 LECrim.

COSA JUZGADA

La cosa juzgada representa el efecto más importante de un proceso, el cual alcanza, a su vez, a otro posterior. Lo resuelto con fuerza de cosa juzgada en la sentencia firme que haya puesto fin a un proceso vinculará al tribunal de un proceso posterior cuando en éste aparezca como antecedente lógico de lo que sea su objeto, siempre que las partes de ambos procesos sean las mismas (art. 222.4 LEC).

Se distingue entre la cosa juzgada formal y la material. Por un lado, la cosa juzgada formal se refiere a la imposibilidad de recurrir una resolución judicial cuando ha transcurrido el plazo legalmente fijado para ello. Su efecto característico es la firmeza, la cual no se predica sólo de las sentencias, sino también de cualquier otra resolución judicial, sea cual sea su forma. Este efecto se contiene en el artículo 207 LEC y es en su apartado 4 donde se dispone que *"Transcurridos los plazos previstos para recurrir una resolución sin haberla impugnado, quedará firme y pasada en autoridad de cosa juzgada, debiendo el tribunal del proceso en que recaiga estar en todo caso a lo dispuesto en ella"*. Y, por el otro, la cosa juzgada material –conocida como cosa juzgada *stricto sensu*– alude al efecto procesal que producen exclusivamente las sentencias firmes, aunque no todas, lo cual determina su invariabilidad y permanencia en el tiempo, esto es, con este efecto se consigue que las decisiones de los jueces no puedan ser atacadas ni contradichas en posteriores decisiones de órganos judiciales. En consecuencia, solo las sentencias que son firmes producen la eficacia de cosa juzgada. A este respecto, es claro el artículo 222.1 LEC: *"La cosa juzgada de las sentencias firmes, sean estimatorias o desestimatorias, excluirá, conforme a la ley, un ulterior proceso cuyo objeto sea idéntico al del proceso en que aquélla se produjo"*.

CONCILIACIÓN

La conciliación es un mecanismo autocompositivo de resolución de conflictos, en virtud del cual las partes, con base en la autonomía de la voluntad y siempre que se trate de una materia disponible, pueden evitar el comienzo de un proceso judicial o poner fin al ya iniciado.

En la conciliación la solución de un conflicto se llevará a cabo mediante un acuerdo de las partes alcanzado ante un tercero a través de una dejación, total o parcial, de sus posiciones iniciales. Aun cuando el conciliador no decide nunca –no impone decisión alguna–, existe la posibilidad de que éste haga sugerencias con relación a las propuestas que cada parte manifieste para la consideración de la otra, pudiendo ofrecer, incluso, diversas posibilidades de solución.

En España, en el orden laboral, la conciliación se contempla como preceptiva, como un trámite necesario antes del proceso, aun cuando la LJS prevé algunas excepciones. Sin embargo, en el orden civil, la conciliación es un acto facultativo y puede tener lugar antes del inicio de un proceso judicial o una vez que el pleito ya ha comenzado. A la vista de tal posibilidad, esta figura puede ser procesal (algunos autores la denominan intrajudicial) y a su vez: preprocesal o intraprocesal. En el primer caso, se encuentra regulada en la LJV. Concretamente, en su Título IX –De la conciliación–, en los artículos 139 a 148, y se atribuye la competencia al LAJ del Juzgado de Primera Instancia o del Juzgado de lo Mercantil y, en su caso, al Juez de Paz. Y en el segundo caso, la regulación se encuentra en los artículos 415 y 428.2 LEC para el juicio ordinario y 443 para el juicio verbal, cuya competencia corresponde al juez de primera instancia. De igual modo, la conciliación puede ser extrajudicial, cuyo fin es evitar la incoación de un futuro proceso a través de la obtención de un acuerdo entre los sujetos enfrentados. En este caso, este método se puede celebrar ante notario –artículos 81 a 83 de la Ley de 28 de mayo 1862, Orgánica del Notariado– o ante registrador –artículo 103 *bis* LH–.

MEDIACIÓN

La mediación es un método autocompositivo de resolución de conflictos, que busca, a través de la participación de un tercero neutral e imparcial, que las partes implicadas alcancen voluntariamente un acuerdo que ponga fin a la controversia.

La delimitación conceptual del procedimiento mediador permite colegir sus notas principales. En primer lugar, se trata de un mecanismo absolutamente voluntario. Las partes son libres no sólo a la hora de decidir si participan o a la de adoptar un acuerdo, sino también durante el desarrollo de todo el procedimiento. En segundo lugar, su formulación debe ser situada en la lógica de la pacificación de conflictos, toda vez que se articula sobre la idea del consenso, de un pacto logrado y asumido por las partes. En buena lógica, en tercer lugar, la intervención del sujeto ajeno a la controversia se orienta, únicamente, en el sentido de aproximarlas para potenciar la comunicación y facilitar un diálogo que sirva para gestionar el problema y, en su caso, ponerle solución. La persona mediadora no formula propuestas de resolución, pues ello podría comprometer el delicado equilibrio entre la intervención, la neutralidad y la imparcialidad, que es el fundamento último de la confianza de las partes. Asimismo, en cuarto lugar, es importante para lograr un clima de confianza que posibilite el diálogo, que tanto las partes y el mediador, como los restantes participantes guarden confidencialidad respecto a la información volcada en el procedimiento. De igual modo, en quinto lugar, la mediación es un método, en esencia, flexible. Es precisamente esta característica una de sus más significativas virtualidades, toda vez que permite que se adapte a las necesidades del contexto, especificidades del conflicto, a las particularidades de las partes, etc. Por último, ni qué decir tiene que no cabe comunicación efectiva que se precie, sin igualdad entre las partes. Sólo así será posible realizar manifestaciones libres en orden a alcanzar un consenso que sirva para gestionar y, en su caso, poner fin a la controversia.

Precisados los umbrales de la concepción de mediación que aquí se defiende, corresponde, por último, examinar los diversos tipos de mediación. Cabe a este respecto diferenciar, entre tantas posibles, dos clasificaciones más que relevantes: una primera por razón de la materia (penal, civil, mercantil, etc.); y, una segunda, con base en su relación con el proceso judicial, esto es, intrajudicial –en el seno de un proceso judicial– o extrajudicial –al margen del proceso judicial–. Las clasificaciones son sistematizaciones y, en tal condición, en la mayoría de los casos permiten hibridaciones, de modo tal que, en el caso que nos ocupa cabría diferenciar igualmente: mediación penal intrajudicial, mediación civil extrajudicial, etc.

CAPÍTULO 11

ORGANIZACIÓN JUDICIAL Y PROCESO

Cristina Alonso Salgado
Profesora Ayudante Doctora de Derecho Procesal
Universidade de Santiago de Compostela

Ana Rodríguez Álvarez
Profesora Ayudante Doctora de Derecho Procesal
Universidade de Santiago de Compostela

Almudena Valiño Ces
Investigadora Postdoctoral del Área de Derecho Procesal
Universidade de Santiago de Compostela

JURISDICCIÓN

El conflicto es inherente a la vida en sociedad. Siendo esto así, el Derecho surge para regular la convivencia social. Pretéritos los tiempos protagonizados por la autotutela, la respuesta a la conflictividad en los modernos Estados de Derecho como el nuestro, pasa por atribuir al Poder público el monopolio del uso de la fuerza. Y es que, comoquiera que la posibilidad de tomar la Justicia por su propia mano, está vedada para los ciudadanos, se hace preciso que el Derecho proporcione una solución jurídica que vincule a las partes enfrentadas.

Quiere ello decir que la jurisdicción se articula sobre la idea de un tercero ajeno a la controversia, de carácter público, que impone a las partes una solución a la disputa jurídica en cuestión.

Así pues, cuando hablamos de Jurisdicción, no estamos haciendo referencia sino a la potestad de decir Derecho (*ius dicere*), esto es, a la potestad jurisdiccional que define el artículo 117.3 CE. Con arreglo a esta disposición, el ejercicio de la referida potestad –que corresponde en exclusiva a los órganos jurisdiccionales determinados legalmente– consiste en juzgar y hacer ejecutar lo juzgado en todo tipo de procesos.

Por último, debe notarse que la base de la organización y funcionamiento de los tribunales es el principio de unidad jurisdiccional, toda vez que la existencia de la denominada *"jurisdicción militar"* está expresamente prevista en nuestra Carta Magna (art. 117.5 CE).

PODER JUDICIAL

El judicial es uno de los tres poderes del Estado que emanan de la soberanía nacional. Los Estados democráticos de Derecho se fundamentan, entre otras cuestiones, en el postulado de la división de poderes, en orden a garantizar el imperio de la Ley como expresión de la voluntad popular.

La Justicia española emana del Pueblo y se administra en nombre del Rey por los jueces y magistrados integrantes del Poder Judicial que, en tal condición, son independientes, inamovibles, responsables y sometidos únicamente al imperio de la Ley. Justamente por ello, sólo podrán ser separados, suspendidos, trasladados o jubilados, por alguna de las causas y con las garantías previstas en la ley. Y es que, en efecto, el ejercicio de la potestad jurisdiccional en todo tipo de procesos, juzgando y haciendo ejecutar lo juzgado, corresponde exclusivamente a los juzgados y tribunales establecidos por las leyes –con arreglo a las normas de competencia y procedimiento que las mismas determinen–, que no podrán ejercer más funciones que ésas y las que explícitamente les sean atribuidas por ley en garantía de cualquier derecho.

El artículo 117 de nuestra Carta Magna, al tiempo que prohíbe los Tribunales de excepción, dispone explícitamente que la organización y funcionamiento de los órganos jurisdiccionales se fundamenta sobre el principio de unidad jurisdiccional. El texto constitucional únicamente admite la excepción de la *jurisdicción militar*, circunscribiendo su ámbito al estrictamente castrense y a los supuestos de estado de sitio.

De cuanto se viene de señalar, cabe inferir una serie de consideraciones de interés. En primer lugar, ni qué decir tiene que la configuración contemporánea del Poder Judicial como tal tiene su origen en el Título VI de la actual Constitución. No es posible encontrar sus notas definidoras en nuestro pasado más reciente.

> Durante la dictadura franquista, en un escenario en el que los poderes se encontraban concentrados bajo una única voz, la Justicia era una función que se administraba de conformidad con la *"legalidad"* del régimen.

En segundo lugar, justamente en orden a evitar interferencias ilegítimas entre los diversos Poderes del Estado, el Constituyente de 1978 diseñó un Poder Judicial independiente dotado de una organización y un autogobierno propios. En tercer lugar, de la lectura combinada del derecho al juez ordinario predeterminado por la ley (art. 24.2 CE), junto con la referida prohibición de los Tribunales de excepción, se infiere otra de las ideas-fuerza del actual Poder Judicial, esto es, el principio del juez legal. En cuarto lugar, el principio de unidad jurisdiccional no se ve afectado por la existencia de la *jurisdicción militar*, toda vez que es la misma Constitución que establece aquel, la que, a renglón seguido, prevé la consabida excepción.

Por último, más allá de lo ya apuntado, no forman parte del Poder Judicial los Tribunales supranacionales (Tribunal de Justicia de la Unión Europea, Tribunal Europeo de Derechos Humanos y Corte Penal Internacional), el Tribunal Constitucional (resuelve las controversias surgidas entre los diferentes poderes que están sometidos a sus decisiones), el Tribunal de Cuentas, ni tampoco los Tribunales consuetudinarios y tradicionales (Tribunal de las Aguas de la Vega de Valencia y Consejo de Hombres Buenos de Murcia).

INDEPENDENCIA JUDICIAL

Junto con la inamovilidad, la responsabilidad y la sumisión al imperio de la Ley, la independencia constituye una de las garantías básicas con las que la Constitución caracteriza la labor de jueces y magistrados, a fin de lograr una recta Administración de Justicia (arts. 117.1 CE y 1 LOPJ).

La independencia implica, por un lado, que los jueces y magistrados no han de tener ningún tipo de interés personal en el proceso que deban resolver: se trata de la llamada imparcialidad. Si concurriera alguna de las causas cuya existencia pudiera afectar a la imparcialidad del juzgador, éste deberá abstenerse, sin esperar a que las partes lo recusen (arts. 217 y 219 LOPJ).

Junto con ello, la independencia también significa que deben actuar con libertad de criterio y sometidos únicamente al ordenamiento jurídico, sin que puedan recibir órdenes o presiones por parte de los órganos de gobierno del Poder Judicial, de otros juzgados y tribunales –aunque se trate de los órganos superiores llamados a resolver sus recursos– o de los restantes poderes del Estado (*vid.* art. 12 LOPJ).

Así las cosas, tal y como reza el artículo 13 LOPJ: *"Todos están obligados a respetar la independencia de los Jueces y Magistrados"*.

Si un juez o magistrado se considera inquietado o perturbado en su independencia, deberá ponerlo en conocimiento del CGPJ. Igualmente, deberá dar cuenta al órgano jurisdiccional competente para tramitar el procedimiento que corresponda. Todo ello sin perjuicio de que practiquen por sí mismos las diligencias estrictamente indispensables para asegurar la acción de la justicia y restaurar el orden jurídico. Por su parte, el Ministerio Fiscal, *motu proprio* o a petición de los jueces y magistrados promoverá las acciones pertinentes en defensa de la independencia judicial (art. 14 LOPJ).

CONSEJO GENERAL DEL PODER JUDICIAL

El CGPJ es el órgano de gobierno del referido Poder. De manera coloquial podría decirse que el gobierno del Poder Judicial corresponde al CGPJ, que ejerce sus competencias en todo el territorio del Estado, de conformidad con el ordenamiento jurídico vigente. Con su expresa previsión en el articulado de nuestra Carta Magna, el constituyente pretendió el establecimiento de un régimen de autogobierno que sirviera para blindar la independencia del Poder Judicial.

En la estructura jerárquica de gobierno se ubican, con subordinación al Consejo, las Salas de Gobierno del Tribunal Supremo, de la Audiencia Nacional y de los Tribunales Superiores de Justicia, que ejercerán las funciones que la LOPJ les atribuye, sin perjuicio de las que competen a los Presidentes de los señalados Tribunales y a los titulares de los demás órganos jurisdiccionales (art. 104 LOPJ).

El CGPJ está compuesto por el Presidente del Tribunal Supremo –que lo presidirá–, y por veinte miembros designados por las Cortes Generales por mayoría de tres quintos (diez por cada Cámara) y nombrados por el Rey por un período de cinco años. Doce de estos veinte miembros deben ser jueces y magistrados de cualquier categoría judicial (seis por cada Cámara). Los ocho restantes deben ser juristas de reconocida competencia que cuenten con más de quince años de ejercicio en su profesión (cuatro por cada Cámara).

El artículo 122 CE establece un ámbito mínimo que debe ser regulado –y ha sido regulado– a través de Ley Orgánica, a saber: estatuto y régimen de incompatibilidades de sus miembros y sus funciones, específicamente en materia de nombramientos, ascensos, inspección y régimen disciplinario. Y ello con el claro cometido de alejar al Poder Ejecutivo de decisiones que, por su propia naturaleza, resultan susceptibles de poder socavar la independencia de nuestros juzgados y tribunales en el ejercicio de la función jurisdiccional.

Más allá de las funciones asignadas a la Presidencia, el Consejo ejerce sus atribuciones en Pleno o mediante la Comisión permanente, la de igualdad, la disciplinaria, y la de asuntos económicos.

JUECES Y MAGISTRADOS

Los jueces y magistrados son las autoridades estatales encargadas de ejercer la potestad jurisdiccional, la cual consiste en juzgar y hacer ejecutar lo juzgado. Junto con esta labor primordial, jueces y magistrados también asumen aquellas otras funciones que la legislación les encomiende (por ejemplo, la investigación penal).

Jueces y magistrados constituyen sendas categorías dentro de la carrera judicial, situándose la de magistrado por encima de la de juez (por encima de ambas, aún estaría la de magistrado del Tribunal Supremo). Por su parte, los jueces ejercen su labor en los órganos judiciales unipersonales –los juzgados–; mientras que los magistrados suelen hacerlo, aunque no siempre, en los órganos judiciales colegiados –los tribunales–.

Con independencia del escalafón, a todos ellos alcanzan las garantías constitucionales previstas en el artículo 117.1 CE: independencia, inamovilidad, responsabilidad y sumisión al imperio de la Ley.

La LOPJ, siguiendo el mandato contenido en el 122.1 CE, regula el estatuto jurídico de los jueces y magistrados de carrera. Véanse a este respecto los artículos 298 y siguientes LOPJ.

Para ser juez de carrera, es preciso superar una oposición. A la categoría de magistrado se accede, normalmente, ascendiendo desde la de juez. No obstante, la Ley prevé que, bajo determinadas condiciones, juristas de reconocida competencia puedan ingresar directamente a esta categoría de la carrera judicial: se trata del popularmente denominado *"cuarto turno"*.

JUZGADOS Y TRIBUNALES

Tanto los juzgados como los tribunales son órganos judiciales –también llamados órganos jurisdiccionales–. Todos ellos poseen jurisdicción, esto es, todos pueden juzgar y ejecutar lo juzgado. Sin embargo, difieren en cuanto a su competencia, es decir, en lo que respecta al tipo de asuntos en que pueden ejercer tal jurisdicción.

Los juzgados son órganos unipersonales, servidos por un único juez. A diferencia de éstos, los tribunales se integran por varios magistrados, quienes actuarán de manera colegiada y adoptarán las decisiones por mayoría.

El artículo 26 LOPJ enumera los distintos tipos de órganos jurisdiccionales existentes en España. A ellos se sumarán los órganos especializados que hayan sido creados al amparo de lo dispuesto en el artículo 98 LOPJ (por ejemplo, los Juzgados de Familia).

Por su parte, la planta de los juzgados y tribunales se regula en la Ley 38/1988, de 28 de diciembre, de demarcación y de planta judicial. Esta norma debe ser revisada, al menos, cada cinco años, a fin de adaptarla a las necesidades existentes en cada momento.

Desde el punto de vista jerárquico, los tribunales se sitúan por encima de los juzgados y, en muchas ocasiones, su función pasa por resolver los recursos que se presentan contra las decisiones de los juzgados. No obstante, el término *"tribunal"* se emplea con frecuencia como sinónimo de órgano judicial.

TRIBUNAL SUPREMO

El Tribunal Supremo es un órgano jurisdiccional de ámbito estatal y con sede en Madrid que constituye el tribunal superior en materia civil, penal, social y contencioso-administrativa (*vid.* arts. 123 CE y 53 LOPJ). Asimismo, el Tribunal Supremo tiene también competencia en determinados asuntos concernientes a la *jurisdicción militar*.

Con unos orígenes que se remontan a la Constitución de Cádiz de 1812, el Alto Tribunal está integrado en la actualidad por su Presidente, por los Presidentes de Sala y por los magistrados que se integren en cada una de las Salas, cuyo número vendrá determinado por Ley (art. 54 LOPJ).

A su vez, está compuesto por las siguientes Salas: Primera o de lo Civil, Segunda o de lo Penal, Tercera o de lo Contencioso-Administrativo, Cuarta o de lo Social y Quinta o de lo Militar (art. 55 LOPJ).

Junto con ello, el artículo 61 LOPJ prevé la denominada por la doctrina como Sala especial o, directamente, Sala del artículo 61 LOPJ. Formarán parte de ella el Presidente del Tribunal, los Presidentes de Sala y el magistrado más antiguo y el más moderno de cada una de ellas, quienes conocerán de los procesos de declaración de ilegalidad y consecuente disolución de los partidos políticos; de las pretensiones de declaración de error judicial cuando éste se impute a una Sala del Tribunal Supremo; o la instrucción y enjuiciamiento de las causas contra los Presidentes de Sala o contra los magistrados de una Sala, cuando sean Juzgados todos o la mayor parte de los que la constituyen, entre otros asuntos.

En materia civil, destaca el conocimiento de los recursos extraordinarios contra sentencias (los recursos de casación y extraordinario por infracción procesal); de la revisión de sentencias firmes; y de las demandas de responsabilidad civil por hechos realizados en el ejercicio de su cargo dirigidas contra las autoridades y cargos públicos a que se refiere el artículo 56 LOPJ.

La alusión a las demandas de responsabilidad civil dirigidas contra determinados magistrados por hechos realizados en el ejercicio de sus cargos debe entenderse superada, toda vez que la Ley Orgánica 7/2015, de 21 de julio, de reforma de la LOPJ, eliminó la responsabilidad civil directa de los jueces y magistrados.

En los asuntos penales, el Tribunal Supremo tendrá competencia para conocer de los recursos de casación y de la revisión de sentencias firmes. Asimismo, destaca entre las competencias que le atribuye el artículo 57 LOPJ, la instrucción y enjuiciamiento de las causas dirigidas contra las autoridades y cargos públicos a que se refiere dicho precepto.

Asimismo, el artículo 55 *bis* LOPJ dispone que las Salas de lo Civil y de lo Penal del Tribunal Supremo conocerán, respectivamente, de las acciones civiles y penales dirigidas contra la Reina consorte o el consorte de la Reina, la Princesa o Príncipe de Asturias y su consorte, así como contra el Rey o Reina que hubiere abdicado y su consorte.

En los órdenes contencioso-administrativo y social, la competencia primordial de las Salas pasa por resolver los recursos de casación y la revisión de sentencias firmes. En lo que a la Sala Tercera atañe, destaca también el conocimiento de los recursos contencioso-administrativos contra actos y disposiciones del Consejo de Ministros, del CGPJ y de los órganos competentes del Congreso de los Diputados y del Senado, entre otros (arts. 58 y 59 LOPJ).

Finalmente, en virtud del artículo 23 de la Ley Orgánica 4/1987, de 15 de julio, de la competencia y organización de la *jurisdicción militar*, la Sala Quinta conocerá, por ejemplo, de los recursos de casación y de la revisión que establezca la ley contra las resoluciones del Tribunal Militar Central y de los Tribunales Militares Territoriales; de la instrucción y enjuiciamiento en única instancia de los procedimientos por delitos y delitos leves que sean competencia de la *jurisdicción militar* y que hayan sido cometidos por los militares y cargos del rango y categoría a que se refiere el precepto; y de los recursos contra determinadas sanciones impuestas por vía disciplinaria.

AUDIENCIA NACIONAL

La Audiencia Nacional es un órgano jurisdiccional con sede en Madrid que conoce de asuntos en materia penal, social y contencioso-administrativa. Su competencia se extiende a todo el territorio español.

Creada en 1977 (al amparo del Real Decreto-ley 1/1977, de 4 de enero, hoy derogado), la Audiencia Nacional está compuesta por las siguientes Salas: de Apelación, de lo Penal, de lo Contencioso-Administrativo y de lo Social (art. 64 LOPJ).

En este órgano jurisdiccional servirán el Presidente del Tribunal, los Presidentes de cada una de las Salas y los magistrados que se integren en cada una de las Salas, cuyo número vendrá determinado por Ley (art. 63 LOPJ).

La Audiencia Nacional es popularmente conocida por sus funciones en materia penal. En este sentido, su Sala de lo Penal se ocupa principalmente de juzgar en primera instancia algunos de los delitos más graves, tales como el terrorismo, el tráfico de drogas a gran escala o los delitos contra el titular de la Corona, entre otros.

Sobre la competencia de la Audiencia Nacional en materia de terrorismo, véase la STC 199/1987, de 16 de diciembre.

De la investigación de las causas que se enjuician en la Sala de lo Penal de la Audiencia Nacional se ocupan los Juzgados Centrales de Instrucción. Por su parte, la encargada de resolver los recursos de apelación que se presenten contra las decisiones de la Sala de lo Penal será la denominada Sala de Apelaciones de la propia Audiencia.

Por otro lado, el artículo 65 LOPJ atribuye a esta Sala de lo Penal otras competencias como, por ejemplo, el conocimiento de recursos establecidos contra las sentencias y otras resoluciones de los Juzgados Centrales de lo Penal, de los Juzgados Centrales de Instrucción y del Juzgado Central de Menores.

Como apuntábamos, la Audiencia Nacional también tiene competencia tanto en materias del orden contencioso-administrativo como del social. Sin ánimo de exhaustividad, su Sala de lo contencioso-administrativo conocerá, entre otros, de los recursos contencioso-administrativos interpuestos contra disposiciones y actos de los ministros y secretarios de Estado, a no ser que la legislación haya atribuido dicho conocimiento a los Juzgados Centrales de lo Contencioso-Administrativo (art. 66 LOPJ).

Por su parte, a la Sala de lo Social corresponderán los procesos especiales de impugnación de convenios colectivos cuyo ámbito territorial de aplicación sea superior al territorio de una Comunidad Autónoma; así como de los procesos sobre conflictos colectivos cuya resolución haya de surtir efecto en un ámbito territorial superior al de una Comunidad Autónoma (art. 67 LOPJ).

AUDIENCIAS PROVINCIALES

Las Audiencias Provinciales son órganos jurisdiccionales de ámbito provincial con competencia en asuntos civiles y penales.

Atendiendo a lo dispuesto en el 82 LOPJ, en materia civil estos tribunales se ocupan, fundamentalmente, de resolver los recursos de apelación que se hayan interpuesto contra las resoluciones dictadas por los Juzgados de Primera Instancia, los Juzgados de lo Mercantil y los Juzgados de Violencia sobre la Mujer –en este último caso, con respecto a las dictadas en cuestiones civiles–.

Por su parte, en materia penal, juzgan en primera instancia los delitos graves, que son aquellos que llevan aparejada una pena de prisión superior a cinco años o alguna de las otras penas previstas en el artículo 33.2 CP.

Asimismo, se ocupan de resolver los recursos de apelación que se hayan interpuesto contra las resoluciones de los Juzgados de lo Penal, de los Juzgados de Instrucción y de los de los Juzgados de Violencia sobre la Mujer, entre otros.

Las Audiencias Provinciales se integrarán, al menos, por un presidente y dos magistrados (art. 81 LOPJ). A diferencia de otros tribunales, las Audiencias Provinciales no se compondrán de distintas Salas. No obstante, sí podrán establecerse distintas Secciones dentro de una misma Audiencia.

Estos órganos jurisdiccionales tendrán su sede en la capital de provincia y, en principio, extenderán su competencia a toda ella. Con todo, el artículo 80 LOPJ prevé la creación de Secciones fuera de la capital de provincia, a las que quedarán adscritos uno o varios partidos judiciales.

JUZGADOS DE LO SOCIAL

Los Juzgados de lo Social son órganos jurisdiccionales que conocen en primera o única instancia de los asuntos en materia de Derecho del trabajo y de la seguridad social. Por ejemplo, a ellos corresponderá resolver un pleito por despido improcedente.

> Con la creación de los Juzgados de lo Social desaparecieron las antiguas Magistraturas de Trabajo.

A la hora de determinar su competencia, el escueto artículo 93 LOPJ se limita a indicar que a ellos corresponden los procesos judiciales sobre materias propias de este orden jurisdiccional, a no ser que estén atribuidos a otros órganos –como podría ser, por ejemplo, a la Sala de lo Social de la Audiencia Nacional o de los Tribunales Superiores de Justicia–.

Como norma general, en cada capital de provincia existirán uno o más Juzgados de lo Social. No obstante, nada impide que se creen este tipo de Juzgados en otras localidades distintas, siempre que las necesidades del servicio o la proximidad a determinados núcleos de trabajo lo aconsejen.

LETRADOS DE LA ADMINISTRACIÓN DE JUSTICIA

Los LAJ son las autoridades estatales encargadas de dirigir la Oficina judicial. Entre sus funciones destaca la de dar fe pública judicial, dejando constancia de la realización de actos procesales. Junto con ello, tienen encomendadas múltiples tareas técnicas relativas a cuestiones que no constituyen, en sentido estricto, actividad jurisdiccional –esto es, que no son juzgar y ejecutar lo juzgado– (*vid.* arts. 452 y siguientes LOPJ).

Por ejemplo, a ellos corresponde el impulso de las actuaciones procesales, dictando a tal fin las resoluciones necesarias para la tramitación del proceso, con excepción de aquellas que la Ley reserve a jueces o magistrados. También son los responsables del depósito y archivo de la documentación, dirigen en el aspecto técnico-procesal al personal integrante de la Oficina judicial, llevan a cabo conciliaciones y otros expedientes previstos en la LJV, elaboran la estadística judicial, etc.

Los LAJ conforman un cuerpo superior jurídico único para todo el Estado, organizado jerárquicamente y bajo la dependencia del Ministerio de Justicia.

El sistema ordinario de ingreso consistirá en la superación de la correspondiente oposición. A salvo de lo dispuesto en el artículo 395 LOPJ, estarán sujetos a las mismas incapacidades, incompatibilidades y prohibiciones que los jueces y magistrados (art. 445.2 LOPJ).

Hasta el año 2015 recibían el nombre de secretarios judiciales, denominación que continúa empleándose en ocasiones en la práctica y que todavía podemos encontrar en los textos legislativos.

MINISTERIO FISCAL

El Ministerio Fiscal –también conocido como Ministerio Público– es un órgano de relevancia constitucional único para todo el Estado que, a través de órganos propios y de acuerdo con los principios de unidad de actuación y dependencia jerárquica y con arreglo, en todo caso, a los de legalidad e imparcialidad, tiene por objeto promover la acción de la Justicia en defensa de la legalidad, de los derechos de la ciudadanía y del interés público tutelado por la ley, así como velar por la independencia de los órganos jurisdiccionales y procurar ante ellos, la satisfacción del interés social (art. 124.1-2 CE).

Tal y como se viene de anticipar, la Constitución ha querido destacar que la actuación del Ministerio Fiscal debe hallarse siempre presidida por los referidos principios de imparcialidad y de legalidad. De conformidad con el primero, el Ministerio Fiscal actuará con plena objetividad e independencia en defensa de los intereses que se le hayan encomendado. De igual modo, con base en el segundo, actuará con sujeción al ordenamiento jurídico vigente, dictaminando, informando y ejercitando u oponiéndose a las acciones de acuerdo con lo dispuesto en las leyes (arts. 6 y 7 EOMF).

Al Ministerio Fiscal corresponde una muy nutrida relación de funciones a desarrollar, justamente, para satisfacer los cometidos encomendados por mandato constitucional. Entre otras, es función del Ministerio Público, en primer lugar, intervenir en los procesos civiles que disponga la ley cuando esté comprometido el interés social; en los procesos judiciales de amparo y en las cuestiones de inconstitucionalidad según lo establecido en la LOTC; así como, en el proceso penal y en el de menores, dirigiendo, en este último caso, su fase de investigación. Debe, asimismo, velar por el cumplimiento de las resoluciones judiciales que incumban al interés público y social; por el ejercicio eficaz de la función jurisdiccional; así como por el respeto de las instituciones constitucionales y de los derechos fundamentales y libertades públicas. Por último, le corresponde ejercer cuantas funciones se le adjudiquen legalmente para la defensa de la independencia de los órganos jurisdiccionales; así como, las restantes funciones que el ordenamiento jurídico le atribuya (art. 3 EOMF).

En conclusión, de esa nutrida relación a la que *supra* se hacía referencia y que de la que apenas hemos apuntado algunos ejemplos, es posible inferir cuatro grandes grupos de funciones: salvaguarda de la independencia de los órganos jurisdiccionales y defensa de la legalidad, de los derechos de la ciudadanía y del interés público tutelado por la ley y de la satisfacción del interés social.

De entre los órganos que componen el Ministerio Fiscal, el Fiscal General del Estado es, sin duda, el más relevante. Nombrado por el Rey, a propuesta del Gobierno una vez oído el CGPJ (art. 124.4 CE), será escogido entre juristas españoles de reconocido prestigio con más de quince años de ejercicio efectivo de su profesión (art. 29.1 EOMF).

Con carácter de autoridad, ostenta la jefatura superior del Ministerio Fiscal y su representación en el conjunto del Estado. Forma parte de su ámbito competencial impartir las órdenes e instrucciones oportunas al servicio y al orden interno de la institución y, en general, la dirección e inspección del Ministerio Fiscal.

ABOGADOS Y PROCURADORES

La interacción del ciudadano lego en Derecho con la Administración de Justicia no resulta en absoluto intuitiva. Nuestra arquitectura judicial puede resultar sumamente compleja para quien no se halla familiarizado con ella. Operar en el ámbito forense exige, por tanto, unos conocimientos técnicos que viabilicen la efectiva tutela de los derechos. Justamente por ello, para acceder a la Justicia, resulta imprescindible contar con la denominada *"capacidad de postular"*.

Comoquiera que, por regla general, el justiciable no cuenta *per se* con ella, a los efectos de posibilitar su acceso real y efectivo a los órganos jurisdiccionales, se hace preciso suplir esa carencia a través de unos profesionales, abogados y procuradores, que en tanto que especialistas en la materia, cuentan con los conocimientos técnicos imprescindibles para poder postular.

Y es que la Justicia se resentiría muy notablemente si su propio funcionamiento se vehiculizara a través de justiciables profanos en Derecho. Es precisamente esta idea la que sirve de fundamento a la, mil veces destacada, función pública de colaboración de abogados y procuradores con los órganos jurisdiccionales.

La propia Constitución española dispone –a través de su artículo 24–, que *"Todas las personas tienen derecho a obtener la tutela efectiva de los jueces y tribunales en el ejercicio de sus derechos e intereses legítimos, sin que, en ningún caso, pueda producirse indefensión"*; y que, en tal sentido, todos *"tienen derecho al Juez ordinario predeterminado por la ley, a la defensa y a la asistencia de letrado"*. La firmeza de nuestro texto constitucional destierra cualquier interpretación testimonial; constituye, muy al contrario, la articulación de una verdadera garantía constitucional de la postulación, de acuerdo con la que todos los poderes públicos están obligados a establecer un sistema que posibilite de una manera real y efectiva, la referida capacidad.

No podría ser de otro modo: las implicaciones del señalado artículo 24 CE guardan íntima relación con la concepción social o asistencial del Estado Democrático de Derecho. Justamente por ello, explicita el artículo 119 de la Carta Magna que la Justicia será gratuita cuando así lo disponga la ley y, en todo caso, respecto de quienes acrediten insuficiencia de recursos para litigar. Resulta necesario, por tanto, asegurar a todas las personas el acceso a una tutela judicial efectiva, que comprende, por parte del Estado, una actividad prestacional orientada a la provisión de los medios precisos para efectivizar este derecho incluso cuando quien desea ejercerlo carezca de recursos económicos. En desarrollo del mandato constitucional, la defensa o representación de oficio tendrá carácter gratuito para quien acredite insuficiencia de recursos para litigar en los parámetros establecidos en la Ley 1/1996, de 10 de enero, de Asistencia Jurídica Gratuita (arts. 545.3 LOPJ).

Retomando nuestro hilo principal, tal y como se viene de anticipar, el sistema de postulación español se articula sobre dos categorías de profesionales: los abogados y los procuradores. La afirmación merece dos consideraciones de interés: en primer lugar, debe notarse que la postulación técnica de carácter dual no representa la regla general en los ordenamientos jurídicos de nuestro entorno. En segundo lugar, salvo contadas excepciones, la integración de la señalada capacidad es una carga procesal de las propias partes.

El conocimiento general de las funciones a desarrollar por unos profesionales y otros es, ciertamente, desigual. En líneas generales puede decirse que, mientras el procurador es el representante activo y pasivo de la parte ante el órgano jurisdiccional en el proceso (art. 543 LOPJ); el abogado es el que ejerce la dirección y defensa de las partes en todo tipo de procesos (art. 542.1 LOPJ).

Detengámonos, aun cuando brevemente, para desarrollar lo que se viene de apuntar. De acuerdo con el Real Decreto 1281/2002, de 5 de diciembre, por el que se aprueba el Estatuto General de los Procuradores de los Tribunales de España, la Procura es una profesión libre, independiente y colegiada que tiene como finalidad esencial la representación técnica de aquellas personas que sean parte en cualquier clase de proceso, así como desarrollar las funciones y competencias que le encomiendan las leyes procesales en orden a la mejor administración de Justicia, a la correcta sustanciación de los procesos y a la eficaz ejecución de las resoluciones que dicten los órganos jurisdiccionales.

En efecto, es al procurador a quien corresponde la representación de las partes en todo tipo de procesos, a excepción de cuando disponga otra cosa. Asimismo, podrá realizar los actos de comunicación a las partes del proceso que la Ley así autorice (art. 543 LOPJ). Se responsabilizan, igualmente, del fiel cumplimiento de las funciones o de la prestación de los servicios que, como cooperadores de la Administración de Justicia, les atribuyan las leyes (art. 3 Real Decreto 1281/2002, de 5 de diciembre, por el que se aprueba el Estatuto General de los Procuradores de los Tribunales de España).

Con ese horizonte, resulta imprescindible conferir al procurador un poder para pleitos en que la parte le otorgue su representación. El referido poder deberá estar autorizado por notario o ser conferido *apud acta* por comparecencia personal ante el LAJ de cualquier oficina judicial, o por comparecencia electrónica en la correspondiente sede judicial (art. 24.1 LEC).

En cuanto a los tipos de poderes cabe destacar, en primer lugar, el poder general para pleitos, que facultará al procurador, en nombre de su poderdante, para llevar a cabo de manera válida todos los actos procesales comprendidos en la tramitación procesal ordinaria. Ello no obstante, el poderdante podrá excluir de este poder general asuntos y actuaciones para las que la ley no requiera apoderamiento especial, siempre que la exclusión se consigne expresa e inequívocamente. En segundo lugar, es posible diferenciar un poder especial que habrá que conferir explícitamente y que será preciso para determinadas actuaciones, en concreto: para ejercitar las facultades que el poderdante hubiera excluido del poder general; para la transacción, el desistimiento, el allanamiento, la renuncia, el sometimiento a arbitraje y las manifestaciones que puedan implicar sobreseimiento del proceso por satisfacción extraprocesal o carencia sobrevenida de objeto; así como para los restantes supuestos en los que así lo requieran las leyes (art. 25 LEC).

La otra categoría de profesionales a los que *supra* se hacía referencia son los abogados. De naturaleza más intuitiva, el abogado es, como se anticipaba, quien ejerce profesionalmente la dirección y defensa de las partes en toda clase de procesos, o el asesoramiento y consejo jurídico (art. 542 LOPJ). Su figura resulta más que incuestionable para nuestro engranaje judicial. Son diversas las previsiones constitucionales que dan buena cuenta de la relevancia de su rol. Más allá de lo ya referido en relación con el artículo 24 CE, el apartado tercero del artículo 17 CE dispone que se *"garantiza la asistencia de abogado al detenido en las diligencias policiales y judiciales, en los términos que la ley establezca"*.

Con independencia de los señalados preceptos, esa importancia capital queda fuera de toda duda si se tiene presente que el procurador, salvo excepciones, no podrá proveerse a ninguna solicitud que no lleve la firma de abogado (art. 31 LEC). Quiere ello decir que la actuación del procurador encuentra un condicionante más que relevante: sólo se puede postular mediante abogado.

Aclarados los parámetros más básicos de la capacidad de postular y del rol a desempeñar por abogados y procuradores, conviene aclarar, para finalizar, que la regla general admite excepciones. En este sentido, a la luz de razones como la escasa entidad del pleito, de la cuantía, etc., existen supuestos en los que se reconoce esa capacidad –total o parcialmente– a los justiciables y, en buena lógica, no es necesario que sea suplida por ningún profesional. Véase, por ejemplo, los juicios por delitos leves, en el orden jurisdiccional penal, en los que no resulta imprescindible la intervención ni de abogado ni de procurador.

DERECHO A LA TUTELA JUDICIAL EFECTIVA

La tutela judicial efectiva es un derecho fundamental reconocido en el artículo 24 CE. En virtud de este derecho, toda persona puede acudir a los tribunales para la defensa de sus derechos e intereses legítimos. Así se refleja en su apartado 1: *"Todas las personas tienen derecho a obtener la tutela efectiva de los jueces y tribunales en el ejercicio de sus derechos e intereses legítimos, sin que, en ningún caso, pueda producirse indefensión"*. A la vista de esta previsión, la tutela efectiva debe obtenerse en el marco de un proceso judicial. Por su parte, el apartado 2 señala: *"Asimismo, todos tienen derecho al Juez ordinario predeterminado por la ley, a la defensa y a la asistencia de letrado, a ser informados de la acusación formulada contra ellos, a un proceso público sin dilaciones indebidas y con todas las garantías, a utilizar los medios de prueba pertinentes para su defensa, a no declarar contra sí mismos, a no confesarse culpables y a la presunción de inocencia"*.

GIMENO SENDRA afirma que, de conformidad con este derecho, toda persona puede acceder libremente al sistema judicial, a través de un proceso con todas las garantías, y obtener de los juzgados y tribunales una resolución, así como la ejecución de lo resuelto. Esta resolución debe de ser definitiva, motivada y razonada, fundada en Derecho, congruente y, a ser posible, de fondo, que ponga fin al proceso.

Respecto a este derecho constitucional y a su contenido, cabe afirmar que existe una consolidada doctrina constitucional en la materia (ejemplo de ello es la STC 182/2002, de 14 de octubre o la STC 47/2019, de 8 de abril). De igual modo, de la STS, Sala de lo Penal, Sección 1ª, 56/2006, de 25 de enero, se infiere que el derecho a la tutela judicial efectiva incluye todas las garantías inherentes al proceso debido.

DERECHO DE ASISTENCIA JURÍDICA GRATUITA

El derecho de asistencia jurídica gratuita se encuentra regulado en el artículo 119 CE, el cual dispone: *"La justicia será gratuita cuando así lo disponga la ley y, en todo caso, respecto de quienes acrediten insuficiencia de recursos para litigar"*. Por tanto, aquellas personas que tengan derecho a la asistencia jurídica gratuita, se les dispensará del pago de ciertos costes de un proceso determinado, lo cuales van a ser asumidos por la Administración.

El artículo 20 LOPJ también prevé este derecho, junto con el mandato de que una ley regulará el sistema de justicia gratuita que dé efectividad al derecho declarado en los artículos 24 y 119 CE, en los casos de insuficiencia de recursos para litigar. En efecto, es la Ley 1/1996, de 10 de enero, de asistencia jurídica gratuita –modificada en diversas ocasiones–, la que regula este derecho, junto con el Real Decreto 996/2003, de 25 de julio, por el que se aprueba el Reglamento de asistencia jurídica gratuita.

De acuerdo con el artículo 3 de la Ley 1/1996, se reconocerá este derecho a aquellas personas físicas que careciendo de patrimonio suficiente cuenten con unos recursos e ingresos económicos brutos, computados anualmente por todos los conceptos y por unidad familiar, que no superen los umbrales contenidos en el propio precepto. De igual modo, el artículo 2 de esta norma también contempla determinadas personas jurídicas que tienen derecho a la asistencia jurídica gratuita.

El contenido de este derecho se integra por las siguientes prestaciones: asesoramiento y orientación gratuitos previos al proceso; asistencia de abogado al detenido o preso que no lo hubiera designado; defensa y representación gratuitas por abogado y procurador en los supuestos judiciales que la ley establezca o en los que se imponga por el órgano judicial; inserción gratuita de anuncios o edictos que deban publicarse en los periódicos oficiales; exención del pago de depósitos para la interposición de los recursos; asistencia pericial en el proceso; obtención gratuita de copias, testimonios, instrumentos y actas notariales; y reducción del 80% de los derechos arancelarios que correspondan por el otorgamiento de escrituras públicas, por la obtención de copias y testimonios notariales (*vid.* art. 6 de la Ley 1/1996).

ACTO PROCESAL

El acto procesal es un acto jurídico que lleva a cabo la autoridad jurisdiccional, el LAJ, las partes o los terceros, mediante el cual el proceso se va desarrollando. El acto procesal sólo puede ser aquel que tiene una repercusión directa e inmediata en el proceso. Todos los actos procesales están vinculados unos con otros de forma continuada a lo largo del procedimiento, por lo que éste se configura como una sucesión de actos independientes dirigidos a producir efectos en el proceso.

En función de quien provengan los actos procesales, se pueden distinguir varias clases:

a) Actos del órgano judicial, los cuales, a su vez, pueden proceder del juez (providencias, autos y sentencias); del LAJ (actas, certificaciones o testimonios, diligencias de ordenación, diligencias de constancia, diligencias de dación de cuenta y decretos); o de los funcionarios de los cuerpos de gestión procesal, tramitación procesal y auxilio judicial.

b) Actos de las partes, entre los que se distinguen los actos de postulación, los cuales van dirigidos a obtener una decisión determinada del juez (actos de petición, actos de alegación, actos de producción de prueba y actos de conclusión o deducciones) y los actos de causación, que producen efectos en el proceso y crean una situación jurídica procesal.

c) Actos de terceros, los cuales producen efectos jurídicos en el proceso, aunque provengan de personas ajenas al mismo.

RESOLUCIONES JUDICIALES

Las resoluciones judiciales son las resoluciones dictadas por los jueces y tribunales. Se dictan en el desarrollo de un proceso a fin de resolver acerca de lo que pidan las partes o de autorizar u ordenar que se cumplan ciertas medidas.

En función de la relevancia de la cuestión que se decide, cabe distinguir tres tipos: providencias (cuyo objeto es la tramitación del procedimiento), autos (resuelven cuestiones diversas del asunto principal del litigio que surgen a lo largo de un proceso) y sentencias (resuelven sobre el fondo del asunto).

Estas resoluciones se encuentran reguladas en los siguientes artículos: 244 a 248 LOPJ, 206.1 LEC y 141 y 142 LECrim.

AUTO

El auto es una decisión del juez por la que resuelve diversas cuestiones que van surgiendo a lo largo de un proceso. En concreto, el auto es la forma que ha de adoptar la resolución judicial cuando decida sobre: los recursos interpuestos contra providencias; las cuestiones incidentales; los presupuestos procesales; la nulidad del procedimiento; o todos aquellos supuestos previstos en la ley que deban revestir la forma de auto (art. 245.1.b LOPJ).

Más allá de la resolución de estas cuestiones, tanto en el ámbito civil como en el penal, también adoptará la forma de auto las resoluciones que, de acuerdo con lo dispuesto en el artículo 206.1.2ª LEC, decidan recursos no solo contra providencias, sino también contra decretos, cuando se resuelva sobre admisión o inadmisión de demanda, reconvención, acumulación de acciones, admisión o inadmisión de la prueba, aprobación judicial de transacciones, acuerdos de mediación y convenios, medidas cautelares y nulidad o validez de las actuaciones. E igualmente, las resoluciones que versen sobre anotaciones e inscripciones registrales, así como las que pongan fin a las actuaciones de una instancia o recurso antes de que termine su tramitación ordinaria, salvo que, respecto de estas últimas, la ley hubiera previsto que deban concluir por decreto. Y de conformidad con el artículo 141 LECrim, también se denominarán autos cuando decidan la competencia del juzgado o tribunal, la procedencia o improcedencia de la recusación; cuando decidan la prisión o libertad provisional, la admisión o denegación de prueba o del derecho de justicia gratuita o afecten a un derecho fundamental. Se trata, por tanto, de asuntos que por no tener la transcendencia suficiente no precisan que se resuelvan por sentencia.

A diferencia de las providencias, los autos deben estar siempre fundamentados y contendrán en párrafos separados y numerados los hechos y los razonamientos jurídicos y la parte dispositiva. Además, estas resoluciones se firmarán por el juez o magistrado que los dicten. Al igual que la providencia y la sentencia, el auto incluirá también la mención del lugar y fecha en que se adopte, se indicará si éste es firme o si, por el contrario, cabe algún recurso contra él. En este último caso, se deberá añadir el recurso que proceda, el órgano ante el que debe interponerse y el plazo para recurrir (art. 248.4 LOPJ).

PROVIDENCIA

La providencia es una declaración de voluntad dictada por el juez que se adopta para ordenar materialmente el proceso (art. 245.1.a) LOPJ). En los procesos de declaración, cuando la Ley no exprese la clase de resolución judicial que deba de utilizarse, se dictará una providencia cuando la resolución se refiera a cuestiones procesales que requieran una decisión judicial por determinarlo así la Ley y siempre que en tales casos no se exigiera expresamente la forma de auto (art. 206.1.1ª LEC y art. 141 LECrim).

La providencia se limitará a expresar lo que en ellas se mande y pueden dictarse oralmente –en el transcurso de una vista o audiencia– o por escrito. Además de la parte dispositiva, las providencias podrán incluir una breve motivación cuando se estime conveniente (art. 248.1 LOPJ). Sin embargo, no se requiere división formal alguna en párrafos separados y numerados, con antecedentes de hecho y fundamentos jurídicos, como sí sucede en autos y sentencias. Al igual que el auto y la sentencia, la providencia incluirá también la mención del lugar y fecha en que se adopte, se indicará si ésta es firme o si, por el contrario, cabe algún recurso contra ella. En este último caso, se deberá añadir el recurso que proceda, el órgano ante el que debe interponerse y el plazo para recurrir (art. 248.4 LOPJ).

SENTENCIA

La sentencia es la resolución del juez con la cual se decide definitivamente el pleito o causa, en primera o segunda instancia, una vez que haya concluido su tramitación ordinaria prevista en la Ley (o decida definitivamente la cuestión criminal: art. 141 LECrim). De igual modo, se resolverán mediante sentencia los recursos extraordinarios y los procedimientos para la revisión de sentencias firmes (art. 206.1.3ª LEC). Además, se dictará sentencia cuando, según las leyes procesales, la resolución deba revestir esta forma (art. 245.1.c) LOPJ).

Las sentencias podrán dictarse de viva voz cuando lo autorice la Ley (art. 245.2 LOPJ) y siempre deberán motivarse e ir firmadas directamente por el juez o magistrado que la haya dictado. Y, además, este tipo de resolución debe contener: a) Encabezamiento: con los datos sobre el lugar, la fecha, número de procedimiento, identificación de las partes, los abogados, etc.; b) Antecedentes de hecho y hechos probados: se incluyen textualmente las peticiones de las partes y se expresa lo que ha sucedido realmente según el parecer del juez y las pruebas existentes; c) Fundamentos de derecho: esta parte debe ir ordenada en párrafos separados y numerados que explican los argumentos jurídicos que han motivado la resolución en favor de una de las partes, es decir, la legislación en que se basa el juez para dictar el fallo; y d) La parte dispositiva o fallo: contiene la decisión que adopta el juez. Al igual que el auto y la providencia, la sentencia incluirá también la mención del lugar y fecha en que se adopte, se indicará si ésta es firme o si, por el contrario, cabe algún recurso contra ella. En este último caso, se deberá añadir el recurso que proceda, el órgano ante el que debe interponerse y el plazo para recurrir (art. 248.3 y 4 LOPJ).

Las sentencias admiten varias clasificaciones en función de diversos aspectos: por la forma (escrita u oral); según la posibilidad de impugnación (firme: no se puede interponer ningún recurso, o definitiva: se puede interponer recurso); en función de su contenido y sus efectos (condenatorias, absolutorias, constitutivas o declarativas); por su instancia (de instancia única, de primera instancia o de segunda instancia).

DILIGENCIAS Y DECRETOS

El LAJ, como figura clave dentro de cualquier procedimiento judicial, ostenta una serie de funciones y para cumplirlas, los artículos 456 LOPJ, 206.2 LEC y 144 *bis* LECrim establecen los diversos tipos de resoluciones que éste puede dictar: diligencias y decretos.

Las diligencias son resoluciones dictadas por los LAJ para la tramitación del proceso y para dejar constancia de actos que presentan trascendencia procesal en el desarrollo del procedimiento judicial. De acuerdo con ello, las diligencias pueden ser de ordenación, las cuales se dictan para dar a los autos el curso que la Ley establezca; y de constancia, comunicación o ejecución, que se dictan para reflejar en autos hechos o actos con trascendencia procesal.

Estas resoluciones se limitan a la expresión de lo que se contempla, incluyendo la fecha y el lugar en que se adoptan, así como el nombre y la firma del LAJ que las dicten. Además, se dispondrá si la resolución es firme o si cabe algún recurso contra ella, indicando, en este caso, el recurso que proceda, el órgano ante el que debe interponerse y el plazo para recurrir. Y en el caso de las diligencias de ordenación incluirán una sucinta motivación cuando así lo disponga la Ley o el LAJ lo estime conveniente.

Los decretos son resoluciones que dictan los LAJ en orden a admitir la demanda (cuando les corresponda a ellos la admisión), poner fin al procedimiento del que tenga atribuida exclusiva competencia y, en cualquier clase de procedimiento, cuando sea preciso o conveniente que la decisión sea razonada. A diferencia de las diligencias, los decretos sí tienen que estar motivados y contendrán, en párrafos separados y numerados, los antecedentes de hecho y los fundamentos de derecho en los que se base la parte dispositiva o fallo. Al igual que las diligencias, y desde un punto de vista formal, los decretos deberán contener la fecha y el lugar en que se adoptan y el nombre del LAJ que los dicta, quien la firmará. Además, se fijará expresamente el recurso que pueda interponerse contra las mismas, el órgano ante el que deba interponerse el mismo y el plazo para ello.

ACTOS DE COMUNICACIÓN

A través de los actos de comunicación, se posibilita que las resoluciones de los órganos judiciales se pongan en conocimiento de las personas a las que afectan. Además, estos actos permiten trasladar, a las partes procesales, a terceros o a interesados, las actuaciones que se van a practicar para la defensa de sus intereses y también las actuaciones realizadas o que deban realizar las propias partes o terceros en el proceso.

> En atención a su contenido y de acuerdo con el artículo 149 LEC, los actos de comunicación pueden clasificarse en: a) Notificaciones: cuando tengan por objeto dar noticia de una resolución o actuación; b) Citaciones: cuando determinen lugar, fecha y hora para comparecer y actuar; c) Emplazamientos: para personarse y para actuar dentro de un plazo; y d) Requerimientos: para ordenar, conforme a la ley, una conducta o inactividad.

De igual modo, existen otros dos actos de comunicación que lleva a cabo el tribunal con terceros para recabar o exigir su colaboración: los oficios y los mandamientos. La diferencia entre una y otra depende de sus destinatarios. El mandamiento es un acto para ordenar el libramiento de certificaciones o testimonios y la práctica de cualquier actuación cuya ejecución corresponda a los Registradores de la Propiedad, Mercantiles, de Buques, de ventas a plazos de bienes muebles, notarios, o funcionarios al servicio de la Administración de Justicia. Y el oficio se utiliza para las comunicaciones con autoridades no judiciales y funcionarios diferentes de los señalados para los mandamientos.

Los actos de comunicación pueden practicarse de cuatro formas. En primer lugar, se comunicará a través de procurador a quienes estén personados en el proceso; en segundo lugar, se remitirá por correo, telegrama, correo electrónico o cualquier otro medio que deje constancia de la recepción, fecha, hora y contenido de lo comunicado; en tercer lugar, se entregará al destinatario copia literal de la resolución que se le haya de notificar, del requerimiento o de la cédula de citación o emplazamiento; por último, por el personal al servicio de la Administración de Justicia, a través de medios telemáticos. Y ello, sin perjuicio de que estos actos se practiquen por medios electrónicos cuando los sujetos intervinientes en un proceso estén obligados al empleo de los sistemas telemáticos o electrónicos (art. 152.2. y 3 LEC). Con todo, cuando no pueda conocerse el domicilio del destinatario de la comunicación, el último recurso para realizar actos de comunicación por parte del tribunal son los edictos.

De conformidad con el párrafo cuarto del artículo 152.1 LEC, estos actos de comunicación se tendrán por válidamente realizados cuando en la diligencia quede constancia suficiente de haber sido practicados en la persona, en el domicilio, en la dirección electrónica habilitada al efecto, por comparecencia electrónica o por los medios telemáticos o electrónicos elegidos por el destinatario.

Estos actos de comunicación se encuentran regulados en el Capítulo V del Título V del Libro I de la LEC, que comprende desde el artículo 149 al artículo 168. Por su parte, la LECrim regula estos actos de comunicación en el Título VII del Libro I, que alcanza a los artículos 166 a 182, pero, en este caso, no los define, por lo que, en cuanto a su concepto, se debe de acudir a lo previsto en la LEC. Aunque según la doctrina, el auxilio judicial es un acto de comunicación judicial, lo cierto es que la LEC lo regula en un capítulo aparte, en concreto, en el Capítulo VI que tiene como rúbrica *"Del auxilio judicial".* Los tribunales están obligados a prestar auxilio judicial en las actuaciones que, habiendo sido ordenadas por uno, requieran la colaboración de otro para su práctica. Por lo general, se solicita el auxilio judicial para las actuaciones que hayan de realizarse fuera de la circunscripción del tribunal que conozca del asunto (art. 169 LEC).

NOTIFICACIÓN

La notificación tiene por objeto dar noticia de una resolución o actuación. Así, las resoluciones procesales se notificarán a todos los que sean parte en el proceso y también se notificará la pendencia del proceso a aquellas personas que puedan verse afectadas por la resolución que ponga fin al procedimiento. De igual modo, cuando lo prevea la Ley, se notificará a los terceros.

De acuerdo con el artículo 151 LEC, todas las resoluciones dictadas por los tribunales o el LAJ se notificarán en el plazo máximo de tres días desde su fecha o publicación. Y las notificaciones realizadas por correo se entenderán practicadas en la fecha en que el destinatario haga constar su recepción en el acuse de recibo (art. 166 LECrim).

De acuerdo con el artículo 167 LECrim, para la práctica de las notificaciones, el LAJ extenderá una cédula, cuyo contenido será el siguiente: la expresión del objeto de la causa y los nombres y apellidos de las partes; la copia literal de la resolución que hubiere de notificarse; el nombre y apellidos de la persona o personas que han de ser notificadas; la fecha en que la cédula se expidiere; y la firma del LAJ.

CITACIÓN

La citación es el acto mediante el cual se comunica a una persona que ha de comparecer ante el tribunal para realizar un acto procesal, indicando lugar, fecha y hora concretas.

De conformidad con el artículo 152.4 LEC, este acto de comunicación se lleva a cabo mediante cédula en la que se hará constar claramente el carácter judicial del escrito y se expresará el tribunal o el LAJ que hubiese dictado la resolución y el asunto en que haya recaído; el nombre y apellidos de la persona a quien se haga la citación, y del procurador encargado de cumplimentarlo, en su caso; el objeto de la citación; y el lugar, día y hora en que ha de comparecer el citado. En caso de que se desconozca el domicilio de la persona a quien debe hacerse la citación, se practicará por edictos.

Las citaciones realizadas por correo se entenderán practicadas en la fecha en que el destinatario haga constar su recepción en el acuse de recibo (art. 166 LECrim).

EMPLAZAMIENTO

El emplazamiento es el acto a través del cual se comunica a una de las partes de un proceso que ha de personarse y actuar dentro de un determinado plazo.

De conformidad con el artículo 152.4 LEC, el modo de practicar los emplazamientos no difiere del establecido para las citaciones, es decir, se hará por cédula en el domicilio del emplazado. En ella se hará constar claramente el carácter judicial del escrito y se expresará el tribunal o el LAJ que hubiese dictado la resolución y el asunto en que haya recaído; el nombre y apellidos de la persona a quien se haga el emplazamiento, y del procurador encargado de cumplimentarlo, en su caso; el objeto del referido emplazamiento; y el plazo dentro del cual deba realizarse la actuación a que se refiera el emplazamiento. En caso de que se desconozca el domicilio de la persona a quien debe hacerse el emplazamiento, se practicará por edictos.

Los emplazamientos realizados por correo se entenderán practicados en la fecha en que el destinatario haga constar su recepción en el acuse de recibo (art. 166 LECrim).

REQUERIMIENTO

El requerimiento es el acto mediante el que se ordena, a una parte del proceso o a un tercero interesado en el mismo, una conducta o inactividad. Este tipo de acto de comunicación es el único que admite la respuesta que dé la persona requerida. Así se dispone en el apartado 5 del artículo 152 LEC, cuando señala que en las notificaciones, citaciones y emplazamientos no se admitirá ni consignará respuesta alguna del interesado, a no ser que así se hubiera mandado. En cambio, en los requerimientos se admitirá la respuesta que dé el requerido, consignándola sucintamente en la diligencia.

ARBITRAJE

En el marco de los mecanismos heterocompositivos de resolución de conflictos, se encuentra el proceso y, junto a él, el arbitraje. Éste es un método de solución de conflictos, al que, previo convenio, se someten voluntariamente las partes. A su través, una persona individual –árbitro– o colegiada –colegio arbitral– e imparcial, designado por los litigantes, pone fin a la controversia de manera definitiva e irrevocable, siempre que la materia sea de libre disposición conforme a Derecho.

El mecanismo arbitral se articula sobre la idea de que un tercero, después de haber escuchado a las partes y practicado las pruebas necesarias, impone su decisión, a través de una resolución denominada laudo, con efecto de cosa juzgada. De esta manera, mediante esa decisión vinculante se solventa la controversia existente entre las partes.

Esta figura se encuentra regulada en la LA.

Esta Ley se sistematiza en nueve títulos, de los cuales el primero contiene las disposiciones generales sobre arbitraje; el segundo, las normas relativas al convenio arbitral y sus efectos; y el tercero se dedica a la regulación de la figura del árbitro o árbitros. En el resto de los títulos se prevé la competencia de los árbitros; las actuaciones arbitrales; el laudo y otras posibles formas de terminación del procedimiento arbitral; la anulación y revisión del laudo; la ejecución forzosa del laudo; y la autorización de laudos extranjeros.

En cuanto a las clases de arbitraje, podemos atender a diversas sistematizaciones. A título ejemplificativo, entre las más comunes:

a) De equidad y de derecho: el arbitraje de equidad es aquel caracterizado porque el árbitro, según su leal saber y entender, resuelve el o los asuntos sometidos a su consideración. En este caso, el árbitro cuenta con mayor poder discrecional, sin perjuicio de cumplir íntegramente con las reglas que regulan el procedimiento. En el arbitraje de derecho, el árbitro debe resolver teniendo en cuenta solamente las normas y disposiciones legales. Al contrario que el de equidad, en el de derecho el árbitro debe ser jurista profesional. Salvo pacto expreso en contrario, los arbitrajes son de derecho, por lo que, si las partes quieren que el arbitraje se resuelva en equidad, deben pactarlo así expresamente.

b) Individual (o *ad hoc*) e institucional: el arbitraje *ad hoc* implica que no existe ninguna institución arbitral que administre formalmente el arbitraje, de modo que las partes tienen que nombrar directamente al tribunal arbitral, sin la ayuda de ninguna institución. El arbitraje institucional, en cambio, existe cuando las partes se lo encomiendan a una entidad especializada y ésta se ocupa de todo lo necesario para organizar el arbitraje y nombrar a los árbitros.

c) Nacional e internacional: el arbitraje tendrá carácter internacional cuando se den ciertas circunstancias: las partes tengan sus domicilios en Estados diferentes cuando vayan a celebrar el convenio arbitral; cuando el lugar del arbitraje, el lugar de cumplimiento de una parte sustancial de las obligaciones de la relación jurídica de la que dimane la controversia o el lugar con el que ésta tenga una relación más estrecha, se encuentre fuera del Estado en que las partes tengan sus domicilios; o cuando la relación jurídica de la que derive la controversia afecte a intereses del comercio internacional (art. 3 LA). Si no se dan estas circunstancias, el arbitraje será nacional o interno.

d) Convencional y testamentario: por razón de su origen, el arbitraje puede ser convencional, si se designa al árbitro de común acuerdo, o testamentario, cuando se instituye por disposición testamentaria para solucionar diferencias entre herederos no forzosos o legatarios por cuestiones relativas a la distribución o administración de la herencia.

CAPÍTULO 12

DERECHO PROCESAL CIVIL

Cristina Alonso Salgado
Profesora Ayudante Doctora de Derecho Procesal
Universidade de Santiago de Compostela

Ana Rodríguez Álvarez
Profesora Ayudante Doctora de Derecho Procesal
Universidade de Santiago de Compostela

Almudena Valiño Ces
Investigadora Postdoctoral del Área de Derecho Procesal
Universidade de Santiago de Compostela

JUZGADOS DE PRIMERA INSTANCIA

Los Juzgados de Primera Instancia son órganos jurisdiccionales que, fundamentalmente, conocen en primera instancia de los asuntos en materia civil. Es decir, se trataría de los juzgados que resolverían un asunto en primer lugar, sin perjuicio de que la sentencia que dictasen pudiera ser posteriormente recurrida.

De entre sus competencias, enumeradas en el artículo 85 LOPJ, destaca también el conocimiento de los actos de jurisdicción voluntaria. Éstos son expedientes en los que, en puridad, no existe ninguna controversia, pero que exigen igualmente la intervención de un órgano jurisdiccional a fin de tutelar derechos e intereses en materia de Derecho civil o mercantil.

Con respecto a la jurisdicción voluntaria, véase la LJV.

En algunas poblaciones existen los llamados Juzgados de Familia: se trata en realidad de Juzgados de Primera Instancia creados al amparo del artículo 98 LOPJ, especializados en asuntos como, por ejemplo, separaciones, divorcios o guarda y custodia de los hijos menores de edad.

Por otro lado, en algunas localidades nos encontramos con los denominados Juzgados de Primera Instancia e Instrucción –llamados también en la práctica juzgados mixtos–: éstos tendrían competencia civil en los asuntos que hemos señalado, así como penal en los términos que indicaremos con respecto a los Juzgados de Instrucción.

En todo caso, en la capital de cada partido judicial existirá uno o más Juzgados de Primera Instancia –o de Juzgados de Primera Instancia e Instrucción–.

DEMANDA

A través de la demanda, el actor o demandante ejercita la pretensión contra el demandado y, a su vez, delimita el objeto del debate. En consecuencia, el juez deberá, de conformidad con el artículo 218.1 LEC, resolver de forma congruente con la demanda y con las demás pretensiones de las partes, *"condenando o absolviendo al demandado y decidiendo todos los puntos litigiosos que hayan sido objeto del debate"*.

Todo proceso debe iniciarse con una demanda. A este respecto, es claro el artículo 399 LEC al señalar *"El juicio principiará por demanda, en la que [...] se expondrán numerados y separados los hechos y los fundamentos de derecho y se fijará con claridad y precisión lo que se pida"*.

La demanda, ya sea en el juicio ordinario –artículo 399 LEC– como en el verbal –artículo 437 LEC–, presenta un contenido concreto: a) Invocación: la demanda se inicia con una invocación genérica al órgano judicial que la ha de tramitar y conocer; b) Encabezamiento: se harán constar los datos y circunstancias del actor y del demandado, domicilio o residencia donde puedan ser emplazados; c) Hechos, fundamentos de derecho y petición: se expondrán separados y numerados los hechos y los fundamentos de derecho y se fijará con claridad y precisión lo que se pida. Con ello, la Ley alude a la necesidad que existe de determinar, de la manera más clara y concreta, el objeto del debate planteado por el demandante; d) Determinación del valor: fijar la cuantía del asunto resulta imprescindible, porque en ciertas ocasiones la competencia se determina en atención a ella y porque la cuantía también constituye un criterio válido para que, en otros momentos, se fije la clase de juicio por el que se deba tramitar la demanda.

A toda demanda, necesariamente, deben acompañarse dos clases de documentos. Por un lado, los documentos de carácter procesal –artículo 264 LEC–: el poder notarial conferido al procurador, cuando éste intervenga y la representación no se otorgue *apud acta*; los documentos que acrediten la representación que el litigante se atribuya; y los documentos o dictámenes que acrediten el valor de la cosa litigiosa. Y, por el otro, los documentos relativos al fondo del asunto –artículo 265 LEC–. Concretamente, se refiere a los documentos en que las partes funden su derecho a la tutela judicial que pretenden; los medios e instrumentos en los que la parte funde sus pretensiones; las certificaciones y notas sobre los asientos registrales que puedan incidir o sobre el contenido de libros registro, actuaciones o expedientes; los dictámenes periciales en que las partes apoyen sus pretensiones; y los informes realizados por profesionales de la investigación privada. Junto a estas dos clases, el artículo 266 LEC prevé la obligatoriedad de presentar determinados documentos en casos especiales.

DEMANDANTE Y DEMANDADO

El demandante y el demandado constituyen las partes de un proceso civil.

El demandante –también denominado actor, porque ejercita una acción– sería la persona que interpone la demanda, dando así inicio al proceso judicial. En dicha demanda y tras exponer los hechos y los fundamentos de Derecho, la parte actora formulará una petición. Más concretamente, pedirá al órgano jurisdiccional que dicte sentencia en un determinado sentido (por ejemplo, condenando al demandado al pago de una cantidad de dinero).

Por el contrario, el demandado sería la persona frente a la que se pide la tutela judicial, esto es, contra la que se dirige la demanda.

El demandado podrá adoptar diversas actitudes ante la interposición de la demanda. Normalmente, se defenderá, para lo cual presentará un escrito de contestación a la demanda. También podría no comparecer, en cuyo caso, se le declarará en rebeldía; comparecer a efectos de interponer la declinatoria de jurisdicción o de competencia; o allanarse total o parcialmente a las pretensiones del actor (*vid.* a este último respecto el artículo 21 LEC).

Finalmente, el demandado podría aprovechar el escrito de contestación a la demanda para interponer la reconvención, formulando él mismo a su vez una pretensión contra el demandante –pretensión que habrá de cumplir con las exigencias impuestas por el artículo 406 LEC–. Quien ejercita la reconvención recibirá el nombre de demandado reconviniente y, frente a quien se dirige, actor reconvenido.

RECURSO DE REPOSICIÓN

El recurso de reposición es un recurso ordinario que se interpone contra todas las providencias y autos no definitivos ante el mismo órgano que ha dictado la resolución recurrida. También es posible recurrir en reposición las diligencias de ordenación y los decretos no definitivos dictados por los LAJ, excepto en los casos en que la Ley contemple recurso directo de revisión. Y para interponerlo es necesario expresar la infracción en que la resolución haya podido incurrir a juicio del recurrente.

El recurso de reposición se encuentra regulado en los artículos 451 a 454 LEC.

RECURSO POR INFRACCIÓN PROCESAL

El recurso por infracción procesal es un recurso extraordinario que, en materia civil, procede por los motivos previstos en el artículo 469 LEC: infracción de las normas sobre jurisdicción y competencia objetiva o funcional; infracción de las normas procesales reguladoras de la sentencia; infracción de las normas legales que rigen los actos y garantías del proceso cuando la infracción determinare la nulidad conforme a la ley o hubiere podido producir indefensión; o vulneración, en el proceso civil, de derechos fundamentales reconocidos en el artículo 24 CE.

Este medio de impugnación se interpone contra las resoluciones que sean susceptibles de recurso de casación conforme a lo previsto en el artículo 477 LEC, es decir, contra sentencias dictadas en segunda instancia por las Audiencias Provinciales en unos casos concretos: a) Cuando se dictaran para la tutela judicial civil de derechos fundamentales, excepto los que reconoce el artículo 24 CE; b) Siempre que la cuantía del proceso excediere de 600.000 euros; o c) Cuando la cuantía del proceso no excediere de 600.000 euros o éste se haya tramitado por razón de la materia, siempre que, en ambos casos, la resolución del recurso presente interés casacional.

De acuerdo con el artículo 477.3 LEC, un recurso presenta interés casacional *"cuando la sentencia recurrida se oponga a doctrina jurisprudencial del Tribunal Supremo o resuelva puntos y cuestiones sobre los que exista jurisprudencia contradictoria de las Audiencias Provinciales o aplique normas que no lleven más de cinco años en vigor, siempre que, en este último caso, no existiese doctrina jurisprudencial del Tribunal Supremo relativa a normas anteriores de igual o similar contenido.*

Cuando se trate de recursos de casación de los que deba conocer un Tribunal Superior de Justicia, se entenderá que también existe interés casacional cuando la sentencia recurrida se oponga a doctrina jurisprudencial o no exista dicha doctrina del Tribunal Superior sobre normas de Derecho especial de la Comunidad Autónoma correspondiente".

En cuanto a la competencia, cabe señalar que, como regla general, conocerá del recurso extraordinario por infracción procesal la Sala de lo Civil del Tribunal Supremo, pero se permite que lo conozcan las Salas de lo Civil y Penal de los Tribunales Superiores de Justicia cuando resuelvan, a su vez, la casación autonómica.

El recurso por infracción procesal se regula en los artículos 468 a 476 y en la Disposición final 16ª LEC.

RECURSO DE REVISIÓN

El recurso de revisión se interpone contra los decretos del LAJ que pongan fin al procedimiento o impidan su continuación y contra los decretos en aquellos casos en que expresamente se prevea. Asimismo, procederá este recurso contra las diligencias de ordenación y los decretos no definitivos dictados por los LAJ, en los casos en que la Ley lo contemple (art. 451.1 LEC). Su resolución corresponde al tribunal en el que el LAJ preste sus servicios, en tanto las resoluciones que se recurren son justamente las decisiones del LAJ.

El recurso de revisión se regula en el artículo 454 *bis* LEC. A este respecto, *vid.* la STC 15/2020, de 28 de enero, la cual ha declarado la nulidad del precepto legal que impide la revisión judicial de los decretos de los LAJ: artículo 454 *bis*.1. Los artículos 238 *bis* y 238 *ter* LECrim se refieren también a la posibilidad de revisión.

CAPÍTULO 13

DERECHO PROCESAL PENAL

Cristina Alonso Salgado
Profesora Ayudante Doctora de Derecho Procesal
Universidade de Santiago de Compostela

Ana Rodríguez Álvarez
Profesora Ayudante Doctora de Derecho Procesal
Universidade de Santiago de Compostela

Almudena Valiño Ces
Investigadora Postdoctoral del Área de Derecho Procesal
Universidade de Santiago de Compostela

JUZGADOS DE INSTRUCCIÓN

Los Juzgados de Instrucción son los órganos jurisdiccionales cuya función principal es la de investigar los delitos que posteriormente serán enjuiciados por las Audiencias Provinciales o por los Juzgados de lo Penal; así como juzgar los delitos leves –las anteriormente denominadas como faltas–. En ambos casos, la única excepción a esta regla general vendría dada por aquellas causas en las que la competencia para instruir los delitos o para conocer de los delitos leves se atribuya a los Juzgados de Violencia sobre la Mujer.

> En lo que respecta a los juicios por delitos leves, el artículo 87 LOPJ sigue estableciendo como excepción aquellos casos en que la competencia corresponda a los Juzgados de Paz. Con todo, esta referencia está obsoleta. Desde la reforma del artículo 14 LECrim operada en 2015, los Juzgados de Paz ya no tienen competencia para el enjuiciamiento de los delitos leves. Su competencia en el orden penal se limita ahora a la posibilidad de realizar actuaciones penales de prevención o por delegación.

Junto con ello, el artículo 87 LOPJ atribuye a los Juzgados de Instrucción otras competencias, entre las que destacan:

- Dictar sentencia de conformidad con la acusación en los casos establecidos por la Ley y en los procesos por aceptación de decreto.
- Los procedimientos de *habeas corpus* –procedimientos destinados a obtener la inmediata puesta a disposición de la autoridad judicial competente de cualquier persona detenida ilegalmente–.

- Cuando esté desarrollando funciones de guardia, adoptar la orden de protección a las víctimas de violencia sobre la mujer, siempre que no pueda ser adoptada por el Juzgado de Violencia sobre la Mujer.

En algunas localidades, nos encontramos con los denominados Juzgados de Primera Instancia e Instrucción –llamados también en la práctica juzgados mixtos–: éstos tendrían competencia tanto civil como penal para las materias que hemos señalado.

En todo caso, en la capital de cada partido judicial existirá uno o más Juzgados de Instrucción –o de Juzgados de Primera Instancia e Instrucción–. Dentro de cada partido judicial se establecerá un turno rotatorio de guardia entre los Juzgados de Instrucción. De este modo si, por ejemplo, es preciso poner a disposición judicial un detenido en un día inhábil como sería el domingo, será el Juzgado de guardia correspondiente quien se ocupe de llevar a cabo las actuaciones procesales pertinentes.

JUZGADOS DE VIOLENCIA SOBRE LA MUJER

Creados por la Ley Orgánica 1/2004, de 28 de diciembre, de medidas de protección integral contra la violencia de género, los Juzgados de Violencia sobre la Mujer son órganos jurisdiccionales encargados fundamentalmente de la instrucción de los delitos de violencia de género –los cuales serán posteriormente juzgados por otros órganos judiciales–; de juzgar los delitos leves –las antiguas faltas– por violencia de género; así como de adoptar las correspondientes órdenes de protección a las víctimas –sin perjuicio de las competencias atribuidas al juez de guardia–.

Contrariamente a lo que en ocasiones se cree, no juzgan las causas por delitos de violencia de género. Como apuntábamos, sólo los investigan.

> Más concretamente, el artículo 87 *ter* LOPJ dispone que instruirán los procesos para exigir responsabilidad penal por los delitos recogidos en los títulos del CP relativos a homicidio, aborto, lesiones, lesiones al feto, delitos contra la libertad, delitos contra la integridad moral, contra la libertad e indemnidad sexuales, contra la intimidad y el derecho a la propia imagen, contra el honor o cualquier otro delito cometido con violencia o intimidación, siempre que se hubiesen cometido contra quien sea o haya sido su esposa, o mujer que esté o haya estado ligada al autor por análoga relación de afectividad, aun sin convivencia, así como de los cometidos sobre los descendientes, propios o de la esposa o conviviente, o sobre los menores o personas con la capacidad modificada judicialmente que con él convivan o que se hallen sujetos a la potestad, tutela, curatela, acogimiento o guarda de hecho de la esposa o conviviente, cuando también se haya producido un acto de violencia de género.
>
> Igualmente, también instruirán los procesos para exigir responsabilidad penal por cualquier delito contra los derechos y deberes familiares, cuando la víctima sea alguna de las personas que acabamos de señalar.

A fin de asegurar una mejor y más eficaz tutela de la víctima, en determinados supuestos estos Juzgados pueden tener también competencia para resolver asuntos civiles vinculados con las relaciones familiares: separaciones, divorcios, guarda y custodia de los hijos menores, pensiones de alimentos, etc.

Los apartados 2 y 3 del artículo 87 *ter* LOPJ establecen el elenco de asuntos civiles sobre los que los Juzgados de Violencia sobre la Mujer pueden tener competencia; así como los requisitos que deben concurrir para que ostenten esta competencia civil de manera exclusiva y excluyente.

En cada capital de partido judicial habrá, al menos, un Juzgado de Violencia sobre la Mujer.

QUERELLA Y DENUNCIA

La denuncia es uno de los grandes modos de iniciación del proceso penal. Se trata de un acto de declaración de conocimiento a través del que, por escrito o mediante palabra, personalmente o por medio de mandatario con poder especial, se da traslado de la *notitia criminis* al órgano jurisdiccional, al Ministerio Público o a las Fuerzas y Cuerpos de Seguridad.

La afirmación, no obstante, merece un matiz en absoluto desdeñable: quien presencie la perpetración de un delito público tiene la obligación de denunciar, bajo pena de multa (art. 259 LECrim). Rige ello para cualquier persona, a excepción de los impúberes; de aquellos que no gozaren del pleno uso de su razón; del cónyuge del delincuente no separado legalmente o de hecho o la persona que conviva con él en análoga relación de afectividad; así como los ascendientes y descendientes del delincuente y sus parientes colaterales hasta el segundo grado inclusive. Asimismo, opera de manera reforzada la obligación de denunciar, en aquellos supuestos en los que los hechos son conocidos por razón del cargo, profesión u oficio. Y es que, de igual modo bajo pena de multa, los que por razón de sus cargos, profesiones u oficios tuvieren noticia de algún delito público, estarán obligados a denunciarlo inmediatamente, salvo en el caso de eclesiásticos y ministros de otros cultos con respecto a lo que les hubieren revelado en el ejercicio de las funciones, así como en el de abogados y procuradores en relación con las explicaciones que recibieren de sus clientes (arts. 260 y siguientes LECrim).

Una vez formalizada la denuncia, se procederá o mandará proceder inmediatamente a la comprobación del hecho denunciado, a excepción de que no revistiere carácter de delito, o que la denuncia fuere manifiestamente falsa. En ambos supuestos, el tribunal o funcionario se abstendrán de todo procedimiento, sin perjuicio de la responsabilidad en que incurran si desestimasen aquella de manera indebida (art. 269 LECrim).

Corresponde detenerse para hacer una breve referencia al conocido como *"atestado"*. Se trata de un acto procesal con naturaleza de denuncia a través del que los funcionarios de la Policía Judicial deben extender en un conjunto documental, sea en papel sellado, sea en papel común, aquellas diligencias que practiquen, explicitando con exactitud los hechos averiguados, incorporando las declaraciones e informes recibidos, y anotando todos los extremos que hubiesen observado y pudiesen ser prueba o indicio del delito. Deberá ser firmado por el que lo haya extendido, y si empleare sello lo estampará con su rúbrica en todas las hojas. Ello no obstante, si él no pudiere redactarlo, se sustituirá por una relación verbal circunstanciada, que reducirá a escrito de un modo fehaciente el funcionario del Ministerio Fiscal, o el órgano jurisdiccional a quien deba presentarse el atestado, expresándose la razón de no haber procedido de la manera ordinaria. Asimismo, deberá invitarse a las personas presentes, peritos y testigos que hubieren intervenido en las diligencias relacionadas en el atestado a que lo firmen en la parte a ellos referente. En el supuesto de que decidieran no proceder en tal sentido, habrá de explicitarse el motivo (arts. 292 a 294 LECrim).

Los funcionarios de Policía Judicial deberán dar traslado a la autoridad judicial o al Ministerio Fiscal de las diligencias que hubieran practicado a la mayor brevedad. En todo caso, no podrán dejar transcurrir más de veinticuatro horas, a excepción de casos de fuerza mayor y de supuestos en los que el régimen de remisión no opere por no existir autor conocido (art. 295 LECrim).

La querella es, junto con la denuncia, uno de los dos grandes modos de incoación del proceso penal. Sin embargo, a diferencia de ésta, la querella no sólo da traslado de la *notitia criminis*, sino que constituye una declaración de voluntad a través de la cual se ejercita la acción penal.

La querella, que se presentará siempre por medio de procurador con poder bastante y suscrita por letrado, deberá interponerse ante el Juez de instrucción competente.

En el caso de que el querellado estuviese sometido por disposición especial de la Ley a un determinado tribunal, se interpondrá ante este. De igual modo se procederá si fueren varios los querellados por un mismo delito o por dos o más conexos, y alguno de aquéllos estuviese sometido excepcionalmente a un tribunal que no fuere el llamado a conocer, por regla general, del delito (art. 272 LECrim).

Cuando tuviere por objeto algún hecho delictivo de los que únicamente pueden perseguirse a instancia de parte, la querella se acompañará también de la certificación que acredite haberse celebrado o intentado el acto de conciliación entre querellante y querellado, a excepción de los delitos de violación o rapto. Con todo, podrán practicarse sin este requisito las diligencias urgentes para la comprobación de los hechos o para la detención del delincuente, debiendo suspender a continuación el curso de los autos hasta que se acredite el cumplimiento del señalado requisito. Por último, en los delitos de calumnia o injuria causadas en juicio, se presentará además la licencia del juez o tribunal que hubiese conocido de aquél, de conformidad con lo previsto en el Código penal (arts. 278 y 279 LECrim).

Cabe identificar cuatro tipos de querellas: las privadas (las interpuestas por delitos privados); las particulares (presentadas por los ofendidos y/o perjudicados por delitos públicos o semipúblicos); las públicas (las interpuestas por el Ministerio Público); y, por último, las populares (las presentadas por el actor popular).

En cuanto a su contenido, dispone el artículo 277 LECrim que la querella habrá de extenderse en papel de oficio, y expresar, en primer lugar, el órgano jurisdiccional ante quien se presenta; en segundo lugar, el nombre, apellidos y vecindad del querellante y del querellado, o, si se ignorasen los datos relativos a éste, las señas que mejor pudieran darle a conocer. En tercer lugar, deberá reseñar una relación circunstanciada del hecho, indicando, si se conocieren, el lugar, el año, el mes, el día y la hora en que se ejecutó. En cuarto lugar, deberá manifestar las diligencias que se deberán practicar para la comprobación del hecho. En quinto lugar, expresará la solicitud de que se admita la querella, se practiquen las diligencias indicadas, se proceda a la detención y prisión del presunto culpable o a exigirle la fianza de libertad provisional, y se acuerde el embargo de sus bienes en la cantidad necesaria en los supuestos en que proceda. Y, por último, deberá figurar la firma del querellante o, si no supiere o no pudiere firmar, la de otra persona a su ruego, cuando el Procurador no tuviese poder especial para formular la querella.

INVESTIGADO Y ACUSADO

Tanto los términos *"investigado"* como *"acusado"* hacen alusión a la persona contra la que se dirige un proceso penal. La diferencia entre ambos radica en que el uso de cada uno se circunscribe a momentos distintos dentro del proceso judicial.

Así las cosas, el investigado es la persona cuya actuación está siendo indagada en el transcurso de la fase de instrucción de un proceso penal.

> Hasta la entrada en vigor de la Ley Orgánica 13/2015, de 5 de octubre, de reforma de la LECrim, el investigado recibía el nombre de *"imputado"*, término este último que, en ocasiones, todavía es utilizado en la práctica y que pervive en el tenor literal de algunas de nuestras normas. Las razones del legislador para efectuar este polémico cambio pueden consultarse en el Preámbulo de la citada Ley Orgánica.

Por su parte, si los indicios sobre la posible responsabilidad penal de la persona que ha sido investigada fuesen suficientes para abrir la fase de juicio oral y se formulase acusación contra persona ella, pidiendo su condena, pasaría a denominarse acusado.

> En todo caso, es importante tener presente que, más allá de los términos *"investigado"* o *"acusado"*, la LECrim emplea una multiplicidad de denominaciones para referirse a la persona contra la que se dirige un proceso penal, no siempre con la rigurosidad que resultaría deseable.

Sea como fuere, tanto investigados como acusados tendrán derecho a ejercitar su derecho fundamental a la defensa reconocido en el artículo 24 CE en los términos establecidos en el artículo 118 LECrim y en las restantes disposiciones legales que resulten de aplicación.

ACUSADOR PARTICULAR Y ACUSADOR POPULAR

Tanto el acusador particular como el acusador popular ejercitan la acción penal, acusando a una persona de la comisión de un determinado delito y solicitando, a la postre, su condena.

> A diferencia de otros ordenamientos jurídicos de nuestro entorno, en España, el Ministerio Fiscal –en su condición de acusador público– no ostenta el monopolio de ejercicio de la acción penal.

La diferencia fundamental viene dada porque el acusador particular es quien ha sido ofendido o perjudicado por el delito, esto es, la propia víctima y, en determinados supuestos, otras personas como pudieran ser sus familiares; mientras que acusador popular puede ser cualquier ciudadano español que, aun no siendo ofendido o perjudicado por el delito, quiere ejercer la acusación contra una persona a la que se imputa la comisión de un delito público.

El propio artículo 125 de la Carta Magna prevé la propia existencia de la acción popular, estableciendo que los ciudadanos podrán ejercerla en aquellos procesos penales que la ley determine (*vid.* también art. 270 LECrim).

Sobre la doctrina del Tribunal Supremo en materia de ejercicio de la acción popular, *cfr.* las célebres y polémicas STS, Sala de lo Penal, 1045/2007, de 17 de diciembre (Caso Botín) y STS (Sala de lo Penal) 54/2008, de 8 de abril (Caso Atutxa).

Por otro lado, existen discrepancias sobre si cabe el ejercicio de la acusación popular en los delitos semipúblicos. Parte de los autores entienden que sí, siempre que la víctima, claro está, haya interpuesto la preceptiva denuncia. Lo cierto es que, más allá de la discusión doctrinal, la práctica judicial nos da muestras de procesos por delitos semipúblicos en los que está personada la acusación popular. Véase, por ejemplo, el de la *"Manada de Pamplona"*.

En el ámbito de los delitos privados, el acusador particular recibe el nombre de acusador privado.

JUZGADOS DE LO PENAL

Los Juzgados de lo Penal son órganos jurisdiccionales cuya competencia primordial consiste en enjuiciar en primera instancia los delitos menos graves. Por tanto, aquellos que llevan aparejada una pena de prisión que no supera los cinco años o alguna de las otras penas previstas en el artículo 33.3 CP.

El artículo 89 *bis* LOPJ suma a ello competencias en materia de ejecución de determinadas sentencias dictadas por los Juzgados de Instrucción; o de emisión y la ejecución de los instrumentos de reconocimiento mutuo de resoluciones penales en la Unión Europea, entre otras.

Estos órganos jurisdiccionales no estaban inicialmente previstos en la LOPJ. Antes bien, fueron creados *ex* Ley Orgánica 7/1988, de 28 de diciembre, después de que el Tribunal Constitucional dictase la sentencia 145/1988, de 12 de julio. En ella se declaraba incompatible, con lo dispuesto en la Carta Magna, la legislación que permitía que el juez de instrucción pudiese enjuiciar determinados delitos.

Como norma general, en cada capital de provincia existirán uno o más Juzgados de lo Penal. No obstante, nada impide que se creen este tipo de Juzgados en otras localidades distintas, cuando así sea necesario.

TRIBUNAL DEL JURADO

Dispone el artículo 125 CE que los ciudadanos podrán participar en la Administración de Justicia a través de la institución del jurado, en la forma y con respecto a los procesos penales previstos legalmente.

En desarrollo del imperativo constitucional, se aprobó con injustificable demora, la Ley Orgánica 5/1995, de 22 de mayo, del Jurado. De acuerdo con el primero de sus artículos, el Tribunal del jurado tiene competencia para el enjuiciamiento de los delitos atribuidos a su conocimiento y fallo en relación a los contenidos de las rúbricas que a continuación se relacionan: delitos contra las personas, contra el honor, contra la libertad y la seguridad y aquellos cometidos por los funcionarios públicos en el ejercicio de sus cargos. En efecto, en este ámbito, será competente para el conocimiento y fallo de las causas por los siguientes delitos: del homicidio, de las amenazas, de la omisión del deber de socorro, del allanamiento de morada, de la infidelidad en la custodia de documentos, del cohecho, del tráfico de influencias, de la malversación de caudales públicos, de los fraudes y exacciones ilegales, de las negociaciones prohibidas a funcionarios y de la infidelidad en la custodia de presos (art. 1 LO 5/1995).

En el sistema penal español, se optó por un modelo anglosajón de Tribunal del jurado compuesto de nueve jurados –que actuarán con arreglo a los principios de independencia, responsabilidad y sumisión a la Ley–, y un Magistrado integrante de la Audiencia Provincial, que ostentará la presidencia. Las funciones de unos y otro son diferentes. El Magistrado-Presidente, fundamentalmente, deberá dictar sentencia –en la que habrá de recoger el veredicto del jurado–, imponer, en su caso, la pena y medida de seguridad que proceda, y resolver, también en su caso, sobre la responsabilidad civil (art. 4 LO 5/1995). Por su parte, los jurados, en primer lugar, emitirán veredicto declarando probado o no probado el hecho justiciable identificado por el Magistrado-Presidente –así como aquellos otros hechos que resuelvan incorporar en su veredicto y no supongan una desviación esencial con respecto a aquél– y, en segundo lugar, proclamarán la culpabilidad o inculpabilidad de cada acusado por su participación en los hechos delictivos respecto de los que se hubiese admitido acusación.

Obviamente, las diferencias no se detienen ahí. Los requisitos para ser jurado son, además de contar con la aptitud suficiente para tal función, ser español mayor de edad; hallarse en el pleno ejercicio de sus derechos políticos; saber leer y escribir; y, por último, ser vecino de la provincia en que el delito se hubiere perpetrado (art. 8 LO 5/1995).

Asimismo, conviene notar que la función de jurado es un derecho ejercitable por los ciudadanos no incursos en motivo que lo impida y su desempeño, un deber para los que no estén incursos en causa de incompatibilidad o prohibición ni puedan excusarse con base en la legislación vigente (art. 6 LO 5/1995). Así pues, la posibilidad de ser designado como jurado se halla condicionada, no sólo por los señalados requisitos, sino también por los supuestos de falta de capacidad (*v. gr.* los condenados por delito doloso, que no hayan logrado rehabilitación), las causas de incompatibilidad (*v. gr.* el Rey) y las prohibiciones para ser jurado (*v. gr.* tener interés, directo o indirecto, en la causa), así como las excusas para actuar como tal (*v. gr.* personas que tengan su residencia en el extranjero).

Para desempeñar su función, constituido el Tribunal, deberá recibirse juramento o promesa a los seleccionados como jurados.

De modo que, puestos en pie deberán responder *"sí juro"*, o bien *"sí prometo"* a la pregunta del Magistrado-Presidente: *"¿Juran o prometen desempeñar bien y fielmente la función del jurado, con imparcialidad, sin odio ni afecto, examinando la acusación, apreciando las pruebas y resolviendo si son culpables o no culpables de los delitos objeto del procedimiento los acusados [...], así como guardar secreto de las deliberaciones?"*.

Únicamente cuando todos hayan jurado o prometido, empezará la audiencia pública (art. 41 LO 5/1995).

Concluido el juicio oral, el Magistrado-Presidente procederá a someter al jurado por escrito el objeto del veredicto y recabará, en su caso, su criterio en relación con la aplicación de los beneficios de remisión condicional de la pena y la petición o no de indulto en la propia sentencia (art. 52 LO 5/1995). A continuación, el jurado se retirará a deliberar.

La deliberación será secreta y en régimen de incomunicación, y la votación nominal, en voz alta y por orden alfabético, en primer lugar, sobre cada uno de los párrafos en que se describen los hechos, pronunciándose al respecto sobre si los consideran probados o no probados; y, en segundo lugar, sobre la culpabilidad o inculpabilidad de cada acusado por cada hecho delictivo imputado, así como, en su caso, sobre la aplicación al declarado culpable de los beneficios de remisión condicional de la pena y sobre la petición de indulto en la sentencia.

Una vez extendida la preceptiva acta, se le hará entrega de una copia al Magistrado-Presidente y se procederá a la lectura del veredicto. En el supuesto de que fuese de inculpabilidad, el Magistrado-Presidente dictará en el acto sentencia absolutoria. Por el contrario, si lo fuera de culpabilidad, concederá la palabra a las partes para que se pronuncien en relación con la pena o medidas que deben imponerse a cada uno de los declarados culpables y sobre la responsabilidad civil, además de, en su caso, sobre la convergencia de las exigencias legales de la aplicación de los beneficios de remisión condicional.

En cualquier caso, la sentencia que dicte el Magistrado-Presidente deberá incorporar, como hechos probados y delito objeto de condena o absolución, el contenido del veredicto, haciendo constar expresamente, si lo fuese de culpabilidad, la prueba de cargo que sirvió para enervar la presunción de inocencia (arts. 55 a 70 LO 5/1995).

RECURSO DE REFORMA

El recurso de reforma se puede interponer contra todos los autos del juez de instrucción y ante el mismo juez que hubiere dictado el auto. De igual modo, este recurso puede ejercitarse contra los autos del juez de lo penal que no estén exceptuados. Salvo que la Ley disponga otra cosa, este medio de impugnación no suspenderá el curso del procedimiento.

El recurso de reforma se regula en los artículos 216 y siguientes y 766.1 LECrim.

RECURSO DE SÚPLICA

El recurso de súplica se interpone contra los autos de los tribunales de lo penal y ante el mismo que los hubiese dictado. Este recurso se sustanciará por el procedimiento señalado para el recurso de reforma que se entable contra cualquier resolución de un juez de instrucción.

El recurso de súplica se regula en los artículos 236 y 238 LECrim.

DERECHO PENAL

Natalia Pérez Rivas
Profesora Ayudante Doctora de Derecho Penal
Universidade de Santiago de Compostela

DERECHO PENAL

El Derecho penal es una parte del ordenamiento jurídico, formado por las normas jurídicas reguladoras del poder punitivo del Estado (*Ius Puniendi*) en las que, con el fin de tutelar ciertos bienes jurídicos dignos de protección, se definen como delitos determinados supuestos de hecho para los cuales se establecen ciertas consecuencias jurídicas denominadas penas o medidas de seguridad. El Derecho penal moderno se divide en dos grandes sectores: la parte general y la parte especial. La parte general estudia el delito –y el estado peligroso- y la pena –y la medida de seguridad- como instituciones abstractas, sin considerar sus manifestaciones concretas. Reviste carácter conceptual, presentándose en ella los aspectos esenciales que integran el delito. La parte especial, por el contrario, disciplina los delitos en particular, y sus correspondientes penas, a pesar de que ocasionalmente se recojan referencias a específicas causas de justificación o de inculpabilidad, o tratamientos singulares de la participación o del *iter criminis*. Puede afirmarse, pues, que tiene carácter concreto y fragmentario, representando la materia y, por consiguiente, el complemento de la parte general. Esta división, que es fruto del proceso de racionalización y sistematización acusado por el Derecho penal desde el momento de su nacimiento, se hizo plausible en el texto punitivo de 1822 y responde, primordialmente, a dos finalidades. La primera, de orden pragmático, guarda relación con razones de economía legislativa, al resultar inviable reproducir en cada uno de los tipos de la parte especial todas las categorías dogmáticas de la parte general que resultan de aplicación. La segunda, eminentemente ideológica, se vincula con la función democrática del Derecho penal, al reforzar la autonomía de las disposiciones generales que ordenan la aplicación de las figuras delictivas con arreglo a los principios inherentes a la forma de Estado constitucionalmente proclamada, y garantizar así la función de tutela que corresponde al ordenamiento jurídico.

CAPÍTULO 14

CLASIFICACIONES DEL DELITO

Natalia Pérez Rivas
Profesora Ayudante Doctora de Derecho Penal
Universidade de Santiago de Compostela

DELITO

El delito se define legalmente como *"las acciones y omisiones dolosas o imprudentes penadas por la ley"* (art. 10 CP). Desde un punto de vista doctrinal, delito es todo comportamiento humano típico, antijurídico, culpable y punible.

DELITO COMÚN

El delito común es aquél en el que el sujeto activo es indeterminado y aparece expresado en la redacción del precepto, generalmente, mediante los términos *"el que"* o *"los que"*. En consecuencia, se trata de delitos cuya comisión puede ser perpetrada por cualquier persona.

> *V. gr. "El que matare a otro será castigado, como reo de homicidio, con la pena de prisión de diez a quince años"* (art. 138.1 CP).

DELITO CONTINUADO

El delito continuado es una figura que agrupa en un solo delito una serie de acciones homogéneas ejecutadas en distintos momentos temporales, pero obedeciendo a una unidad de resolución delictiva (art. 74.1 CP). Los requisitos que deben concurrir para apreciarse la existencia de un delito continuado pueden sintetizarse en los siguientes: a) la comisión de una pluralidad de hechos delictivos que no sean sometidos a un enjuiciamiento separado por los tribunales; b) la presencia de un dolo unitario que vertebra la acción delictiva; c) la realización de las diversas acciones en unas coordenadas espacio-temporales próximas; d) un mismo precepto penal vulnerado; e) un mismo sujeto activo; f) la existencia de homogeneidad en cuanto al *modus operandi*. El autor de un delito continuado será castigado con la pena señalada para la infracción más grave, que se impondrá en su mitad superior, pudiendo llegar hasta la mitad inferior de la pena superior en grado.

V. gr. A, aprovechando que trabaja como empleado en una gasolinera, procede a copiar las tarjetas de crédito y de débito con las que pagan los clientes. De esta manera, obtiene los datos de las respectivas bandas magnéticas que eran almacenadas para, posteriormente, realizar tarjetas clonadas. Posteriormente estas tarjetas eran empleadas como medio de pago en establecimientos comerciales produciendo los correspondientes cargos en las cuentas vinculadas a las tarjetas originales. La suma de estos cargos ascendió a más de 15.000€. A es autor de un delito continuado de falsificación de tarjetas de crédito y débito, en concurso medial con un delito continuado de estafa.

DELITO DE ACCIÓN

Los delitos de acción son aquéllos en los que la ley prohíbe la realización de una conducta que estima nociva.

V. gr. "A la autoridad o funcionario público que, a sabiendas de su injusticia, dictare una resolución arbitraria en un asunto administrativo se le castigará con la pena de inhabilitación especial para empleo o cargo público y para el ejercicio del derecho de sufragio pasivo por tiempo de nueve a quince años" (art. 404 CP).

DELITO DE ESTADO

Los delitos de estado son aquellos en los que, pese a crearse un estado antijurídico duradero, la consumación cesa desde el momento de la realización de aquél, en la medida en que el tipo penal describe en su redacción solo la producción de ese estado, pero no su mantenimiento el cual no depende de la voluntad del autor.

V. gr. "El que contrajere segundo o ulterior matrimonio, a sabiendas de que subsiste legalmente el anterior, será castigado con la pena de prisión de seis meses a un año" (art. 217 CP).

DELITO DE LESIÓN

Los delitos de lesión son aquellos que requieren para su consumación la concreta lesión del bien jurídico protegido.

V. gr. "El que matare a otro será castigado, como reo de homicidio, con la pena de prisión de diez a quince años" (art. 138.1 CP).

DELITO DE MEDIOS DETERMINADOS

Los delitos de medios determinados son aquellos en los que su descripción legal acota expresamente las modalidades que puede revestir la acción típica.

V. gr. "Son reos del delito de robo con fuerza en las cosas los que ejecuten el hecho cuando concurra alguna de las circunstancias siguientes: 1.º Escalamiento; 2.º Rompimiento de pared, techo o suelo, o fractura de puerta o ventana; 3.º Fractura de armarios, arcas u otra clase de muebles u objetos cerrados o sellados, o forzamiento de sus cerraduras o descubrimiento de sus claves para sustraer su contenido, sea en el lugar del robo o fuera del mismo; 4.º Uso de llaves falsas; 5.º Inutilización de sistemas específicos de alarma o guarda" (art. 238 CP).

DELITO DE MERA ACTIVIDAD

Los delitos de mera actividad son aquellos que se consuman con la sola realización de la acción típica, sin que sea necesario que ello vaya seguido de la causación de un resultado separable espacio-temporalmente de la conducta.

V. gr. "El particular que, sin habitar en ella, entrare en morada ajena o se mantuviere en la misma contra la voluntad de su morador, será castigado con la pena de prisión de seis meses a dos años" (art. 202.1 CP).

DELITO DE OMISIÓN

Los delitos de omisión son aquéllos en los que se ordena actuar en determinado sentido que se reputa beneficioso y se castiga el no hacerlo.

V. gr. "La autoridad o funcionario que, faltando a la obligación de su cargo, dejare intencionadamente de promover la persecución de los delitos de que tenga noticia o de sus responsables, incurrirá en la pena de inhabilitación especial para empleo o cargo público por tiempo de seis meses a dos años" (art. 408 CP).

DELITO DE PELIGRO

Los delitos de peligro son aquellos para cuya consumación únicamente se requiere la puesta en peligro de un bien jurídico. Se dividen en delitos de peligro concreto y delitos de peligro abstracto.

En los primeros se requiere la creación de una situación objetivamente peligrosa para un bien jurídico concreto.

V. gr. "1. El que condujere un vehículo a motor o un ciclomotor con temeridad manifiesta y pusiere en concreto peligro la vida o la integridad de las personas será castigado con las penas de prisión de seis meses a dos años y privación del derecho a conducir vehículos a motor y ciclomotores por tiempo superior a uno y hasta seis años. 2. A los efectos del presente precepto se reputará manifiestamente temeraria la conducción en la que concurrieren las circunstancias previstas en el apartado primero y en el inciso segundo del apartado segundo del artículo anterior" (art. 380 CP).

En los delitos de peligro abstracto la acción puede no crear una situación de riesgo específico para ningún bien jurídico concreto, sino que para su castigo basta con que se trate de una conducta peligrosa en sí misma.

V. gr. "El que condujere un vehículo de motor o un ciclomotor a velocidad superior en sesenta kilómetros por hora en vía urbana o en ochenta kilómetros por hora en vía interurbana a la permitida reglamentariamente, será castigado con la pena de prisión de tres a seis meses o con la de multa de seis a doce meses o con la de trabajos en beneficio de la comunidad de treinta y uno a noventa días, y, en cualquier caso, con la de privación del derecho a conducir vehículos a motor y ciclomotores por tiempo superior a uno y hasta cuatro años" (art. 379.1 CP).

DELITO DE RESULTADO

Los delitos de resultado son aquellos en los que la realización del tipo requiere que la acción vaya seguida de la causación de un resultado separable espacio-temporalmente de la conducta.

V. gr. "El que, por cualquier medio o procedimiento, causare a otro una lesión que menoscabe su integridad corporal o su salud física o mental, será castigado, como reo del delito de lesiones con la pena de prisión de tres meses a tres años o multa de seis a doce meses, siempre que la lesión requiera objetivamente para su sanidad, además de una primera asistencia facultativa, tratamiento médico o quirúrgico. La simple vigilancia o seguimiento facultativo del curso de la lesión no se considerará tratamiento médico" (art. 147.1 CP).

DELITO ESPECIAL

El delito especial es aquel que requiere, para poder ser autor, una específica cualificación en el agente. Se puede clasificar en propio e impropio:

El delito especial propio es aquél que describe una conducta que sólo es punible a título de autor si es realizada por ciertos sujetos, de modo que los demás que la ejecuten no pueden ser autores ni de éste ni de ningún otro delito común.

V. gr. "El juez o magistrado que, a sabiendas, dictare sentencia o resolución injusta será castigado (...)" (art. 446 CP).

El delito especial impropio es aquél que, junto a una modalidad para sujetos cualificados admiten otra para sujetos no cualificados.

V. gr. "La autoridad o funcionario público que, fuera de los casos permitidos por la ley, y sin mediar causa por delito, cometiere alguno de los hechos descritos en este Capítulo será castigado con las penas respectivamente previstas en éstos, en su mitad superior, pudiéndose llegar hasta la superior en grado" (art. 167.1 CP). No obstante, este delito de detención ilegal también puede ser cometido por particulares de conformidad con lo preceptuado en el artículo 163.1 CP (*"El particular que encerrare o detuviere a otro, privándole de su libertad, será castigado con la pena de prisión de cuatro a seis años"*).

DELITO GRAVE

Los delitos graves son aquellos que la Ley castiga con una pena grave (art. 13.1 CP). Tienen la consideración de penas graves las siguientes (art. 33.2 CP): a) la prisión permanente revisable; b) la prisión superior a cinco años; c) la inhabilitación absoluta; d) las inhabilitaciones especiales por tiempo superior a cinco años; e) la suspensión de empleo o cargo público por tiempo superior a cinco años; f) la privación del derecho a conducir vehículos a motor y ciclomotores por tiempo superior a ocho años; g) la privación del derecho a la tenencia y porte de armas por tiempo superior a ocho años; h) la privación del derecho a residir en determinados lugares o acudir a ellos, por tiempo superior a cinco años; i) la prohibición de aproximarse a la víctima o a aquellos de sus familiares u otras personas que determine el juez o tribunal, por tiempo superior a cinco años; j) la prohibición de comunicarse con la víctima o con aquellos de sus familiares u otras personas que determine el juez o tribunal, por tiempo superior a cinco años; y k) la privación de la patria potestad.

Cuando la pena, por su extensión, pueda considerarse como grave o menos grave, el delito se reputará, en todo caso, como grave (art. 13.4 CP).

> *V. gr. "1. El asesinato será castigado con pena de prisión permanente revisable cuando concurra alguna de las siguientes circunstancias: 1.ª Que la víctima sea menor de dieciséis años de edad, o se trate de una persona especialmente vulnerable por razón de su edad, enfermedad o discapacidad; 2.ª Que el hecho fuera subsiguiente a un delito contra la libertad sexual que el autor hubiera cometido sobre la víctima; 3.ª Que el delito se hubiera cometido por quien perteneciere a un grupo u organización criminal. 2. Al reo de asesinato que hubiera sido condenado por la muerte de más de dos personas se le impondrá una pena de prisión permanente revisable. En este caso, será de aplicación lo dispuesto en la letra b) del apartado 1 del artículo 78 bis y en la letra b) del apartado 2 del mismo artículo"* (art. 140 CP).

DELITO INSTANTÁNEO

El delito instantáneo es aquél en que la ofensa al bien jurídico cesa inmediatamente después de realizada la conducta típica, momento en el que se consuma el tipo.

> *V. gr. "El que matare a otro será castigado, como reo de homicidio, con la pena de prisión de diez a quince años"* (art. 138.1 CP).

DELITO LEVE

Los delitos leves son aquellos que la Ley castiga con una pena leve (art. 13.3 CP). Tienen la consideración de penas leves las siguientes (art. 33.4 CP): a) la privación del derecho a conducir vehículos a motor y ciclomotores de tres meses a un año; b) la privación del derecho a la tenencia y porte de armas de tres meses a un año; c) inhabilitación especial para el ejercicio de profesión, oficio o comercio que tenga relación con los animales y para la tenencia de animales de tres meses a un año; d) la privación del derecho a residir en determinados lugares o acudir a ellos, por tiempo inferior a seis meses; e) la prohibición de aproximarse a la víctima o a aquellos de sus familiares u otras personas que determine el juez o tribunal, por tiempo de un mes a menos de seis meses; f) la prohibición de comunicarse con la víctima o con aquellos de sus familiares u otras personas que determine el juez o tribunal, por tiempo de un mes a menos de seis meses; g) la multa de hasta tres meses; h) la localización permanente de un día a tres meses; e i) los trabajos en beneficio de la comunidad de uno a treinta días.

Cuando la pena, por su extensión, pueda considerarse como leve y como menos grave, el delito se reputará, en todo caso, como menos grave (art. 13.4 CP).

V. gr. "El que golpeare o maltratare de obra a otro sin causarle lesión, será castigado con la pena de multa de uno a dos meses" (art. 147.3 CP).

DELITO MASA

La configuración del delito masa obedece a la necesidad de sancionar más gravemente, los comportamientos delictivos en que se aprecia una mayor culpabilidad del autor y una mayor reprochabilidad en el resultado, en tanto en cuanto se atacan intereses supraindividuales, como la buena fe y la confianza de un colectivo de personas, a las que se engaña.

El delito masa se caracteriza por la concurrencia de las siguientes circunstancias: a) la realización de un hecho o conducta delictiva, de naturaleza defraudatoria (delitos contra el patrimonio); b) la afectación a un sujeto pasivo masa o víctima, que es el público, la sociedad, una masa de consumidores o afectados, en general; c) la exigencia de un lucro global que abarca el importe del conjunto de perjuicios sufridos por todos los perjudicados; d) la realización de esos actos defraudatorios con dolo, el cual ha de abarcar que se dirige a un conjunto o masa indeterminada de personas y que ha de recaer sobre el perjuicio global que se les produce; y e) un *modus operandi* consistente en captar una pluralidad indefinida de sujetos, mediante una acción unitaria inserta en el designio delictivo proyectado.

La pena a imponer vendrá determinada por el perjuicio total causado. Asimismo, el órgano judicial impondrá, motivadamente, la pena superior en uno o dos grados, en la extensión que estime conveniente, si el hecho revistiere notoria gravedad y hubiere perjudicado a una generalidad de personas (art. 74.2 CP).

V. gr. Estafa piramidal en el ámbito de la compraventa de lotes de sellos que afecta a un total de 190.000 personas ocasionando un perjuicio patrimonial de 2.500 millones de euros.

DELITO MENOS GRAVE

Los delitos menos graves son aquellos que la Ley castiga con una pena menos grave (art. 13.2 CP). Tienen la consideración de penas menos graves las siguientes (art. 33.3 CP): a) la prisión de tres meses hasta cinco años; b) las inhabilitaciones especiales hasta cinco años; c) la suspensión de empleo o cargo público hasta cinco años; d) la privación del derecho a conducir vehículos a motor y ciclomotores de un año y un día a ocho años; e) la privación del derecho a la tenencia y porte de armas de un año y un día a ocho años; f) inhabilitación especial para el ejercicio de profesión, oficio o comercio que tenga relación con los animales y para la tenencia de animales de un año y un día a cinco años; g) la privación del derecho a residir en determinados lugares o acudir a ellos, por tiempo de seis meses a cinco años; h) la prohibición de aproximarse a la víctima o a aquellos de sus familiares u otras personas que determine el juez o tribunal, por tiempo de seis meses a cinco años; i) la prohibición de comunicarse con la víctima o con aquellos de sus familiares u otras personas que determine el juez o tribunal, por tiempo de seis meses a cinco años; j) la multa de más de tres meses; k) la multa proporcional, cualquiera que fuese su cuantía, salvo lo dispuesto en el apartado 7 de este artículo; y l) los trabajos en beneficio de la comunidad de treinta y un días a un año.

Cuando la pena, por su extensión, pueda considerarse como menos grave y como leve, el delito se reputará, en todo caso, como menos grave (art. 13.4 CP).

V. gr. "El que atentare contra la libertad sexual de otra persona, utilizando violencia o intimidación, será castigado como responsable de agresión sexual con la pena de prisión de uno a cinco años" (art. 178 CP).

DELITO PERMANENTE

El delito permanente es una forma delictiva que se caracteriza porque la conducta del agente, pese a haberse consumado en un momento determinado, crea un estado delictivo que se dilata y extiende en el tiempo, de tal manera que el delito sigue cometiéndose en cuanto no se ponga término al estado delictivo así creado, teniendo la posibilidad de hacerlo.

V. gr. "Se impondrán las penas de prisión de un año y seis meses a cuatro años, multa de doce a veinticuatro meses, salvo que el beneficio obtenido por el delito fuese superior a la cantidad resultante en cuyo caso la multa será del tanto al triplo del montante de dicho beneficio, e inhabilitación especial para profesión u oficio por tiempo de uno a cuatro años, a los promotores, constructores o técnicos directores que lleven a cabo obras de urbanización, construcción o edificación no autorizables en suelos destinados a viales, zonas verdes, bienes de dominio público o lugares que tengan legal o administrativamente reconocido su valor paisajístico, ecológico, artístico, histórico o cultural, o por los mismos motivos hayan sido considerados de especial protección" (art. 319.1 CP).

La doctrina y la jurisprudencia estiman, de forma mayoritaria, que estamos ante un delito permanente en el cual hay una sola acción que se prolonga en el tiempo. Ello implica que una vez iniciada las obras éste se consuma, pero no se agota hasta que cesa el ataque al bien jurídico tutelado por el precepto.

DELITOS PÚBLICOS

Los delitos públicos son aquéllos que pueden ser perseguidos de oficio, sin necesidad de previa denuncia o querella del ofendido. Resulta ineficaz todo tipo el perdón que pudiera ser otorgado por aquél.

DELITOS PRIVADOS

Los delitos privados son aquellos para cuya persecución se requiere querella del ofendido o de su representante legal, no siendo parte del procedimiento penal correspondiente el Ministerio Fiscal. En estos delitos se reconoce eficacia extintiva de la responsabilidad criminal al perdón otorgado por el ofendido.

Los únicos delitos privados existentes en la actualidad en nuestro ordenamiento penal son los de calumnia e injuria contra particulares.

DELITOS RESULTATIVOS

Los delitos resultativos son aquellos en los que su descripción legal no limita las modalidades de acción abarcando cualquier conducta que cause el resultado típico.

> *V. gr. "El que por cualquier medio o procedimiento causare a otro menoscabo psíquico o una lesión de menor gravedad de las previstas en el apartado 2 del artículo 147, o golpeare o maltratare de obra a otro sin causarle lesión [...]"* (art. 153.1 CP).

DELITOS SEMIPRIVADOS

Los delitos semiprivados requieren para su persecución de la previa denuncia de la persona agraviada o de su representante legal. El Ministerio Fiscal también podrá denunciar cuando aquélla sea menor de edad, persona con discapacidad necesitada de especial protección o una persona desvalida. Una vez interpuesta la denuncia, el resto de los trámites se seguirán de oficio. En el ámbito de estos delitos, el perdón del ofendido o de su representante legal extingue la acción penal.

> *V. gr. "Los daños causados por imprudencia grave en cuantía superior a 80.000 euros, serán castigados con la pena de multa de tres a nueve meses, atendiendo a la importancia de los mismos.*
>
> *Las infracciones a que se refiere este artículo sólo serán perseguibles previa denuncia de la persona agraviada o de su representante legal. El Ministerio Fiscal también podrá denunciar cuando aquélla sea menor de edad, persona con discapacidad necesitada de especial protección o una persona desvalida.*
>
> *En estos casos, el perdón del ofendido o de su representante legal, en su caso, extingue la acción penal sin perjuicio de lo dispuesto en el segundo párrafo del número 5º del apartado 1 del artículo 130 de este Código"* (art. 267 CP).

DELITOS SEMIPÚBLICOS

Los delitos semipúblicos requieren la previa denuncia de la persona agraviada o de su representante legal para la incoación del correspondiente proceso. El Ministerio Fiscal también podrá denunciar cuando aquélla sea menor de edad, persona con discapacidad necesitada de especial protección o una persona desvalida. Una vez interpuesta la denuncia, el resto de los trámites se seguirán de oficio. En el ámbito de estos delitos, no se reconoce eficacia alguna al perdón del ofendido o de su representante legal.

> *V. gr. "1. Para proceder por los delitos de agresiones, acoso o abusos sexuales, será precisa denuncia de la persona agraviada, de su representante legal o querella del Ministerio Fiscal, que actuará ponderando los legítimos intereses en presencia. Cuando la víctima sea menor de edad, persona con discapacidad necesitada de especial protección o una persona desvalida, bastará la denuncia del Ministerio Fiscal. 2. En estos delitos el perdón del ofendido o del representante legal no extingue la acción penal ni la responsabilidad de esa clase"* (art. 191 CP).

CAPÍTULO 15

TEORÍA JURÍDICA DEL DELITO

Natalia Pérez Rivas
Profesora Ayudante Doctora de Derecho Penal
Universidade de Santiago de Compostela

TEORÍA JURÍDICA DEL DELITO

La teoría jurídica del delito estudia todos aquellos requisitos que ha de reunir una conducta (activa u omisiva) para que pueda considerarse que se ha cometido un delito. Estos requisitos configuran lo que se denomina concepto jurídico del delito y son los siguientes: acción, tipicidad, antijuridicidad, culpabilidad y punibilidad.

ACCIÓN

El comportamiento humano que infringe el Derecho puede consistir en:

Una acción positiva, en un hacer lo que se está prohibiendo (matar a alguien...) [acción en sentido estricto, conducta activa o delito comisivo].

En un omitir o no hacer lo que se está obligado a hacer: incumplir un mandato determinado de actuar para evitar un peligro (no socorrer a una persona desamparada, etc.) [omisión, conducta omisiva o delito omisivo].

En atención a la función que las normas penales tienen asignadas en un Estado social y democrático de Derecho, solo cabe prohibir aquellos comportamientos humanos que tengan una manifestación externa y que se hallen guiados por la voluntad humana. Por tanto, no quedan comprendidos en el concepto de acción penal los actos meramente internos (pensamientos) o los hechos derivados de actuaciones no guiadas por la voluntad humana (fuerza irresistible, movimientos reflejos o situaciones de inconsciencia).

OMISIÓN PURA

Los delitos de omisión pura con aquellos que se consuman por la mera inactividad del sujeto activo. Al sujeto no se le imputa el resultado ocasionado, sino, únicamente, no realizar dolosamente la conducta a la que la norma le obliga pese a tener capacidad para ello sin incurrir en riesgo propio o ajeno. Por tanto, la estructura del tipo objetivo de los delitos de omisión pura está conformada por los siguientes elementos: una situación típica, la ausencia de una acción determinada y la capacidad para realizar esa acción.

V. gr. "El que no socorriere a una persona que se halle desamparada y en peligro manifiesto y grave, cuando pudiere hacerlo sin riesgo propio ni de terceros, será castigado con la pena de multa de tres a doce meses" (art. 195.1 CP).

Situación típica: persona que se halla desamparada y en peligro manifiesto y grave.

Ausencia de una acción determinada: inactividad del sujeto que no socorre a esa persona.

Capacidad para realizar esa acción: socorrer a la persona desamparada y en peligro manifiesto y grave, cuando pudiere hacerlo, sin riesgo propio o ajeno.

COMISIÓN POR OMISIÓN

La comisión por omisión se aprecia cuando concurran los siguientes requisitos: a) que se haya producido un resultado, de lesión o de riesgo, propio de un tipo penal descrito en términos activos por la Ley; b) que se haya omitido una acción que se encuentre en relación de causalidad hipotética con la evitación de dicho resultado; c) que el omitente esté calificado para ser autor del tipo activo que se trate, requisito que adquiere toda su importancia en los tipos delictivos especiales; d) que el omitente hubiese estado en condiciones de realizar voluntariamente la acción que habría evitado o dificultado el resultado y e) que la omisión suponga la infracción de un deber jurídico de actuar, bien como consecuencia de una específica obligación legal o contractual, bien porque el omitente haya creado una ocasión de riesgo para el bien jurídicamente protegido mediante una acción u omisión precedente (art. 11 CP).

V. gr. uno de los ejemplos más característicos de comisión por omisión es el supuesto de los progenitores que no alimentan a su hijo recién nacido provocando su fallecimiento por inanición.

TIPICIDAD (TIPO) O PRETENSIÓN DE RELEVANCIA

El término tipicidad hace referencia al conjunto de características, requisitos o elementos que la norma penal precisa para que una conducta sea relevante para el Derecho penal. Los elementos estructurales del tipo penal son: la conducta típica (acción u omisión), sus sujetos (activo y pasivo) y sus objetos (material y jurídico).

NORMA PENAL

La norma penal consta de: a) un presupuesto o supuesto de hecho que contempla la conducta prohibida (norma primaria) y b) una consecuencia jurídica que fija la pena (o medida de seguridad) a imponer (norma secundaria). En atención a esa estructura se distingue entre: normas penales completas y normas penales incompletas.

Las normas penales completas son aquellas que presentan, de forma clara, la estructura presupuesto y consecuencia jurídica.

V. gr. "El que matare a otro será castigado, como reo de homicidio, con la pena de prisión de diez a quince años" (art. 138.1 CP).

Las normas penales incompletas son, por su parte, aquellas en las que bien no se contempla la consecuencia jurídica bien no se recoge expresamente el presupuesto. A estas últimas se las denomina leyes penales en blanco remitiéndonos el legislador a una norma extrapenal (otras leyes, reglamentos o actos de la Administración) a efectos de determinar el concreto supuesto de hecho típico.

V. gr. "Es calumnia la imputación de un delito hecha con conocimiento de su falsedad o temerario desprecio hacia la verdad" (art. 205 CP) (norma penal incompleta).

V. gr. "Será castigado con las penas de prisión de seis meses a dos años, multa de diez a catorce meses e inhabilitación especial para profesión u oficio por tiempo de uno a dos años el que, contraviniendo las leyes u otras disposiciones de carácter general protectoras del medio ambiente, provoque o realice directa o indirectamente emisiones, vertidos, radiaciones, extracciones o excavaciones, aterramientos, ruidos, vibraciones, inyecciones o depósitos, en la atmósfera, el suelo, el subsuelo o las aguas terrestres, subterráneas o marítimas, incluido el alta mar, con incidencia incluso en los espacios transfronterizos, así como las captaciones de aguas que, por sí mismos o conjuntamente con otros, cause o pueda causar daños sustanciales a la calidad del aire, del suelo o de las aguas, o a animales o plantas" (art. 325.1 CP) (ley penal en blanco).

En atención al peligro que las leyes penales en blanco conllevan para el principio de legalidad, el TC las ha considerado conforme a la CE solo cuando se observen los siguientes requisitos: a) que la remisión a normas de rango inferior sea expresa; b) que esté justificada por el bien jurídico protegido y c) que la norma penal contenga el núcleo esencial de la prohibición.

CONDUCTA TÍPICA

La conducta típica es la actuación humana (acción u omisión) descrita con sus características objetivas y subjetiva en el concreto tipo penal. La parte objetiva viene constituida por el aspecto externo de la conducta (relación de causalidad e imputación objetiva del hecho), en tanto que la subjetiva es la exteriorización de un proceso movido por las facultades psíquicas y la libertad de obrar del agente (dolo, imprudencia y elemento subjetivo del injusto).

OBJETO MATERIAL DEL DELITO

El objeto material del delito es la persona o cosa sobre la que recae la conducta típica. Se identifica, generalmente, con el objeto de la acción.

V. gr. "El que, con ánimo de lucro, tomare las cosas muebles ajenas sin la voluntad de su dueño será castigado, como reo de hurto, con la pena de prisión de seis a dieciocho meses si la cuantía de lo sustraído excediese de 400 euros" (art. 234.1 CP). En el delito de hurto, el objeto material del delito es la cosa hurtada, mientras que el sujeto pasivo del delito es la persona propietaria del bien hurtado.

En los delitos contra las personas, el objeto material del delito coincidirá con el sujeto pasivo.

V. gr. "El que matare a otro será castigado, como reo de homicidio, con la pena de prisión de diez a quince años" (art. 138.1 CP). En el delito de homicidio, el objeto material del delito y el sujeto pasivo serán la persona sobre la que recae la acción de matar.

BIEN JURÍDICO

El término bien jurídico hace referencia a todo valor, interés o derecho constitucionalmente relevante necesitado y susceptible de ser protegido penalmente. La necesidad de protección de un bien jurídico se erige en el criterio fundamental para la aplicación de los tipos penales. La ubicación sistemática de un concreto tipo delictivo en la estructura del Libro II del Código Penal suele ser utilizada como indicador del bien jurídico que con su regulación se tutela.

Los bienes jurídicos pueden clasificarse en individuales (ej., la vida, la integridad física, la libertad, etc.) y en colectivos (ej., medio ambiente, salud pública, etc.).

V. gr. "A la autoridad o funcionario público que, a sabiendas de su injusticia, dictare una resolución arbitraria en un asunto administrativo se le castigará con la pena de inhabilitación especial para empleo o cargo público y para el ejercicio del derecho de sufragio pasivo por tiempo de nueve a quince años" (art. 404 CP).

El bien jurídico de este delito, así como del resto de los contemplados en el Título XIX (delitos contra la Administración Pública) de Libro II del Código Penal, puede identificarse con el ejercicio de las funciones administrativas con arreglo a los principios y máximas constitucionales. Más en concreto, el propósito general del Título es el de garantizar el cumplimiento de las tareas y servicios públicos con pleno respeto a los criterios de actuación establecidos en los artículos 103 y 106 CE. Por consiguiente, su objeto de tutela apunta a la idea de que la Administración sirva a los intereses generales, con objetividad, y actúe con arreglo a los principios de eficacia, jerarquía, descentralización, desconcentración, coordinación y sometimiento pleno a la Ley y al Derecho.

OFENSIVIDAD

El principio de ofensividad, en tanto que límite del Derecho Penal, conlleva que únicamente podrán ser conceptuados como delitos aquellos hechos externos que conlleven la lesión o la puesta en peligro de un bien jurídico digno de la tutela penal.

SUJETO ACTIVO

El sujeto activo es aquella persona física o jurídica que realiza la conducta típica descrita en la Ley penal.

SUJETO PASIVO

El sujeto pasivo del delito es la persona física o jurídica titular del bien jurídico lesionado o puesto en peligro. Por su parte, el sujeto pasivo de la acción es la persona sobre la que recae la acción típica.

> *V. gr.* así, en un delito de robo en una joyería, sujeto pasivo del delito será el propietario de la joyería en tanto que sujeto pasivo de la acción lo será la persona que, en el momento de tener lugar el robo, estaba allí trabajando. En otros supuestos, como en el delito de homicidio, ambas clases de sujeto pasivo confluyen en la misma persona.

VÍCTIMA

Aunque hasta hace relativamente poco tiempo el uso del vocablo víctima era algo anecdótico, los últimos años muestran, no obstante, un cambio de orientación, coherente, por otra parte, con lo acaecido en los diferentes instrumentos legislativos, tanto internacionales como europeos, en materia de protección de víctimas. Con todo, y a pesar de esa progresiva expansión, siguen utilizándose, con carácter general, los términos de sujeto pasivo, ofendido, agraviado o perjudicado.

Contando con ello, cabe plantearse si todos estos vocablos aluden a una misma realidad, y podrían, por tanto, ser utilizados como sinónimos. La mayoría de la doctrina penal estima que los términos sujeto pasivo, ofendido y agraviado son equivalentes, haciendo referencia al titular del bien jurídico lesionado o puesto en peligro, esto es, a las personas físicas o jurídicas que poseen la condición de titulares de los derechos o intereses violentados. Por su parte, el calificativo perjudicado acostumbra a aplicarse a quienes han sufrido un perjuicio económico o moral como resultado de la comisión de un delito, que los legitima para el ejercicio de la acción de responsabilidad civil *ex delicto*. Esta diferencia conceptual viene refrendada por las diversas disposiciones legales que recogen ambas clases de términos separándolos por una conjunción copulativa (arts. 113 CP, 771.1ª, 773.2, 776.1, 789.4, 792.4 y 800.5 LECrim).

Tenemos, entonces, que el concepto de perjudicado es más amplio que el de sujeto pasivo –ofendido o agraviado-, abarcando a éste, pero ¿a cuál de ellos equivale el vocablo víctima? La realidad es que ambos suelen considerarse comprendidos en él. Significa ello que, dentro del concepto jurídico de víctima, podemos distinguir uno estricto –que la identificaría con el titular del bien jurídico lesionado o puesto en peligro– y otro amplio –concepto victimológico–, en el que, junto con el anterior, quedarían englobadas todas las personas físicas o jurídicas para las que se haya derivado algún tipo de daño como consecuencia mediata o inmediata del hecho delictivo. Esta es la definición por la que abogan los principales instrumentos internacionales sobre los derechos de las víctimas.

DOLO

La apreciación de la existencia de dolo exige la concurrencia de dos elementos: por un lado, uno cognoscitivo o intelectual, consistente en el conocimiento por parte del sujeto activo de que se halla realizando los elementos integrantes de un tipo penal (conciencia de antijuridicidad); y, por otro, la voluntad, pese a tal conocimiento, de llevar a cabo la acción típica o, al menos, aceptar el resultado que esa acción va a producir.

En atención a la intensidad de esa voluntad podemos diferenciar tres clases de dolo: a) dolo directo de primer grado; b) dolo directo de segundo grado o de consecuencias necesarias; y c) dolo eventual.

- El dolo directo de primer grado se aprecia cuando la acción del autor se proyecta a la realización intencional de un concreto hecho delictivo.

  V. gr. las diversas conductas reguladas en el artículo 320 CP sólo admiten su comisión dolosa mediante dolo directo, al exigirse, en la redacción del tipo, que la autoridad o funcionario haya actuado *"a sabiendas de su injusticia"*. Se cometerá, pues, el delito de prevaricación urbanística cuando la autoridad o funcionario, teniendo plena conciencia de que resuelve al margen del ordenamiento jurídico y de que ocasiona un resultado materialmente injusto –quedando excluido, por tanto, el dolo eventual y la imprudencia– actúa de tal modo porque quiere ese resultado y antepone el contenido de su voluntad a cualquier otro razonamiento o consideración.

- En los supuestos de dolo directo de segundo grado o de consecuencias necesarias, el autor no busca la realización del tipo, pero sabe y advierte como seguro (o casi seguro) que su actuación dará lugar a su comisión.

  V. gr. en noviembre de 2002, la Guardia Civil organizó un dispositivo de vigilancia en las inmediaciones del domicilio de A con el objeto de verificar la presunta venta de drogas que venía realizando aquél. Sobre las 3:00 horas de la madrugada observaron cómo A salía de su casa, se aproximaba a un coche que estaba estacionado allí y entregaba a uno de sus dos ocupantes un envoltorio de sustancia que una vez analizada resultó ser cocaína (0,479 gr.) a cambio de 30€ que el comprador le entregó. Acto seguido, los agentes actuantes procedieron a detener a A. Una vez en las dependencias policiales, aquél aprovechó que le habían quitado las esposas para empujar violentamente a uno de los agentes que se hallaba de servicio en la puerta y huir. Se inició una breve persecución tras la cual resultó interceptado en un descampado próximo. Allí fue reducido empleando para ello la fuerza mínima necesaria ya que A no cesaba de golpear y agredir violentamente a los agentes. Pues bien, A es autor de un delito de atentado contra la autoridad (art. 550 CP) ya que, aunque *"la doctrina de esta sala habla de ánimo de ofender al funcionario o autoridad con menosprecio o daño del principio de autoridad (...). El ánimo de huir no elimina el conocimiento de que se está actuando de modo violento contra unos funcionarios que se encuentran en el ejercicio de los deberes de su cargo. Esa intención final en la conducta de huir elimina el dolo directo de primer grado, pero no el dolo directo de segundo grado, también llamado dolo de consecuencias necesarias. Es claro que el recurrente sabía que con ese concreto modo violento de comportarse inevitablemente tenía que ejercer actos de acometimiento y fuerza contra quienes estaban actuando como guardias civiles en el cuartel en el que se encontraba detenido el acusado como consecuencia los otros dos hechos por los que también se le condenó"* (STS 2012/2004, de 8 de octubre).

- El dolo eventual se apreciará en aquellos casos en los que el sujeto activo se representa el resultado como probable y aunque no quiere directamente producirlo, prosigue realizando la conducta prohibida aceptando o asumiendo así el eventual resultado.

  V. gr. el delito de receptación (art. 298 CP) se cometerá por dolo eventual cuando el receptador realiza sus actos a pesar de haberse representado como altamente probable que los efectos tienen su origen en un delito contra el patrimonio o el orden socioeconómico, es decir cuando el origen ilícito de los bienes receptados aparezca con un alto grado de probabilidad, dadas las circunstancias concurrentes (la irregularidad de las circunstancias de la compra o modo adquisición, la clandestinidad de la misma, la inverosimilitud de las explicaciones aportadas para justificar la tenencia de los bienes sustraídos, la personalidad del adquirente acusado o de los vendedores o transmitentes de los bienes o la mediación de un precio vil o ínfimo, desproporcionado con el valor real de los objetos adquiridos, entre otros elementos indiciarios (STS 476/2012, de 12 de junio).

ELEMENTO SUBJETIVO DEL INJUSTO

El elemento subjetivo del injusto es aquel requisito de carácter intencional distinto del dolo que el tipo exige, además de éste, para su realización. Así, de conformidad con el artículo 234.1 CP *"el que, con ánimo de lucro, tomare las cosas muebles ajenas sin la voluntad de su dueño será castigado, como reo de hurto, con la pena de prisión de seis a dieciocho meses si la cuantía de lo sustraído excediese de 400 euros"*. El ánimo de lucro integraría el elemento subjetivo del injusto del delito de hurto conllevando su ausencia bien la impunidad de la conducta bien la aplicación de otro tipo penal según la conducta realizada sin la concurrencia de ese elemento subjetivo integre o no otra figura delictiva.

V. gr. el tomar un ordenador ajeno con el solo objeto de usarlo, esto es, sin el ánimo de apropiación que requiere el artículo 234 CP para el hurto, da lugar a la impunidad do la conducta ya que el hurto de uso sólo se castiga cuando recae sobre vehículos de motor (art. 244 CP).

IMPRUDENCIA

De conformidad con el artículo 10 CP, *"son delitos las acciones y omisiones dolosas o imprudentes penadas por la ley"*. No obstante, las acciones imprudentes solo serán castigadas cuando expresamente así lo disponga la Ley (art. 12 CP). En la moderna teoría del delito se entiende que actúa imprudentemente el sujeto que infringe un deber de cuidado y, como consecuencia de ello, ocasiona un resultado no querido (ausencia de compromiso con el resultado típico), que debía y podía haber previsto y evitado si hubiese actuado conforme a Derecho (culpa inconsciente), o también cuando, aun teniéndolo por posible, confía, contrariando su deber, que en el resultado típico no se producirá (culpa consciente).

La regulación actual distingue tres tipos de imprudencia: imprudencia grave, imprudencia menos grave e imprudencia leve.

- La imprudencia grave equivale al estado supremo de la omisión de la diligencia debida, la omisión de la diligencia más elemental exigible al hombre menos cuidadoso, diligente y atento. Su apreciación conllevará la comisión de un delito grave o menos grave. Los delitos que pueden ser cometidos por imprudencia grave son los tipificados en los artículos 142.1 (homicidio), 146 (aborto), 152.1 (lesiones), 158 (lesiones al feto), 159.2 (manipulación genética), 220.5 (sustitución de un niño por otro), 267 (daños), 301.3 (blanqueo de capitales), 317 (seguridad de los trabajadores), 324 (patrimonio histórico), 331 (medio ambiente), 332.3 (flora), 334.3 (fauna), 344 y 345.3 (energía nuclear y radiaciones ionizadas), 347 (estragos), 358 (incendios), 367 (salud pública), 391 (falsedad documental), 447 (prevaricación judicial), 467.2 (deslealtad profesional abogado o procurador), 532 (funcionarios públicos contra la libertad individual), 576.4 (financiación del terrorismo), 577.3 (colaboración con actividades terroristas), 601 (descubrimiento y revelación de secretos e informaciones relativas a la Defensa Nacional) y 615.*bis*.2 (personas y bienes protegidos en caso de conflicto armado) del Código Penal.
- En el marco de la imprudencia grave podemos distinguir una modalidad específica que es la imprudencia profesional. La imprudencia del profesional es la imprudencia común cometida por un profesional en el ejercicio de su arte, profesión u oficio. Se caracteriza por la inobservancia de las reglas de actuación señaladas en la *lex artis* que rigen el desempeño de una determinada profesión. En estos casos, además de la pena establecida por el delito imprudente, al autor se le impondrá la pena de inhabilitación especial para el ejercicio de la profesión, oficio o cargo. Los delitos que pueden ser cometidos por imprudencia profesional aparecen tipificados en los artículos 142.1 (homicidio), 146 (aborto), 152.1 (lesiones) y 158 (lesiones al feto) del Código Penal.
- La imprudencia menos grave conlleva la ausencia u omisión de medidas de cuidado que adoptaría una persona medianamente diligente. Su apreciación da lugar a la comisión de un delito leve. Los delitos que pueden ser cometidos por imprudencia menos grave son los tipificados en los artículos 142.2 (homicidio) y 152.2 (lesiones) del Código Penal.
- La imprudencia leve supone la ausencia u omisión de medidas de cuidado que adoptaría una persona extremadamente cuidadosa, no excediendo de lo que supondría un simple despiste. Las conductas perpetradas por imprudencia leve no constituyen ilícitos penales, sino infracciones administrativas o perseguibles por la vía civil.

A efectos de delimitar la concurrencia de uno u otro tipo de imprudencia se tomarán en consideración los siguientes criterios: a) la magnitud de la infracción del deber objetivo de cuidado; b) la importancia o relevancia del bien jurídico protegido; y c) el grado de previsibilidad o cognoscibilidad.

ERROR DE TIPO

El error de tipo se produce cuando el sujeto desconoce o conoce falsamente alguno de los elementos del tipo de injusto. Estos elementos pueden ser esenciales (art. 14.1 CP) o elementos accidentales sobre un hecho que cualifique la infracción o sobre una circunstancia agravante (art. 14.2 CP).

El error de tipo sobre un elemento esencial puede ser invencible o vencible. La primera modalidad se apreciará cuando la incursión en dicho error no hubiese podido evitarse ni aunque el agente hubiese aplicado la diligencia debida, dando lugar a la exclusión de la responsabilidad penal. Por el contrario, será vencible cuando, en atención a las circunstancias del hecho y a las personales del autor, ese error hubiese podido evitarse si el agente hubiera observado el debido cuidado. El error de tipo invencible extinguirá la responsabilidad penal en tanto que el vencible excluye el dolo, pero no la imprudencia.

El error de tipo sobre un hecho que cualifique la infracción o sobre una circunstancia agravante impide su apreciación, siendo indiferente a estos efectos si el error es vencible o invencible.

> *V. gr.* A y B son hermanos. Ambos se dedican a trapichear con pastillas. A ha vendido todo por lo que decide regresar a casa con lo obtenido ese día (unos 1.000€). En el trayecto es reducido repentinamente por C y D, por lo que A empieza a gritar. Su hermano lo escucha, corre hacia donde está él y empieza a agredir (patadas, puñetazos, golpes con un palo, etc.) a las dos personas que tenían inmobilizado a A. C y D resulta que eran agentes de paisano que no se habían identificado. B creyó que eran dos personas estaban intentando robar a su hermano. Pues bien, en este caso no se puede apreciar la comisión de un delito de atentado contra la autoridad porque el B desconocía un elemento del tipo como es la condición de autoridad o funcionario público de los sujetos agredidos.

ANTIJURIDICIDAD

La antijuridicidad es la oposición de un acto con el Derecho. En este sentido, únicamente están penadas por la Ley las conductas humanas que son antijurídicas, es decir, las que infringen, contravienen, violan o transgreden el Derecho. En el marco de la antijuridicidad podemos distinguir una dimensión formal y una dimensión material. Así, mientras que la antijuridicidad formal hace referencia a la contrariedad de un acto con el Derecho, la antijuridicidad material exige que mediante esa acción se lesione o se ponga en peligro un bien jurídico.

> *V. gr.* En aquellos supuestos en los que la cantidad de droga vendida (0,02 gr de cocaína de pureza media) es tan insignificante que resulta incapaz de producir efecto nocivo alguno en la salud de quien la consume al no llegar a superar la dosis mínima psicoactiva, la acción aun siendo típica y, por tanto, formalmente antijurídica, carece de antijuridicidad material por inocua para poner en riesgo el bien jurídico protegido. El Acuerdo del Pleno no jurisdiccional de la Sala 2ª del Tribunal Supremo, de 3 de febrero de 2005, contempla las dosis mínimas psicoactivas relevantes a efectos de la aplicación del delito de tráfico de drogas. En el caso de la cocaína, la dosis mínima psicoactiva es de 50 mg/0,05 gr.

CAUSA DE INEXIGIBILIDAD

La concurrencia de una causa de inexigibilidad se apreciará cuando el sujeto realiza un hecho delictivo como consecuencia de experimentar una presión motivacional excepcional que el hombre no hubiera podido soportar. Ello da lugar a la exclusión de la responsabilidad penal del sujeto en la medida en que su actuación, en ese contexto motivacional anormal, es la que tendría cualquier hombre normal.

Un ejemplo de causa de inexigibilidad es la prevista en el artículo 20.6º CP con arreglo al que está exento de responsabilidad penal *"el que obra impulsado por miedo insuperable"*.

CAUSA DE JUSTIFICACIÓN

Las causas de justificación son aquellas circunstancias eximentes que excluyen la antijuridicidad o ilicitud de una conducta que, en principio, es típica. En el Código Penal se contienen las siguientes causas de justificación: la legítima defensa (art. 20.4º CP); el estado de necesidad (art. 20.5º CP); el cumplimiento de un deber y ejercicio legítimo de un derecho, oficio o cargo (art. 20.7º CP). Su apreciación dará lugar a la exención de la responsabilidad penal y de la responsabilidad civil *ex* delicto salvo, en este último caso, en el supuesto de la eximente de estado de necesidad (art. 118.1 CP).

> *V. gr.* una vez agotada la vía lícita para conseguir una vivienda (solicitud de ayuda a familiares, a los servicios sociales, etc.) y, sin que ello haya sido posible, A y sus tres hijos menores de edad proceden a ocupar un inmueble, cuya propiedad es de un banco, al hallarse en una situación límite que los abocaba a tener que vivir en la calle (delito de usurpación pacífica de bien inmueble en el que concurre la causa de justificación de estado de necesidad).

CULPABILIDAD

La culpabilidad es un reproche jurídico-penal por la comisión de un hecho típico y antijurídico que ha lesionado o puesto en peligro un bien jurídico protegido por el Derecho Penal.

El contenido de la pretensión de reproche o juicio de culpabilidad consta de tres elementos: a) la imputabilidad o capacidad para comprender la ilicitud y de comportarse conforme a tal comprensión (cuyo aspecto negativo son las causas de inimputabilidad); b) el conocimiento, siquiera potencial, de la antijuridicidad de su comportamiento (cuyo aspecto negativo es el error de prohibición); y c) la exigibilidad de evitar esa actuación (cuyo aspecto negativo son las causas de inexigibilidad).

ACTIO LIBERA IN CAUSA

La *actio libera in causa* es una estructura de imputación aplicable a aquellos casos en los que el hecho punible se produce cuando el agente está en situación de inimputabilidad o imputabilidad reducida, si bien en un momento anterior, cuando todavía no se encontraba en dicho estado, aquél produjo dolosa o imprudentemente su propia incapacidad de culpabilidad.

> Así, la embriaguez, como causa de inimputabilidad del sujeto, precisa que sea fortuita, esto es, procedente del desconocimiento que el agente tiene de los efectos per-

niciosos de la ingestión de bebidas alcohólicas. De ello se colige que ni la embriaguez dolosa ni la culposa –aquella que tiene lugar siendo el sujeto consciente de los efectos que el alcohol tiene como desencadenante de sus ataques de ira y violencia– puede determinar la exención de la responsabilidad criminal.

IMPUTABILIDAD

La imputabilidad es la capacidad del sujeto de comprender el injusto del hecho y de dirigir su actuación conforme a ese entendimiento. El momento determinante para valorar la imputabilidad de un sujeto es aquél en el que este exterioriza su voluntad criminal.

INIMPUTABILIDAD

Aquellas personas que al tiempo de cometer una infracción penal no puedan, por la concurrencia de ciertas causas, comprender la ilicitud del hecho o actuar conforme a esa comprensión resultarán inimputables. En estos supuestos, existe una conducta típica y antijurídica pero no culpable, de tal manera que el sujeto no responderá penalmente, pero sí civilmente conforme a lo que señalan los artículos 118 y 119 CP.

Se reputan como causas de inimputabilidad las siguientes: a) ser menor de edad (art. 19 CP); b) padecer anomalías o alteraciones psíquicas o un trastorno mental transitorio (art. 20.1° CP); c) hallarse en un estado de intoxicación plena por el consumo de bebidas alcohólicas, drogas tóxicas, estupefacientes, sustancias psicotrópicas u otras que produzcan efectos análogos (art. 20.2° CP); y d) sufrir alteraciones en la percepción desde el nacimiento o desde la infancia que conlleven que la persona tenga alterada gravemente la conciencia de la realidad (art. 20.3° CP).

MIEDO INSUPERABLE

De conformidad con el art. 20.6° CP, está exento de responsabilidad criminal *"el que obre impulsado por miedo insuperable"*. Es en la inexigibilidad de otra conducta donde puede encontrar mejor acomodo encuentra esta circunstancia eximente, ya que quien actúa en ese estado subjetivo de temor mantiene sus condiciones de imputabilidad viéndose mermada, simplemente, su capacidad de decisión. Lo que da lugar a la exención es que el sujeto no puede optar libremente por una u otra conducta por pérdida de su capacidad de determinarse o motivarse en función de la norma ante la excepcionalidad de la situación concurrente extremo que, precisamente, convierte en normal la actuación en semejantes circunstancias.

La estimación de esta eximente depende de una doble concurrencia de presupuestos: los fácticos y los valorativos.

Son presupuestos fácticos de la eximente de miedo insuperable los siguientes: a) la presencia de un miedo que coloque al sujeto en un estado emocional de gran intensidad que haga inexigible cualquier otra reacción; b) que esté inspirado en un hecho real, efectivo y acreditado; c) que sea insuperable, es decir, invencible según el común de las personas; y d) que el temor sea el único móvil de las personas. También sigue precisando, aunque ahora sin base legal, que el temor anuncie un mal igual o mayor que el causado.

El presupuesto valorativo, vinculado al concepto de no superabilidad, exige que no se valore la reacción de manera negativa, sino que suscite comprensión por adecuada a lo que se estima normal en una persona que no sea de aquellas especialmente obligadas a reaccionar ante esa amenaza del mal. Para ello habrá de atenderse al *"hombre medio"*, pero no en abstracto, sino al *"hombre medio"* situado en la posición del autor.

> *V. gr.* A recibe una carta de la banda terrorista ETA en la que le solicitan la entrega de 20.000€ para colaborar a favor de la libertad de Euskal Herria. En dicha carta se señala también que, en caso de no proceder a efectuar dicho pago, será considerado un enemigo de Euskal Herria y objetivo, en consecuencia, de ETA al igual que lo fue su padre en su momento. Ante ello, A efectúa el pago solicitado lo cual es constitutivo de un delito de colaboración con banda armada (art. 577.1 CP). No obstante, A ha actuado bajo coacción de hacerse efectivo un mal que estriba tanto en la sensación de inseguridad que genera el saberse objetivo declarado de una banda armada como en el eventual cumplimiento de esas amenazas de atentado contra la propia persona o bienes. A ello debe sumarse su vivencia anterior relacionada con las amenazas a su padre por no hacer frente a esos requerimientos de la banda terrorista. Así examinado el caso en su contexto y eliminada la presencia de un móvil diferente a la misma coacción de la banda, puede concluirse que no era exigible una conducta adecuada a la norma y que el comportamiento no ha de merecer reproche penal al quedar al abrigo de la eximente completa de obra impulsado por miedo insuperable (STS, Sala de lo Penal, 659/2012, de 26 de julio).

ERROR DE PROHIBICIÓN

El error de prohibición se aprecia cuando el sujeto actúa en la creencia de estar obrando lícitamente bien por estimar que el hecho está legalmente permitido (error directo de prohibición) bien por considerar que concurre una causa de justificación (error indirecto de prohibición) (art. 14.3 CP).

El error de prohibición puede ser invencible o vencible. La primera modalidad se apreciará cuando la incursión en dicho error no hubiese podido evitarse ni aun que el agente hubiese aplicado la diligencia debida, dando lugar a la exclusión de la responsabilidad penal. Por el contrario, será vencible cuando, en atención a las circunstancias del hecho y a las personales del autor, ese error hubiese podido evitarse si el agente hubiera observado el debido cuidado. El error de prohibición invencible extinguirá la responsabilidad penal en tanto que el vencible dará lugar a la aplicación de la pena inferior en uno o dos grados.

> *V. gr.* Incidencia del consentimiento de la víctima en la formación del dolo del autor que quebranta una pena accesoria de alejamiento o medida cautelar de la misma naturaleza (art. 468.2 CP). A este respecto la SAP de León núm. 189/2009, de 6 de noviembre

señala que *"[...] parece razonable entender que el acuerdo, ante el consentimiento libre y voluntario de la persona tutelada por la prohibición, actuara con pleno convencimiento de la licitud de su conducta"* a lo que se suma que, siendo una pena orientada a la protección de la víctima puede *"presuponerse condicionado a que los tutelados por la prohibición consientan o no el encuentro personal y la comunicación con el penado consciente y libremente"*. A mayor abundamiento se concluye en la SAP de Madrid núm. 869/2005, de 19 de septiembre que *"cuando el sentido común y la literalidad de un precepto legal parecen correr por caminos distintos, parece plenamente disculpable que una persona carente de conocimientos jurídicos haya optado por un entendimiento del alcance de la pena que no parecería insensato incluso a una persona versada en Derecho"*.

MEDIDA DE SEGURIDAD

La medida de seguridad es la consecuencia jurídica de la peligrosidad criminal de un sujeto, al que se le impone tal medida como mecanismo de prevención especial. De conformidad con el artículo 6.1 CP *"las medidas de seguridad se fundamentan en la peligrosidad criminal del sujeto al que se impongan, exteriorizada en la comisión de un hecho previsto como delito"*. Esta idea es reiterada en el artículo 95.1 CP con arreglo al que *"las medidas de seguridad se aplicarán por el Juez o Tribunal, previos los informes que estime convenientes, a las personas que se encuentren en los supuestos previstos en el capítulo siguiente de este Código, siempre que concurran estas circunstancias: 1.ª que el sujeto haya cometido un hecho previsto como delito; 2.ª que del hecho y de las circunstancias personales del sujeto pueda deducirse un pronóstico de comportamiento futuro que revele la probabilidad de comisión de nuevos delitos"*.

El texto punitivo de 1995 configuró únicamente dos categorías de estado peligroso con respecto a los que era posible la aplicación de las medidas de seguridad: la de los declarados inimputables por aplicación las eximentes previstas en los números 1°, 2° y 3° del artículo 20 CP (arts. 101 a 103 CP); y, la de los declarados semiimputables por aplicación de la eximente incompleta del artículo 21.1 CP en relación con las eximentes plenas de los números 1°, 2° y 3° del artículo 20 CP (art. 104 CP). Con posterioridad, la jurisprudencia ha venido ampliando el régimen de la semiimputabilidad a los supuestos en que concurre la atenuante del número 2° del artículo 21 CP, así como a las denominadas *"atenuantes de contenido psíquico"*, resultantes de la puesta en conexión de la atenuante analógica del artículo 21.7 CP con la eximente incompleta del número 1° de dicho precepto.

No obstante, en el año 2010, el legislador procedió a crear una nueva categoría de *"estado peligroso"* para imputables, hecho que habilitó la imposición de medidas de seguridad para su control. El legislador optó, de entre los diversos modelos que ofrecía el Derecho comparado, por una solución dualista para el tratamiento de algunos delincuentes con respecto a los que se presume la condición de peligrosos, mediante la incorporación, al elenco de las medidas de seguridad no privativas de libertad, de la medida *"complementaria y acumulativa"* de libertad vigilada. En la actualidad, son conceptuados como delincuentes peligrosos los condenados por la comisión de: a) los delitos comprendidos en el Título I (del homicidio y sus formas) del Libro II del CP; b) los delitos comprendidos en el Título III (de las lesiones) del Libro II del CP si bien, únicamente, cuando la víctima sea alguna de las personas mencionadas en el artículo 173.2 CP, es decir, en los casos de violencia de género y violencia doméstica; c) delito de maltrato habitual (art. 173.2 CP); d) delitos contra la libertad e indemnidad sexual (arts. 178 a 194 CP); e) delitos de terrorismo (arts. 572 a 580 CP).

Las medidas de seguridad pueden ser privativas y no privativas de libertad (art. 96.1 CP). Son medidas privativas de libertad (art. 96.2 CP): a) el internamiento en centro psiquiátrico; b) el internamiento en centro de deshabituación y c) el internamiento en centro educativo especial. Por el contrario, se conceptúan como medidas no privativas de libertad: a) la inhabilitación profesional; b) la expulsión del territorio nacional de extranjeros no residentes legalmente en España; c) la libertad vigilada; d) la custodia familiar; e) la privación del derecho a conducir vehículos a motor y ciclomotores; y f) la privación del derecho a la tenencia y porte de armas.

En virtud del principio de proporcionalidad, las medidas de seguridad no pueden exceder del límite de lo necesario para prevenir la peligrosidad del autor, ni resultar más gravosas ni de mayor duración que la pena abstractamente aplicable al hecho cometido (art. 6.2 CP).

PUNIBILIDAD

La existencia de un hecho típico, antijurídico y culpable agota el contenido material de un delito restando por valorar, en atención al caso concreto, la necesidad de imponer una pena. Las causas específicas de ausencia de necesidad de pena son, únicamente, las contempladas de forma expresa por la Ley: a) las excusas absolutorias; b) las condiciones objetivas de punibilidad; d) la prescripción del delito; e) el perdón del ofendido; y f) el indulto.

PENA

La pena conlleva una privación o restricción de bienes jurídica que se impone, por los órganos judiciales, al culpable de la comisión de una infracción penal.

De conformidad con el art. 32 CP *"las penas que pueden imponerse con arreglo a este Código, bien con carácter principal bien como accesorias, son privativas de libertad, privativas de otros derechos y multa"*. Por el contrario, no se reputarán como penas (art. 34 CP): *"a) la detención y prisión preventiva y las demás medidas cautelares de naturaleza penal; b) las multas y demás correcciones que, en uso de atribuciones gubernativas o disciplinarias, se impongan a los subordinados o administrados; c) las privaciones de derechos y las sanciones reparadoras que establezcan las leyes civiles o administrativas"*.

PENA ABSTRACTA

La pena en abstracto es la que la Ley establece para el tipo de que se trate en la parte especial del CP, independientemente de las vicisitudes a las que pueda llevarnos la estimación de formas imperfectas de ejecución o los efectos modificativos de la responsabilidad criminal.

V.gr. La pena abstracta del tipo básico del delito de agresión sexual es la pena de prisión de uno a cinco años (art. 178 CP).

CONDICIONES OBJETIVAS DE PROCEDIBILIDAD

Las condiciones objetivas de procedibilidad no inciden sobre la existencia del delito, sino sobre su persecución procesal. Así, para proceder por determinados tipos penales el legislador ha exigido la interposición de previa denuncia por la persona agraviada, por su representante legal o de querella por el Ministerio Fiscal. No obstante, si la víctima es menor de edad, persona con discapacidad necesitada de especial protección o una persona desvalida, es suficiente la denuncia del Ministerio Fiscal.

V. gr. "Para proceder por los delitos de agresiones, acoso o abusos sexuales, será precisa denuncia de la persona agraviada, de su representante legal o querella del Ministerio Fiscal, que actuará ponderando los legítimos intereses en presencia. Cuando la víctima sea menor de edad, persona con discapacidad necesitada de especial protección o una persona desvalida, bastará la denuncia del Ministerio Fiscal" (art. 191.1 CP).

CONDICIONES OBJETIVAS DE PUNIBILIDAD

Las condiciones objetivas de punibilidad son hechos futuros e inciertos, independientes de la voluntad del autor, que condicionan la relevancia penal de un tipo. Estas condiciones objetivas no afectan ni al desvalor del resultado ni al desvalor de la conducta, sino que condicionan la necesidad de pena por razones de política criminal. La consecuencia más importante de la naturaleza de las condiciones objetivas de punibilidad es que no es preciso que sean abarcadas por el dolo ni imputables a imprudencia.

Las condiciones objetivas de punibilidad pueden ser propias e impropias:

Las propias son aquellas que restringen la punibilidad de un hecho prohibido, que resultaría punible si el tipo no requiriera la condición objetiva de punibilidad.

V. gr. "Cuando los delitos comprendidos en este artículo y en el anterior (delitos contra el Derecho de gentes) no tengan señalada una penalidad recíproca en las leyes del país a que correspondan las personas ofendidas, se impondrá al delincuente la pena que sería propia del delito, con arreglo a las disposiciones de este Código, si la persona ofendida no tuviese el carácter oficial mencionado en el apartado anterior" (art. 606.2 CP).

Por su parte, las impropias permiten castigar un hecho que no sería punible según las exigencias generales del injusto.

V. gr. "El reo de detención ilegal o secuestro que no dé razón del paradero de la persona detenida será castigado con una pena de prisión de diez a quince años, en el caso de la detención ilegal, y de quince a veinte años en el de secuestro" (art. 166.1 CP).

EXCUSA ABSOLUTORIA

Las excusas absolutorias constituyen causas vinculadas a la persona del autor que llevan a que, pese a la existencia de un delito punible, la sanción penal no llegue a imponerse porque el legislador ha considerado que, en ese caso concreto, no resulta conveniente castigar el delito.

V. gr. en nuestro Código Penal se conceptúa como excusa absolutoria, entre otras, la prevista en el artículo 268.1° CP. De conformidad con dicho precepto *"están exentos de responsabilidad criminal y sujetos únicamente a la civil los cónyuges que no estuvieren separados legalmente o de hecho o en proceso judicial de separación, divorcio o nulidad de su matrimonio y los ascendientes, descendientes y hermanos por naturaleza o por adopción, así como los afines en primer grado si viviesen juntos, por los delitos patrimoniales que se causaren entre sí, siempre que no concurra violencia o intimidación, o abuso de la vulnerabilidad de la víctima, ya sea por razón de edad, o por tratarse de una persona con discapacidad".*

EXTINCIÓN DE LA RESPONSABILIDAD CRIMINAL

Las causas de extinción de la responsabilidad criminal son aquellas que sobrevienen una vez cometido el hecho delictivo. Por tanto, no se pueden confundir con las causas eximentes de la responsabilidad criminal. Estas últimas impiden la concurrencia de un elemento esencial del concepto de delito y, en consecuencia, de la responsabilidad penal misma.

La responsabilidad criminal se extingue, según lo dispuesto en el artículo 130 CP, por la muerte del reo, el cumplimiento de la condena, la remisión definitiva de la pena, el indulto, el perdón del ofendido, la prescripción del delito y la prescripción de la pena o de la medida de seguridad. Algunas de estas causas de extinción presuponen la imposición de la pena –el cumplimiento de la condena, la remisión definitiva de la pena y la prescripción de la pena o de la medida de seguridad–; otras solo pueden operar antes de que se dicte la sentencia condenatoria –la prescripción del delito o el perdón del ofendido–; y, finalmente, unas cuantas pueden concurrir tanto antes como después de esta –la muerte del reo y el indulto–.

INDULTO

El indulto, que podemos adjetivar como particular por afectar a una persona determinada, se halla regulado en la LI. Se trata de una gracia otorgada por el Jefe del Estado a los condenados por sentencia firme perdonándoles la condena impuesta en su totalidad –indulto total–, parcialmente –indulto parcial– o conmutándola por otra de menor gravedad. El indulto de la pena principal comporta, por regla general, la remisión automática de las penas accesorias –con la excepción de las de inhabilitación para cargos públicos y derechos políticos que habrán de ser expresamente mencionadas–, pero no abarca ni a la responsabilidad civil ni a las costas procesales (arts. 6 y 9 LI). En todo caso, podrá concederse el indulto de las penas accesorias, con exclusión de las principales y viceversa, a no ser que aquellas sean inseparables por su naturaleza y efecto (art. 7 LI). En el caso de que recaiga sobre una pena de multa y, a no ser que expresamente así se determine, eximirá al indultado del pago de la cantidad aún no satisfecha, pero no comprenderá la devolución de lo ya pagado (art. 8 LI).

PRESCRIPCIÓN

La prescripción en el ámbito jurídico-penal supone la extinción, por el transcurso del tiempo, del derecho del Estado a imponer una pena o a hacer ejecutar la ya impuesta. Su apreciación procede tanto a instancia de parte como de oficio. Su fundamento se halla en razones de seguridad jurídica, el derecho a un proceso sin dilaciones indebidas, el incremento de las dificultades probatorias y la ausencia de necesidad de la pena.

El Código Penal prevé dos clases de prescripción: a) la prescripción del delito, es decir, de la acción para perseguirlo (art. 131 CP); b) la prescripción de la pena o de la medida de seguridad (arts. 133 y 135 CP).

ACTOS PREPARATORIOS

Toda actividad externa (voluntad manifestada) que está orientada a facilitar la realización ulterior de un delito. El Código Penal define tres clases de actos preparatorios punibles (arts. 17 y 18 CP): la conspiración, la proposición y la provocación. Estos actos únicamente serán punibles cuando expresamente lo prevea la Ley (arts. 141, 151, 156 *bis* 8, 168, 177 *bis* 8, 269, 285 *quáter*, 304, 373, 445, 477, 488, 519, 548, 553, 579, 585 y 615 CP). Fuera de estos casos, los actos preparatorios son impunes.

CONSPIRACIÓN

La conspiración tiene lugar cuando dos o más personas se conciertan para ejecutar un delito (*pactum scaeleris*) y resuelven ejecutarlo (art. 17.1 CP). Se trata de una coautoría anticipada en la que se prevé la intervención de todos los conspiradores en la realización material del hecho delictivo, sea cual fuere el cometido o la parte del plan acordado que les haya tocado ejecutar a cada uno de los concertados.

> *V. gr.* A y B se han puesto de acuerdo para desplazarse a Madrid, el 10 de marzo de 2020, e intentar estafar aplicando el conocido timo del "tocomocho". Recién llegados a Madrid, y estacionado su vehículo en la calle de Julián Romea, fueron sorprendidos por unos agentes de la Policía Nacional. En la revisión efectuada al interior del coche descubrieron diez billetes del "cuponazo" de la ONCE y un listado de premios falsos donde figuraban esos cupones como premiados. También hallaron un total de 500€ en billetes de diversas cuantías (20€, 50€ y 100€) y varias bolsas llenas de papeles. Todos los efectos mencionados suponen la exteriorización material de un plan conspiratorio para cometer unos hechos que están perfectamente definidos como un delito de estafa, sin que su ejecución se hubiese iniciado todavía como consecuencia de la previa intervención policial.

PROPOSICIÓN PARA DELINQUIR

La proposición existe cuando el sujeto que ha resuelto cometer un hecho delictivo concreto invita a otra u otras personas para co-ejecutar o para participar en el mismo (art. 17.2 CP). Esa invitación ha de ser precisa, concreta, persuasiva, convincente. A efectos de su punición, resulta intranscendente que la invitación sea aceptada o no por el destinatario.

V. gr. A, que ya había tomado la decisión de darle una paliza a B, propone a sus amigos C y D que entre los tres golpeen a la víctima para darle un escarmiento por haber escrito en el coche en su coche la palabra *"tonto"*.

PROVOCACIÓN PARA DELINQUIR

La provocación para delinquir existe cuando directamente se incita a otros a la perpetración de un delito concreto a través de la imprenta, la radiodifusión o cualquier otro medio de eficacia semejante, que facilite la publicidad, o ante una concurrencia de personas (art. 18.1 CP). El provocador, a diferencia del proponente, no tiene la intención de cometer el delito, pretende que sean otros los que lo realicen. Si la provocación va seguida de la realización del hecho delictivo por parte de alguna persona, al provocador se le castigará como inductor (art. 18.2 CP).

V. gr. el alcalde de un pueblo invita, durante una alocución en la emisora local, a que todos los vecinos detengan y conduzcan al polideportivo municipal a cualquier extranjero que encuentren en el pueblo.

DESISTIMIENTO

El desistimiento, en el ámbito penal, tiene lugar cuando el sujeto realiza todas las acciones desencadenantes de la causalidad sin que se alcance el resultado típico, bien porque desiste de la ejecución ya iniciada (desistimiento pasivo), bien porque realiza una actuación que evita la producción del resultado (desistimiento activo).

Los requisitos que deben concurrir para su apreciación son los siguientes (art. 16.2 CP): a) que nos hallemos ante la comisión de un delito en grado de tentativa, cualquiera que fuere el grado de ejecución alcanzado (acabada/inacabada); b) que la falta de consumación del delito se deba a una actuación realizada por el propio autor, no de la víctima o de terceros; c) que la actuación del autor consista en un comportamiento pasivo o activo que impida la producción del resultado; y d) que ese comportamiento sea completamente voluntario y no condicionado por causas ajenas a la voluntad del sujeto.

V. gr. A invitó a B a su casa, una vivienda unifamiliar, para mantener relaciones sexuales. En un momento de la noche, A asestó diversas apuñaladas a B causándole heridas idóneas para ocasionarle la muerte. No obstante, posteriormente cambió su inicial dolo homicida y procedió a envolver a la víctima en una manta para trasladarla, seguidamente, a un hospital donde fue intervenida quirúrgicamente de urgencia. La actuación de A, fruto espontáneo de su libre voluntad, resultó determinante para salvar la vida de B.

TENTATIVA

La tentativa es una forma imperfecta de realización del hecho delictivo que tiene lugar cuando el sujeto ha iniciado dolosamente la ejecución del delito practicando todos o parte de los actos que objetivamente deberían producir el resultado y, sin embargo, éste no se produce por causas independientes a su voluntad (art. 16.1 CP).

V. gr. A quiere matar a B. Para ello, espera a que se encuentre dormido procediendo, en este momento, a dispararle hasta en tres ocasiones. Seguidamente abandona el domicilio dejando a B desangrándose. Los vecinos, alertados por los disparos, llamaron inmediatamente a la policía y al 061. Con su rápida intervención, consiguieron estabilizarlo y trasladarlo al hospital donde se recuperó tras diversas intervenciones quirúrgicas. A es autor de un delito de asesinato en grado de tentativa.

TENTATIVA CUALIFICADA

De conformidad con el artículo 16.2 CP, *"quedará exento de responsabilidad penal por el delito intentado quien evite voluntariamente la consumación del delito, bien desistiendo de la ejecución ya iniciada, bien impidiendo la producción del resultado, sin perjuicio de la responsabilidad en que pudiera haber incurrido por los actos ejecutados, si éstos fueren ya constitutivos de otro delito"*.

Estos supuestos reciben el nombre de tentativa cualificada, y se solucionan con la impunidad respecto del delito que se inicia, pero del que se desiste (no existe consumación), pero castigando por el otro delito ya consumado.

V. gr. Andrés quiere matar a Juan procediendo para ello a dispararle mientras aquél duerme. El disparo le alcanza en el abdomen. Juan permanece herido en la cama, desangrándose y totalmente a merced de la voluntad de Andrés. No obstante, Andrés se arrepiente de su actuación y, voluntariamente, decide no consumar el delito de asesinato y llevar a Juan al hospital más cercano para que sea asistido. En este caso, se aprecia un desistimiento voluntario en la comisión del delito de asesinato que llevará a exención de responsabilidad penal, pero será castigado por las lesiones causadas.

TENTATIVA INIDÓNEA

El delito imposible o tentativa inidónea se da cuando, por inidoneidad del objeto, medio o sujeto, no puede llegarse a la consumación del delito que se ha intentado. En aquellos casos en que la inidoneidad es tal que, para cualquier espectador objetivo, colocado en la situación del autor, carecería de base el poder alcanzar la consumación, se habla de tentativa irreal (por ejemplo, pretender envenenar con azúcar, intentar asesinar a otro por medio de conjuros, etc.).

Es necesario diferenciar entre dos clases de tentativas inidóneas:

a) La inidoneidad absoluta será impune;

V. gr. intentar matar a una persona metiendo en el congelador un muñeco con su foto.

b) Por el contrario, los casos de inidoneidad relativa –por ser los medios utilizados "objetivamente" valorados "*ex ante*" y desde una perspectiva general, abstracta y racionalmente aptos para ocasionar el resultado típico– resulta punible.

V. gr. en el marco de un control policial, los agentes de la Guardia Civil solicitan a A que proceda a bajarse del vehículo y a abrir el maletero. En ese momento, de forma totalmente repentina, A se abalanza sobre uno de los agentes arrebatándole el arma reglamentaria –que no tenía seguro, pero estaba sin martillar–. La dirigió hacia el abdomen del ageste y, a una distancia de cinco centímetros, accionó el gatillo en diversas ocasiones. Estamos ante un supuesto de tentativa inidónea relativa de un delito de homicidio ya que *"el autor con su acción demuestra la intención de acabar con la vida del agente y el resultado no se produce por causas independientes a su voluntad, concretamente al no estar montada el arma, e impedírselo el propio agente que tenía agarrado el cañón para evitarlo"* (ATS 441/2016, de 17 de marzo).

CONSUMACIÓN

La consumación es la realización de la totalidad de los elementos del tipo de acción. Por tanto, equivale a la plena realización del tipo.

En los delitos de mera actividad y de omisión propia, la consumación tiene lugar desde el momento en que se realiza la actividad típica prohibida o se deja de hacer el comportamiento prescrito, sin necesidad de la causación de un resultado, ya que éste no es requerido por el tipo.

En los delitos de resultado y en los de comisión por omisión, la consumación exige, además de la realización completa de la conducta activa u omisiva típica, la producción del resultado.

AUTOR DIRECTO O INDIVIDUAL

El autor directo o individual es el que realiza la conducta descrita en el tipo penal de la Parte Especial del Código Penal (teoría objetivo-formal). Para otro sector doctrinal, autor directo es quien tiene el dominio de la ejecución del hecho y tiene la voluntad de dominarlo (teoría del dominio del hecho).

AUTOR MEDIATO

El autor mediato es aquel que realiza la conducta descrita en el tipo penal de la parte especial del Código Penal por medio de otro del que se sirve como instrumento (art. 28 CP). La comisión de un delito a través de un sujeto que actúa en error constituye uno de los supuestos más representativos de autoría mediata.

V. gr. A, con la intención de no ser acusado de la comisión de un delito de hurto, utiliza a B (un menor de catorce años) para la sustracción de un reloj, desconociendo el menor que no le pertenece a A, sino a un tercero. En este supuesto, A sería autor mediato de un delito de hurto agravado (art. 235.1.8ª CP).

COAUTOR

La coautoría se apreciará cuando varias personas, de común acuerdo, toman parte en la ejecución de un hecho típico constitutivo de delito. La coautoría se caracteriza por: a) una decisión conjunta de los autores que permite engarzar las respectivas actuaciones funcionalmente (condominio funcional del hecho) divididas conforme a un acuerdo previo (*pactum scaeleris*) y b) las acciones de los coautores deben estar enmarcadas en fase de ejecución del delito.

En atención a ello, no es necesario que cada coautor ejecute los actos materiales del núcleo del tipo penal, sino que a través del desarrollo del *pactum scaeleris* y del condominio funcional del hecho cabe integrar en la coautoría aportaciones ajenas al núcleo del tipo, como la de quienes planifican, organizan y dirigen a distancia la operación, sin intervenir directa y materialmente en su ejecución.

V. gr. acuerdo de un grupo familiar para agredir conjuntamente a otro bando familiar, acudiendo al lugar con instrumentos peligrosos cada uno con dominio por todos del hecho, sin que sea necesario individualizar la acción de cada miembro del grupo familiar para su castigo.

INDUCTOR

La inducción consiste en determinar, persuadir, instigar, influir o mover a otra persona para que realice un hecho criminal (art. 28.a CP). En definitiva, supone hacer nacer en otra persona, a través de cualquier medio, una voluntad criminal de la que carecía. La inducción, para ser apreciada penalmente, ha de reunir los siguientes requisitos: a) tiene que ser anterior al hecho; b) ha de ser directa, es decir, debe ser ejercida sobre persona determinada y encaminada a la comisión de un hecho determinado sin que esa persona hubiera estado previamente decidida a cometer la infracción; c) la incitación ha de ser intensa y adecuada, de forma que, motive suficientemente al inducido a la perpetración del hecho deseado; d) el inductor ha de tener intención de inducir e intención de que el autor cometa el hecho (basta dolo eventual) y e) que el inducido realice, efectivamente, el tipo delictivo a que ha sido incitado o, al menos, comience a ejecutar el hecho (tentativa).

COOPERADOR NECESARIO

La cooperación necesaria supone una ayuda cualificada al autor principal, esto es, una intervención en el proceso de ejecución del delito que suponga una aportación indispensable, conforme a la dinámica objetiva del hecho (art. 28 CP). Por tanto, son dos los elementos que deben concurrir: un acuerdo de voluntades y una contribución, activa u omisiva, pero siempre eficaz y trascendente.

V. gr. En el marco de un delito de robo, será cooperador necesario aquél que permanezca en el exterior con el motor del vehículo encendido a efecto de posibilitar una rápida huida del lugar de los hechos, en tanto que se trata de una aportación determinante para el éxito delito perpetrado.

PARTÍCIPE

Los partícipes son las personas que no realizan directamente el hecho. Es decir, no ejecutan o realizan actos consumativos del mismo, sino que contribuyen, colaboran o ayudan a que el autor o autores lo realicen. Son partícipes los siguientes: el inductor, el cooperador necesario y el cómplice.

CÓMPLICE

El cómplice es aquel sujeto que coadyuva a la ejecución del hecho punible con actos anteriores o simultáneos a la ejecución del delito los cuales no tiene carácter ejecutivo (art. 29 CP). Estos actos de colaboración tienen carácter meramente accesorio o secundario, no resultando imprescindibles para el desarrollo del *iter criminis*. El dolo del cómplice, que basta que sea eventual, radica en el necesario conocimiento del propósito criminal del autor y en la conciencia y voluntad de coadyuvar a la ejecución del hecho punible. Se distingue de la coautoría en la carencia del dominio funcional del acto, y de la cooperación necesaria en el carácter secundario de la intervención, sin la cual la acción delictiva podría igualmente haberse realizado, por no ser su aportación de carácter necesario, bien en sentido propio, bien en el sentido de ser fácilmente sustituible al no tratarse de un bien escaso.

> *V. gr.* actos de vigilancia exterior realizados en un contexto en el que esa acción, aunque puedan calificarse de útiles, no resultan imprescindibles para la perpetración del delito. El lugar de los hechos se situó al fondo de una zona de garajes, al anochecer, sin que los hechos pudieran ser percibidos desde la calle. En este contexto, esos actos de vigilancia son claramente accesorios o secundarios a la acción principal, careciendo el vigilante del condominio del hecho.

CONCURSO DE DELITOS

El concurso de delito tiene lugar cuando, para abarcar la total antijuridicidad de un comportamiento delictivo concreto, es necesaria la aplicación de los diferentes preceptos penales. A tal efecto podemos distinguir tres tipos de concursos de delitos: concurso ideal, medial y real.

CONCURSO IDEAL DE DELITOS

El concurso ideal de delito se aprecia cuando un mismo hecho es constitutivo de dos o más delitos (unidad de hecho y pluralidad de delitos) (art. 77.1 CP). A efectos de su punición se aplicará, de acuerdo con lo establecido en el artículo 77.2 CP, la pena prevista para la infracción más grave en su mitad superior, sin que su duración pueda exceder de la suma resultante de la que correspondería aplicar si se penaran separadamente las infracciones (principio de asperación). Cuando la pena así computada exceda de este límite, se sancionarán las infracciones por separado (principio de acumulación). No obstante, de conformidad con el Acuerdo del Pleno no jurisdiccional del Tribunal Supremo, de 20 de enero de 2015, en el caso de un ataque doloso (dolo directo o dolo eventual) contra la vida de varias personas la pena de determinará, se haya producido o no el resultado, con arreglo a las reglas previstas para el concurso real de delitos. Ello salvo que exista una regla penológica especial (v.gr. art. 382 CP).

V. gr. A, profesora de Historia del IES "Puerta Norte", reprende a B por su comportamiento en el aula. En ese momento, B se acerca a la profesora con un paraguas en la mano procediendo a golpearla en el rostro. Ello le ocasionó una herida incisiva en la ceja para cuya curación necesitó de cuatro puntos de sutura. Con esa única acción de golpear a su profesora, B comete dos delitos: un delito de atentado contra la autoridad (arts. 550 y siguientes CP) y de un delito de lesiones (arts. 147 y siguientes CP).

CONCURSO MEDIAL DE DELITOS

El concurso medial de delito tendrá lugar cuando en el caso concreto una infracción no puede cometerse sin la concurrencia de la otra (art. 77.1 CP). A efectos de su punición se impondrá, de acuerdo con lo dispuesto en el artículo 77.3 CP, una pena superior a la que habría correspondido, en el caso concreto, por la infracción más grave, y que no podrá exceder de la suma de las penas concretas que hubieran sido impuestas separadamente por cada uno de los delitos. Dentro de estos límites, el juez o tribunal individualizará la pena conforme a los criterios del artículo. 66 CP. En todo caso, la pena impuesta no podrá exceder del límite de duración previsto en el artículo 76 CP.

V. gr. La falsificación de un documento público como medio necesario para la comisión de un delito de estafa.

CONCURSO REAL DE DELITOS

El concurso real de delito se apreciará cuando varios hechos cometidos por una misma persona constituyen varios delitos (pluralidad de hechos y pluralidad de delitos). En este supuesto, al responsable se le impondrán todas las penas correspondientes a las diversas infracciones para su cumplimiento simultáneo, si fuera posible, por la naturaleza y efectos (art. 73 CP). De no resultar factible, se ejecutará cada una de ellas por el orden de su respectiva gravedad (art. 75 CP). En todo caso, el máximo de cumplimiento efectivo de la condena del culpable no podrá exceder del triple del tiempo por el que se le imponga la más grave de las penas en que haya incurrido, declarando extinguidas las que procedan desde que las ya impuestas cubran dicho máximo, que no podrá exceder de 20 años (art. 76.1 CP). Excepcionalmente, este límite máximo será: a) de 25 años, cuando el sujeto haya sido condenado por dos o más delitos y alguno de ellos esté castigado con pena de prisión de hasta 20 años; b) de 30 años, cuando el sujeto haya sido condenado por dos o más delitos y alguno de ellos esté castigado con pena de prisión superior a 20 años; c) de 40 años, cuando el sujeto haya sido condenado por dos o más delitos y, al menos, dos de ellos estén castigados con pena de prisión superior a 20 años; d) de 40 años, cuando el sujeto haya sido condenado por dos o más delitos referentes a organizaciones y grupos terroristas y delitos de terrorismo del Capítulo VII del Título XXII del Libro II de este Código y alguno de ellos esté castigado con pena de prisión superior a 20 años; e) cuando el sujeto haya sido condenado por dos o más delitos y, al menos, uno de ellos esté castigado con pena de prisión permanente revisable, se estará a lo dispuesto en los artículos 92 y 78 *bis*.

De conformidad con el Acuerdo del Pleno no jurisdiccional del Tribunal Supremo, de 20 de enero de 2015, en el caso de un ataque doloso (dolo directo o dolo eventual) contra la vida de varias personas la pena se determinará, se haya producido o no el resultado, con arreglo a las reglas previstas para el concurso real de delitos, salvo que exista una regla penológica especial (*v.gr.* art. 382 CP).

> *V. gr.* A tiene una orden de alejamiento respecto de B que le impide acercarse a esta última, a su domicilio y a su lugar de trabajo a una distancia de mil metros, así como comunicarse con ella por cualquier medio. Pese a estar en vigor dicha medida cautelar, A le remite a B, durante un periodo de tres meses, un total de sesenta y cinco mensajes de whatsapp. En el último hacía constar lo siguiente: *"Por la décima parte de lo que tú me has hecho otras están ya en el cementerio. Solo espero mi oportunidad. ¿Qué flores quieres que te lleve?"*. A es autor de un delito continuado de quebrantamiento de medida cautelar (arts. 468.2 y 74 CP), en concurso real con un delito de amenazas (art. 169 CP).

CONCURSO DE NORMAS

El concurso de normas tiene lugar cuando un determinado comportamiento o supuesto de hecho puede ser calificado, en principio, con arreglo a varios preceptos recogidos en el Código Penal, resultando aplicable finalmente uno solo, que desplaza a los demás. Para resolver el concurso de leyes y poder determinar qué precepto es el que ha de ser aplicado a un supuesto concreto, el artículo 8 CP establece una serie de principios: 1.ª el precepto especial se aplicará con preferencia al general (principio de especialidad); 2.ª el precepto subsidiario se aplicará sólo en defecto del principal, ya se declare expresamente dicha subsidiariedad, ya sea ésta tácitamente deducible (principio de subsidiariedad); 3.ª el precepto penal más amplio o complejo absorberá a los que castiguen las infracciones consumidas en aquél (principio de consunción o absorción); 4.ª en defecto de los criterios anteriores, el precepto penal más grave excluirá los que castiguen el hecho con pena menor (principio de gravedad).

DERECHO ADMINISTRATIVO

Alejandro Villanueva Turnes
Profesor de Derecho Administrativo
Universidade de Santiago de Compostela

DERECHO ADMINISTRATIVO

El Derecho administrativo es una rama del ordenamiento jurídico que se encarga del estudio de la Administración Pública en sus distintos aspectos, así como de su funcionamiento.

CAPÍTULO 16

DERECHO ADMINISTRATIVO

Alejandro Villanueva Turnes
Profesor de Derecho Administrativo
Universidade de Santiago de Compostela

ADMINISTRACIÓN PÚBLICA

La Administración Pública es, ante todo, una persona jurídica. La CE permite obtener una serie de aspectos relativos a la misma en su articulado. Uno de los preceptos más relevantes es el artículo 103 CE. Así, una Administración Pública es una persona jurídica cuya función es la de servir a los intereses generales de manera objetiva. Además, debe actuar de acuerdo con una serie de principios, siendo estos los de eficacia, jerarquía, descentralización, desconcentración y coordinación. Junto con ello, no podemos obviar que, como no puede ser de otro modo, la Administración Pública va a estar sujeta a la Ley y al Derecho.

Además de lo señalado, puede afirmarse que la Administración Pública se enmarca en el Poder Ejecutivo en el contexto del tradicional principio de división de poderes establecido por Montesquieu. A pesar de que la CE no establece en ningún precepto este principio, el mismo se puede observar en la configuración que llevó a cabo el Constituyente, regulando en Títulos independientes a las Cortes Generales (encargadas del poder legislativo), al Gobierno (encargado del poder ejecutivo) y al Poder Judicial (encargado del poder homónimo), sabiendo que, junto con el Gobierno se ha incluido a la propia Administración. Con razón el Título IV lleva por rúbrica *"Del Gobierno y de la Administración"*.

En la STC 196/1990, de 29 de noviembre, puede verse la siguiente interesante reflexión: *"Este Tribunal ha señalado recientemente que «no toda actuación del Gobierno, cuyas funciones se enuncian en el art. 97 del Texto constitucional, está sujeta al Derecho administrativo. Es indudable, por ejemplo, que no lo está, en general, la que se refiere a las relaciones con otros órganos constitucionales, como son los actos que regula el título V de la Constitución» (STC 45/1990, fundamento jurídico 2.º). Quiere decirse con ello que en tales casos el Gobierno actúa como órgano político y no como órgano de la Administración, no ejerce potestades administrativas ni dicta actos de esta naturaleza y, por lo mismo, su actuación no puede calificarse como «administrativa» cuyo control corresponda ex arts. 106.1 de la Constitución y 8 L.O.P.J. a los Tribunales de justicia. Estas ideas, formuladas en términos generales respecto de las relaciones entre Gobierno y Cortes, son también aplicables a las relaciones entre los Ejecutivos autonómicos y las correspondientes Asambleas Legislativas, por lo que la justificación dada por el Tribunal Supremo para entender que no existía sujeción al Derecho administrativo del acto impugnado es plenamente razonable y ajustada a la Constitución. La solución contraria podrá desnaturalizar el juego democrático entre aquellas instituciones"* (Fundamento jurídico 5).

AUTOTUTELA ADMINISTRATIVA

Cuando se habla de autotutela administrativa se está haciendo referencia al especial trato que la Administración Pública recibe en lo que a la tutela de su situación jurídica se refiere. De esta manera, se la exime de tener que acudir a los tribunales para hacer valer sus actos, los cuales puede imponer a los destinatarios de los mismos. Debemos tener presente que lo que acaba de decirse no implica que la persona destinataria de sus actuaciones no tenga mecanismos jurídicos adecuados para poder defenderse de la ejecución de actos dictados por la Administración que considere erróneos o ilícitos.

La STC 22/1984, de 17 de febrero, establece: *"La potestad de la Administración de autoejecución de las resoluciones y actos dictados por ella, se encuentra en nuestro Derecho positivo vigente legalmente reconocida y no puede considerarse que sea contraria a la Constitución. Es verdad que el art. 117.3 de la Constitución atribuye al monopolio de la potestad jurisdiccional consistente en ejecutar lo decidido a los Jueces y Tribunales establecidos en las Leyes, pero no es menos cierto que el art. 103 reconoce como uno de los principios a los que la Administración Pública ha de atenerse, el de eficacia «con sometimiento pleno a la Ley y al Derecho». Significa ello una remisión a la decisión del legislador ordinario respecto de aquellas normas, medios e instrumentos en que se concrete la consagración de la eficacia. Entre ellas, no cabe duda de que se puede encontrar la potestad de autotutela o de autoejecución practicable genéricamente por cualquier Administración Pública con arreglo al art. 103 de la Constitución y por ende puede ser ejercida por las autoridades municipales, pues, aun cuando el art. 140 de la Constitución establece la autonomía de los municipios, la administración municipal es una administración pública en el sentido del antes referido art. 103.*

Una vez admitida la conformidad con la Constitución de la potestad administrativa de autotutela, en virtud de la cual se permite que la Administración emane actos declaratorios de la existencia y límites de sus propios derechos con eficacia ejecutiva inmediata, hay en seguida que señalar que la Administración, que, a través de sus órganos competentes, procede a la ejecución forzosa de actos administrativos, tiene en los actos de ejecución que respetar los derechos fundamentales de los sujetos pasivos de la ejecución" (Fundamento jurídico 4).

EMPLEO PÚBLICO

Con el término empleo público se alude a aquel trabajo desempeñado en el seno de la Administración Pública. Los empleados públicos son, por su parte, aquellas personas que desempeñen funciones de carácter retribuido en las Administraciones Públicas al servicio de los intereses generales. Esta conceptualización se recoge en la actual normativa reguladora del empleo público en el ordenamiento jurídico español que es el Real Decreto Legislativo 5/2015, de 30 de octubre, por el que se aprueba el texto refundido de la Ley del Estatuto básico del empleado público. Con base a esta normativa podemos encontrarnos distintas clasificaciones de empleados públicos, como son la de funcionario de carrera, funcionario interino, personal laboral y personal eventual.

La forma de acceder al empleo público variará dependiendo de la clase de empleo público resultante, pero se puede afirmar que existen tres mecanismos: el concurso, la oposición y el concurso-oposición.

La posibilidad de acceder a las funciones y cargos públicos en condiciones de igualdad, con los requisitos que señalen las leyes, se contempla en el artículo 23.2 CE. De conformidad con el artículo 103.3 CE, la ley regulará el acceso a la función pública de acuerdo con los principios de igualdad, mérito y capacidad. A ellos se han añadido normativamente otros tales como: la publicación tanto de las convocatorias como de sus bases, la transparencia, la imparcialidad y profesionalidad en los miembros que formen parte de los órganos de selección; la independencia y discrecionalidad técnica en la actuación de dichos órganos; la adecuación entre las funciones que se van a llevar a cabo en el puesto y el contenido del proceso selectivo; la agilidad en el procedimiento de selección (art. 55 del texto refundido mencionado).

La STC 47/1990, de 20 de marzo, establece: *"El derecho fundamental reconocido en el art. 23.2 garantiza una situación jurídica de igualdad de los ciudadanos en el acceso a los cargos y funciones públicas, con la consecuencia de que no pueden establecerse requisitos para acceder a los mismos que tengan carácter discriminatorio. Por lo que se refiere a la regulación de tales requisitos, en cada supuesto concreto de acceso a un cargo o función pública, la remisión a las leyes que dicho precepto contempla ha de ponerse en conexión con las previsiones que la propia Constitución establece en cuanto a la normación sustantiva de unos u otros cargos y funciones públicas y, muy en especial, en lo que concierne al rango o tipo de norma que deba regular el acceso a toda clase de cargos y funciones"* (Fundamento jurídico 7).

PROCEDIMIENTO ADMINISTRATIVO

El procedimiento administrativo puede definirse como aquel cauce mediante el cual la Administración Pública forma su voluntad. Dentro de las competencias recogidas en la CE se establece, en el artículo 149.1.18ª, que es competencia exclusiva del Estado el procedimiento administrativo común, sin perjuicio de que puedan existir especialidades con relación a la organización de las Comunidades Autónomas.

En el desarrollo de esta competencia constitucional nació la Ley 30/1992, de 26 de noviembre, de Régimen Jurídico de las Administraciones Públicas y del Procedimiento Administrativo Común, la cual estuvo vigente durante más de veinte años, encargándose de esta materia hasta que se aprobó la actual norma reguladora del procedimiento administrativo, que es la Ley 39/2015, de 1 de octubre, del Procedimiento Administrativo Común de las Administraciones Públicas.

El procedimiento administrativo común está constituido por las siguientes fases: la iniciación –que puede ser a solicitud del interesado, pero también de oficio por la propia Administración–, la ordenación, la instrucción y la terminación.

Con relación a la competencia del procedimiento administrativo común, puede confrontarse la STC 227/1988, de 29 de noviembre, a tenor de la cual: *"La resolución de esta controversia exige determinar ante todo lo que debe entenderse por «procedimiento administrativo común», a los efectos prevenidos en el citado art. 149.1.18.ª de la Constitución. El adjetivo «común» que la Constitución utiliza lleva a entender que lo que el precepto constitucional ha querido reservar en exclusiva al Estado es la determinación de los principios o normas que, por un lado, definen la estructura general del iter procedimental que ha de seguirse para la realización de la actividad jurídica de la Administración y, por otro, prescriben la forma de elaboración, los requisitos de validez y eficacia, los modos de revisión y los medios de ejecución de los actos administrativos, incluyendo señaladamente las garantías generales de los particulares en el seno del procedimiento. Ahora bien, sin perjuicio del obligado respeto a esos principios y reglas del «procedimiento administrativo común», que en la actualidad se encuentran en las Leyes generales sobre la materia –lo que garantiza un tratamiento asimismo común de los administrados ante todas las Administraciones públicas, como exige el propio art. 149.1.18.ª–, coexisten numerosas reglas especiales de procedimiento aplicables a la realización de cada tipo de actividad administrativa ratione materiae. La Constitución no reserva en exclusiva al Estado la regulación de estos procedimientos administrativos especiales. Antes bien, hay que entender que ésta es una competencia conexa a las que, respectivamente, el Estado o las Comunidades Autónomas ostentan para la regulación del régimen sustantivo de cada actividad o servicio de la Administración. Así lo impone la lógica de la acción administrativa, dado que el procedimiento no es sino la forma de llevarla a cabo conforme a Derecho. (...) En consecuencia, cuando la competencia legislativa sobre una materia ha sido atribuida a una Comunidad Autónoma, a ésta cumple también la aprobación de las normas de procedimiento administrativo destinadas a ejecutarla, si bien deberán respetarse en todo caso las reglas del procedimiento establecidas en la legislación del Estado dentro del ámbito de sus competencias"* (Fundamento jurídico 32).

ACTO ADMINISTRATIVO

Un acto administrativo puede conceptualizarse como aquella declaración que proviene de la Administración Pública. Aquí debe aclararse, sin embargo, que doctrinalmente se ha excluido de la categorización de actos administrativos a los Reglamentos, los cuales no son otra cosa que una modalidad normativa, siendo, en definitiva, algo diferente.

Todo acto administrativo va a tener una serie de aspectos relevantes como son el elemento objetivo, el cual se relaciona con el contenido del propio acto que tiene que ser concordante al ordenamiento jurídico; el elemento subjetivo, referido a la competencia, debiendo provenir el acto administrativo de quien puede dictarlo; y el elemento formal, que apunta a una serie de formalidades establecidas en la normativa que deben contemplarse.

REGLAMENTO

El término Reglamento alude a una modalidad normativa infralegal desde un punto de vista jerárquico. Se trata de una norma proveniente del Gobierno y de la Administración Pública que tiene cabida a nivel estatal, autonómico y local (a este respecto *vid.* artículo 128 de la Ley 39/2015, de 1 de octubre, del Procedimiento Administrativo Común de las Administraciones Públicas).

Existen tres modalidades de Reglamento. A saber: Reglamento ejecutivo (se encarga de la ejecución de una Ley existente); Reglamento independiente (regula algo en lo que no hay una Ley ni una reserva de Ley) y Reglamento de necesidad (reservado para situaciones excepcionales).

En atención al artículo 106 CE, serán los Tribunales quienes se encarguen de controlar el ejercicio de la potestad reglamentaria. Esto es diferente a lo que ocurre con las leyes, que son controladas por el Tribunal Constitucional (un órgano jurisdiccional no perteneciente al Poder Judicial).

SILENCIO ADMINISTRATIVO

De forma simplificada se puede afirmar que el silencio administrativo es una ficción jurídica. La Administración Pública tiene el deber de resolver los procedimientos, con independencia de que estos se inicien de oficio o a solicitud del interesado. En el caso de que la Administración no resuelva en el plazo estipulado para ello, no resulta idóneo que los interesados tengan que esperar indefinidamente una resolución extemporánea, por ello, cuando finaliza el mencionado plazo, se entiende que la Administración sí ha resuelto. En este sentido, el silencio administrativo puede ser de dos tipos. Por un lado, está el silencio administrativo positivo o estimatorio, en el que el administrado entiende aceptadas sus pretensiones y, por otro lado, el silencio administrativo negativo o desestimatorio, en cuyo caso el administrado las entiende rechazadas.

La finalidad perseguida por esta figura no es sino que se le dé la oportunidad al administrado de salir de ese limbo en el que se encuentra a expensas de obtener una resolución que ya debería haber obtenido, proporcionándole la opción de presentar un recurso en el caso de que el silencio sea desfavorable a sus pretensiones. Se halla regulado en los artículos 24 y 25 de la Ley 39/2015, de 1 de octubre, del Procedimiento Administrativo Común de las Administraciones Públicas.

A este respecto destacamos la STS, Sala de lo contencioso-administrativo, 801/2019, de 25 de noviembre: *"El alcance del silencio positivo administrativo que viene reconociendo esta Sala, diciendo que «no debe ser un instituto jurídico formal, sino la garantía que impida que los derechos de particulares se vacíen de contenido cuando Administración no atiende eficazmente y con la celeridad debida las funciones para las que se ha organizado», y siguiendo la interpretación que del silencio administrativo positivo venía haciendo la Sala Tercera de este Tribunal según la cual: «una vez operado el silencio positivo, no es dable efectuar un examen sobre la legalidad intrínseca del acto presunto, pues, si bien es cierto, que según el art. 62.1 f) de la Ley 30/92 son nulos de pleno dere-*

cho los actos presuntos 'contrarios' al Ordenamiento Jurídico por los que se adquieren facultades o derechos cuando se carezca de los requisitos esenciales para su adquisición, no es menos cierto que para revisar y dejar sin efecto un acto presunto (nulo) o anulable la Administración debe seguir los procedimientos de revisión establecidos por el art. 102, o instar la declaración de lesividad»" (Fundamento jurídico 4).

COMUNICACIÓN

La comunicación es un instrumento de Derecho administrativo que se encuadra en las técnicas de intervención administrativa, al igual que sucede con la declaración responsable. La finalidad perseguida es la de simplificar los trámites existentes.

Se trata de un mecanismo que fundamentalmente consiste en poner en conocimiento de la Administración Pública una serie de datos (tanto identificativos como otros relevantes), cuyo fin es el de poder iniciar una actividad o ejercer un derecho.

Su aparición en el procedimiento administrativo vino de la mano de la transposición de la Directiva 2006/123/CE, del Parlamento Europeo y del Consejo, de 12 de diciembre de 2006, relativa a los servicios en el mercado interior.

En un inicio, cuando se incorporó a la ya derogada Ley 30/1992, de 26 de noviembre, de Régimen Jurídico de las Administraciones Públicas y del Procedimiento Administrativo Común, recibía el nombre de comunicación previa. Actualmente su regulación se encuentra en el artículo 69 de la Ley 39/2015, de 1 de octubre, del Procedimiento Administrativo Común de las Administraciones Públicas, en la cual se ha suprimido la calificación de *"previa"* quedándose únicamente en comunicación.

DECLARACIÓN RESPONSABLE

La declaración responsable es un instrumento de Derecho administrativo que se encuadra en las técnicas de intervención administrativa. La finalidad perseguida es la de simplificar los trámites existentes.

Se trata de un mecanismo que implica que la persona que lo emplea se hace responsable de los datos que aporta a la Administración. Para ser exactos, se trata de un documento a través del cual una persona va a poner de manifiesto (a la Administración Pública) que cumple con una serie de requisitos que le van a permitir que se le reconozca una facultad o un derecho, o bien que pueda llevar a cabo su ejercicio. Esto implica que la persona que pone en práctica la declaración responsable puede acreditar este cumplimiento de requisitos y mantenerlos mientras dure el ejercicio o reconocimiento pretendido y, al mismo tiempo, se compromete a poner a disposición de la Administración la documentación acreditativa de aquellos.

Su aparición en el procedimiento administrativo vino de la mano de la transposición de la Directiva 2006/123/CE, del Parlamento Europeo y del Consejo, de 12 de diciembre de 2006, relativa a los servicios en el mercado interior.

Su regulación en el procedimiento administrativo se encuentra en el artículo 69 de la Ley 39/2015, de 1 de octubre, del Procedimiento Administrativo Común de las Administraciones Públicas.

A este respecto *vid.* la STC 70/2018, de 21 de junio: *"la vigente Ley 39/2015 regula la declaración responsable, en cuanto técnica general de intervención administrativa, sin determinar los supuestos de hecho en los que procede recurrir a la misma. [...].*

A la vista de esta regulación, de corte estrictamente procedimental, podemos decir que, aunque en otras ocasiones este Tribunal ha encuadrado la normas estatales que establecían la declaración responsable, como concreta técnica de intervención administrativa en un sector determinado, en el ejercicio de la competencia del Estado para la ordenación general de la economía (art. 149.1.13 CE), en cuanto que con ella se perseguía simplificar el régimen administrativo de control previo, facilitando la más ágil realización de una actividad económica en un ámbito concreto de actividad (STC 79/2017, de 22 de junio, FJ 18). Y, pese a que también hemos señalado, en otras ocasiones, que puede establecerse dicha técnica de intervención como mecanismo para el aseguramiento de las condiciones básicas de igualdad en el ejercicio de un derecho (art. 149.1.1 CE) –como, por ejemplo, el de libertad religiosa, en relación con la apertura de lugares de culto (STC 54/2017, de 11 de mayo)–, resulta que, en el caso del artículo 69 LPAC, al tratarse de una regulación general relativa a los contenidos mínimos y al régimen común de tramitación de cualquier tipo de declaración responsable, como pura técnica de intervención administrativa al margen del ámbito concreto en el que opere, estamos, nuevamente, ante el ejercicio por parte del Estado de su competencia para establecer el procedimiento administrativo común (art. 149.1.18 CE)" (Fundamento jurídico 11).

ADMINISTRACIÓN ELECTRÓNICA

De manera sencilla, puede afirmarse que bajo la denominación de Administración electrónica se hace referencia a la posibilidad de emplear los medios electrónicos en las relaciones con la Administración Pública.

En España nació, en el año 2007, la Ley 11/2007, de 22 de junio, de acceso electrónico de los ciudadanos a los servicios públicos. Esta norma, actualmente derogada, tuvo una importancia capital en lo que a la Administración electrónica se refiere, siendo la norma de referencia en la materia. En la actualidad, lo relativo a la regulación de la Administración electrónica se puede encontrar en distintos cuerpos normativos, siendo uno de los más relevantes, la Ley 39/2015, de 1 de octubre, del Procedimiento Administrativo Común de las Administraciones Públicas. En esta se puede observar, por ejemplo, cómo el artículo 14 establece la obligación de relacionarse electrónicamente con la Administración Pública para algunos sujetos.

EXPROPIACIÓN FORZOSA

La Administración Pública puede incidir en el derecho de propiedad. Una de las intervenciones más destacadas en este ámbito es la resultante del ejercicio de la denominada potestad expropiatoria, la cual da lugar a la expropiación forzosa.

La expropiación forzosa puede definirse como la privación, despojo o ablación de la propiedad privada, así como de derechos o intereses patrimoniales legítimos a cambio de una contraprestación que recibe el nombre de justiprecio. Ahora bien, esto no puede producirse siempre y en todo caso, ya que existe un presupuesto habilitante para que pueda darse, siendo éste que la actividad expropiatoria se lleve a cabo por razones de utilidad pública o interés social.

Debemos aclarar que el propio artículo 33 CE, el cual se encarga de la regulación de la propiedad privada y de la herencia, alude a esta privación en su apartado tercero. Por lo tanto, estamos ante una privación de esos bienes, derechos o intereses que está permitida constitucionalmente cuando existen razones de interés general que vienen de la mano de las ya mencionadas razones de utilidad pública o interés social.

La expropiación forzosa se regula esencialmente en la Ley de expropiación forzosa de 1954 y en su Reglamento de desarrollo. Estamos, pues, ante una norma preconstitucional.

Respecto de la expropiación forzosa, es necesario traer a colación lo dispuesto en la STC 37/1987, de 26 de marzo, que alude a la competencia recogida en la CE sobre esta materia: *"no parece dudoso que cuando, en virtud del sistema de distribución de competencias que resulta de la Constitución y de los Estatutos de Autonomía, la legislación sectorial corresponda a las Comunidades Autónomas, son éstas, y no el Estado, las que ostentan la potestad de definir legalmente los supuestos en que cabe hacer uso del instrumento expropiatorio mediante la declaración de la causa expropiandi necesaria en cada caso, sin perjuicio de la obligación de atenerse a la legislación general del Estado que garantiza por igual los derechos patrimoniales de todos los sujetos privados. De todo ello se sigue que la reserva constitucional en favor del Estado sobre la legislación de expropiación forzosa no excluye que por Ley autonómica puedan establecerse, en el ámbito de sus propias competencias, los casos o supuestos en que procede aplicar la expropiación forzosa, determinando las causas de expropiar o los fines de interés público a que aquélla deba servir. De lo contrario se llegaría al absurdo de que las Comunidades Autónomas, habiendo constatado la existencia de nuevas causas de utilidad pública o interés social justificadoras de la expropiación para el desarrollo de sus respectivas competencias, tuvieran que solicitar del Estado la regulación formal de aquéllas, o a la no menos absurda conclusión, por petrificadora del ordenamiento, de no poder identificar tales supuestos legitimadores más allá de los que, antes de la instauración del Estado de las Autonomías, hayan sido declarados como tales por las Leyes del Estado en materias sobre las que éste ha dejado de tener competencia."* (Fundamento jurídico 6).

RESPONSABILIDAD PATRIMONIAL

Bajo la denominación de responsabilidad patrimonial de las Administraciones Públicas ha de entenderse aquella circunstancia en la cual una persona tiene derecho a ser indemnizada por los perjuicios que la actividad de la Administración Pública le haya podido ocasionar, sabiendo que se excluyen supuestos de fuerza mayor y aquellas cargas legalmente establecidas que deban ser soportadas. De esta manera se recoge en el artículo 106.2 CE, sabiendo que su regulación infraconstitucional puede encontrarse en el artículo 32 y siguientes de la Ley 40/2015, de 1 de octubre, de Régimen Jurídico del Sector Público. Aparte de esta responsabilidad, no puede olvidarse la existencia de responsabilidad derivada de la actuación del poder legislativo y del poder judicial.

En la STC 112/2018, de 17 de octubre, se ha indicado lo siguiente: *"hemos de partir de que el tenor del artículo 106.2 supone la recepción constitucional del sistema de responsabilidad de la Administración previamente vigente en España, cuyo carácter objetivo venía siendo ampliamente aceptado por la doctrina y la jurisprudencia. En efecto, el artículo 106.2 CE recoge en su texto que: «Los particulares, en los términos establecidos por la ley, tendrán derecho a ser indemnizados por toda lesión que sufran en cualquiera de sus bienes y derechos, salvo en los casos de fuerza mayor, siempre que aquella lesión sea consecuencia del funcionamiento de los servicios públicos». El texto, producto de una enmienda introducida en el debate constitucional al originario texto del anteproyecto de Constitución, que no había incluido ninguna referencia a la responsabilidad patrimonial de las administraciones públicas, vino, pues, a reproducir parcialmente la redacción del artículo 32.1 de la Ley de 20 de julio de 1957, de régimen jurídico de la Administración del Estado, que había señalado que «[l]os particulares tendrán derecho a ser indemnizados por el Estado de toda lesión que sufran en cualquiera de sus bienes y derechos, salvo en los casos de fuerza mayor, siempre que aquella lesión sea consecuencia del funcionamiento normal o anormal de los servicios públicos o de la adopción de medidas no fiscalizables en vía contenciosa», precepto que tenía, a su vez, su antecedente en el artículo 121.1 de la Ley de expropiación forzosa de 16 de diciembre de 1954, que dispone que «[d]ará también lugar a indemnización con arreglo al mismo procedimiento toda lesión que los particulares sufran en los bienes y derechos a que esta Ley se refiere, siempre que aquélla sea consecuencia del funcionamiento normal o anormal de los servicios públicos». Así pues, el régimen constitucional de responsabilidad de las Administraciones públicas se rige por criterios objetivos, que implican la necesidad, no sólo de examinar la relación de causalidad, sino también la de formular un juicio de imputación del daño que permita conectar suficientemente el perjuicio producido con la actividad desarrollada por el agente del mismo, en este caso por una Administración pública. Esa es, claramente, la línea de interpretación marcada en nuestra propia doctrina"* (Fundamento jurídico 5).

RECURSOS ADMINISTRATIVOS

El término recursos administrativos hace referencia a una serie de mecanismos que permiten al interesado que, en el caso de no estar de acuerdo con una decisión que haya tomado la Administración Pública por considerarla errónea desde el punto de vista jurídico, pueda instar a que se reconsidere.

En el ordenamiento jurídico español distinguimos tres recursos administrativos con carácter esencial, a saber: el recurso de alzada, el potestativo de reposición y el extraordinario de revisión.

El primero de ellos, el recurso de alzada, se regula en los artículos 121 y 122 de la Ley 39/2015, de 1 de octubre, del Procedimiento Administrativo Común de las Administraciones Públicas. Un aspecto característico que lo rodea es que la resolución del recurso le va a competer al órgano superior jerárquico de quien dictó el acto recurrido. Por la contra, el recurso potestativo de reposición, cuya regulación se encuentra en los artículos 123 y 124 de la misma norma, va a ser resuelto por el mismo órgano que dictó el acto recurrido. Mientras en el primero, esto es, el de alzada, es imperativo interponerlo antes de poder acudir a la vía judicial, en el potestativo de reposición se puede optar por interponer el recurso administrativo o acudir directamente a la vía judicial.

En lo que respecta al recurso extraordinario de revisión, su regulación aparece en los artículos 125 y 126 del mismo cuerpo normativo, y en esta ocasión la resolución también le va a corresponder al mismo órgano que dictó el acto, debiendo ser interpuesto en circunstancias muy específicas recogidas en los preceptos mencionados.

DERECHO DEL TRABAJO Y DE LA SEGURIDAD SOCIAL

Alicia Villalba Sánchez
Profesora Ayudante Doctora de Derecho del Trabajo y de la Seguridad Social
Universidade de Santiago de Compostela

DERECHO DEL TRABAJO

El Derecho del trabajo se ocupa de la relación jurídica entablada entre quien voluntariamente presta servicios retribuidos por cuenta de otra persona, denominada empleador o empresario, dentro del ámbito de organización y dirección de ésta última. Por su parte, el Derecho de la seguridad social constituye una rama del ordenamiento jurídico compuesta fundamentalmente por normas de Derecho público cuya finalidad estriba en articular un sistema que depare una serie de prestaciones, en dinero o en especie, a aquellos sujetos que se encuentren en una situación de necesidad como consecuencia de la materialización de un riesgo social. Ambas procuran protección al trabajador. La primera, mientras aquél está en condiciones de cumplir su débito laboral. La segunda, cuando un infortunio legalmente previsto se lo impida.

CAPÍTULO 17

DERECHO DEL TRABAJO

Alicia Villalba Sánchez
Profesora Ayudante Doctora de Derecho del Trabajo y de la Seguridad Social
Universidade de Santiago de Compostela

AJENIDAD

La ajenidad se refiere a la cualidad del trabajo por cuenta ajena que se manifiesta en la transmisión originaria y automática de los frutos del trabajo al empleador (*"ajenidad en los frutos"*) quien, a su vez, proporciona al trabajador los útiles de trabajo (*"ajenidad en los medios"*), entabla las relaciones con el destinatario del producto final (*"ajenidad en el mercado"*) y asume los riesgos propios de la actividad económica desarrollada (*"ajenidad en los riesgos"*).

Al respecto, *vid.* la STS, Sala de lo Social, de 19 de febrero de 2014.

SUBORDINACIÓN

Característica de la prestación de servicios incluida dentro del ámbito de aplicación del Derecho del trabajo que implica el sometimiento del asalariado a las órdenes e instrucciones dictadas por el empresario en ejercicio de su poder de dirección. A ella alude el artículo 1 ET cuando dispone que la norma se aplicará a los trabajadores que presten servicios *"dentro del ámbito de organización y dirección de otra persona, física o jurídica, denominada empleador o empresario"*, y el artículo 20.1 ET al advertir que *"el trabajador estará obligado a realizar el trabajo convenido bajo la dirección del empresario o persona en quien éste delegue"*.

TRABAJADOR AUTÓNOMO

Persona física que realiza una actividad económica o profesional a título lucrativo de forma habitual, personal, directa, por cuenta propia y fuera del ámbito de dirección y organización de otra persona, proporcione o no ocupación a trabajadores por cuenta ajena. Dicho trabajador será económicamente dependiente cuando realice una actividad económica o profesional a título lucrativo y de forma habitual, personal, directa y predominante para una persona física o jurídica denominada cliente, de la cual dependen económicamente por percibir de él, al menos, el setenta y cinco por ciento de sus ingresos por rendimientos de trabajo y de actividades económicas o profesionales,

Al respecto, *vid.* artículos 1 y 11 de la Ley 20/2007, de 11 de julio, del Estatuto del trabajo autónomo.

TRABAJADOR POR CUENTA AJENA

Trabajador que presta sus servicios de manera personal, voluntaria y retribuida por cuenta de una persona, física o jurídica, denominada empleador o empresario, a cuyo ámbito de organización y dirección el trabajador queda adscrito. Su prestación de servicios estará sometida al Derecho del trabajo, con independencia de la denominación que las partes hubieran otorgado al contrato suscrito.

ABSORCIÓN

La absorción es la reducción del margen que media entre los salarios abonados al trabajador y los que pudiera fijar el convenio colectivo o la norma aplicable. El artículo 26.5 ET dispone que la absorción procederá cuando los salarios realmente abonados, en su conjunto y cómputo anual, sean más favorables para los trabajadores que los fijados en el orden normativo o convencional de referencia. Por consiguiente, cualquier mejora al alza de la regulación convencional o legal se *"absorbe"* o neutraliza mientras exista otra fuente que establezca una cuantía superior, salvo que medie pacto en contrario.

Al respecto, *vid.* la STS, Sala de lo Social, de 26 de abril de 1996.

CONCURRENCIA CONFLICTIVA

La concurrencia conflictiva consiste en la concurrencia de dos o más normas laborales, tanto estatales como pactadas, no susceptible de ser resuelta mediante el principio de jerarquía normativa, puesto que ambas deberán respetar en todo caso los mínimos de derecho necesario. Su resolución, con arreglo a lo dispuesto en el artículo 3.3 ET, se resolverá mediante la aplicación de lo más favorable para el trabajador apreciado en su conjunto, y en cómputo anual, respecto de los conceptos cuantificables.

CONDICIÓN MÁS BENEFICIOSA

La condición más beneficiosa es aquella más favorable a las reconocidas en la ley o en el convenio colectivo aplicable, adquirida por un trabajador a resultas de su reconocimiento expreso o tácito por parte de la empresa y consolidada a lo largo del tiempo. En este último supuesto ha de concurrir una voluntad inequívoca por parte de la empresa.

Al respecto, *vid.* STS, Sala de lo Social, de 14 de mayo de 2013.

CONVENIO COLECTIVO

El convenio colectivo es la norma de origen paccionado fruto de la negociación desarrollada por los representantes de los trabajadores y de los empresarios destinado a regular las condiciones de trabajo y de productividad en aquellas disposiciones que constituyan su *"contenido normativo"*. Igualmente podrán regular la paz laboral a través de las disposiciones que integren su *"contenido obligacional"*.

DENUNCIA

La denuncia, en el ámbito laboral, es el acto en virtud del cual una de las partes de un convenio colectivo hace valer la llegada de su término. La forma, condiciones y el plazo mínimo para realizarla antes de finalizar su vigencia forma parte del contenido mínimo del convenio (art. 82.3.d) ET). También se conoce como denuncia el acto por el cual se hace valer la llegada del término en un contrato de duración determinada. Los contratos de duración determinada que tengan establecido plazo máximo de duración, incluidos los contratos en prácticas y para la formación y el aprendizaje, concertados por una duración inferior a la máxima legalmente establecida, se entenderán prorrogados automáticamente hasta dicho plazo cuando no medie denuncia o prórroga expresa y el trabajador continúe prestando servicios. Expirada dicha duración máxima o realizada la obra o servicio objeto del contrato, si no hubiera denuncia y se continuara en la prestación laboral, el contrato se considerará prorrogado tácitamente por tiempo indefinido, salvo prueba en contrario que acredite la naturaleza temporal de la prestación.

Al respecto, *vid.* artículos 49.1.c) y 85 ET.

ULTRAACTIVIDAD

La ultraactividad se refiere a la vigencia de un convenio colectivo, una vez denunciado y concluida la duración pactada. En defecto de pacto, el convenio colectivo mantendrá su vigencia durante las negociaciones para la renovación de un nuevo texto, aunque las cláusulas convencionales por las que se hubiera renunciado a la huelga durante su vigencia decaerán a partir de su denuncia. No obstante, transcurrido un año desde la denuncia del convenio colectivo sin que se haya acordado un nuevo convenio o dictado un laudo arbitral, aquél perderá su vigencia, salvo pacto en contrario, y se aplicará, si lo hubiere, el convenio colectivo de ámbito superior que fuera de aplicación (art. 86 ET).

ABSENTISMO

El absentismo es la ausencia al trabajo que, de ser injustificada, reiterada y culpable, puede justificar el despido disciplinario del trabajador, de acuerdo con lo dispuesto en el artículo 54.2.a) ET. Hasta la entrada en vigor del Real Decreto-ley 4/2020, de 18 de febrero, por el que se deroga el despido objetivo por faltas de asistencia al trabajo establecido en el artículo 52.d) del texto refundido de la Ley del Estatuto de los Trabajadores, aprobado por el Real Decreto Legislativo 2/2015, de 23 de octubre (convalidado por la Ley 1/2020, de 15 de julio, por la que se deroga el despido objetivo por faltas de asistencia al trabajo establecido en el artículo 52.d) del texto refundido de la Ley del Estatuto de los Trabajadores, aprobado por el Real Decreto Legislativo 2/2015, de 23 de octubre), también podía justificar la extinción del contrato a instancias de la empresa por circunstancias objetivas.

Al respecto, *vid.* la STC 118/2019, de 16 de octubre, que, meses antes de su derogación, se pronunció a favor de su constitucionalidad, no sin votos particulares al respecto.

ACOSO MORAL

El acoso moral, también conocido como acoso psicológico o *"mobbing"*, se ha definido como *"violencia psicológica"* a la cual una persona es sometida *"de forma sistemática en el ámbito laboral, manifestada especialmente a través de reiterados comportamientos, palabras o actitudes que* (lesionan) *la dignidad o integridad psíquica del trabajador y que* (ponen) *en peligro o* (degradan) *sus condiciones de trabajo".*

Por el detalle en la definición, va acompañada de abundantes ejemplos que contribuyen a ilustrar los posibles supuestos de hecho, *vid.* la STSJ Galicia de 12 de septiembre de 2002.

ACOSO SEXUAL

El acoso sexual es el comportamiento, verbal o físico, de naturaleza sexual que tenga el propósito o produzca el efecto de atentar contra la dignidad de una persona, en particular cuando se crea un entorno intimidatorio, degradante u ofensivo (art. 7.1 LOI). Constituye un subtipo de acoso discriminatorio tipificado por la LOI en su artículo 7.3. El condicionamiento de un derecho o de una expectativa de derecho a la aceptación de una situación constitutiva de acoso sexual se considerará también un acto de discriminación por razón de sexo (art. 7.4 LOI).

ACOSO POR RAZÓN DE SEXO

El acoso por razón de sexo es el comportamiento realizado en función del sexo de una persona, con el propósito o el efecto de atentar contra su dignidad y de crear un entorno intimidatorio, degradante u ofensivo (art. 7.2 LOI). Constituye un subtipo de acoso discriminatorio tipificado en el artículo 7.3 LOI. El condicionamiento de un derecho o de una expectativa de derecho a la aceptación de una situación constitutiva de acoso por razón de sexo se considerará también acto de discriminación por razón de sexo (art. 7.4 LOI).

AGENCIA DE COLOCACIÓN

La agencia de colocación es una entidad pública o privada con o sin ánimo de lucro, que realiza actividades de intermediación laboral, bien como colaboradora de los Servicios Públicos de Empleo, bien de forma autónoma, pero coordinada con los mismos. Asimismo, podrá desarrollar actuaciones relacionadas con la búsqueda de empleo, tales como orientación e información profesional, y con la selección de personal (art. 33 LE).

CALENDARIO LABORAL

El calendario laboral hace referencia a la distribución anual de los días de trabajo y de descanso (vacaciones, festivos) que elaborará la empresa con periodicidad anual. Para conocimiento de los trabajadores, deberá exponerse un ejemplar del calendario laboral en un lugar visible de cada centro de trabajo.

Al respecto, *vid.* artículo 34.6 ET y, sobre el calendario de vacaciones, artículo 38.3 ET.

CENTRO DE TRABAJO

El centro de trabajo es la unidad productiva con organización específica, que sea dada de alta, como tal, ante la autoridad laboral (art. 1.5 ET). En la actividad de trabajo en el mar se considerará como centro de trabajo el buque, entendiéndose situado en la provincia donde radique su puerto de base. A efectos de la coordinación de las actividades empresariales en materia de prevención, se entenderá como tal cualquier área, edificada o no, en la que los trabajadores deban permanecer o a la que deban acceder por razón de su trabajo (art. 2.a) del RD 171/2004, de 30 de enero, por el que se desarrolla el artículo 24 de la Ley 31/1995, de 8 de noviembre, de prevención de riesgos laborales, en materia de coordinación de actividades empresariales). Cuando existe *"indeterminación espacial del puesto de trabajo"* o bien *"emplazamiento múltiple de la actividad o servicio desarrollado"*, cabe hablar de centros de trabajo *"móviles o itinerantes"*, como sucede, por ejemplo, en las empresas dedicadas a los montajes eléctricos.

Sobre el concepto de centro de trabajo móvil o itinerante, *vid.* la STS, Sala de lo Social, de 14 de octubre de 2004.

CESIÓN DE TRABAJADORES

La cesión de trabajadores es aquel negocio jurídico en virtud del cual una empresa contrata a uno o varios trabajadores con el único propósito de ponerlos a disposición de otra empresa, a cuyo poder de dirección quedarán sometidos. Será legal la cesión llevada a cabo a través de empresas de trabajo temporal, siempre y cuando estén debidamente constituidas, concurra justa causa que permita la celebración del contrato de puesta a disposición entre ambas empresas y no incurran en uno de los supuestos expresamente prohibidos en la LETT. De no ser así, se estaría ante una cesión ilegal de trabajadores. También se incurriría en un supuesto de prestamismo laboral prohibido cuando la cesión se llevase a cabo a través de una empresa ficticia, o mediante una aparente empresa contratista que no ejerza sus poderes como empresario.

Al respecto, *vid.* la LETT y los artículos 42 y 43 ET.

COMPENSACIÓN

Se entiende por compensación la supresión del margen que media entre los salarios abonados al trabajador y los que pudiera fijar el convenio colectivo o la norma aplicable, cuando aquéllos alcancen a éstos. El artículo 26.5 ET dispone que procederá cuando los salarios realmente abonados, en su conjunto y cómputo anual, sean más favorables para los trabajadores que los fijados en el orden normativo o convencional de referencia.

CONCILIACIÓN DE LA VIDA PERSONAL, FAMILIAR Y PROFESIONAL

Por conciliación de la vida personal, familiar y profesional se entiende el conjunto de medidas destinadas a hacer posible compatibilizar el cumplimiento del débito laboral, en particular, con la asunción de responsabilidades familiares y, en general, con el libre desarrollo de la personalidad. Con ellas también promueve una igualdad real de oportunidades entre mujeres y hombres. Cuando se orienta hacia una asunción equitativa de responsabilidades familiares, cabe hablar de corresponsabilidad como objetivo a alcanzar.

CONTRATA

La contrata es el negocio jurídico entablado entre dos empresarios en virtud del cual uno (el empresario contratista) asume el encargo de ejecutar una obra o de prestar un servicio para otro (el empresario principal o contratante) con su propio personal, sobre el cual ejercerá los poderes legalmente reconocidos al empresario. De no ser así, una aparente contrata podría encubrir una cesión ilegal proscrita por el artículo 43 ET. Cuando la contrata verse sobre la propia actividad, su regulación estará contenida en el artículo 42 ET.

CONTRATO DE TRABAJO A TIEMPO PARCIAL

El contrato de trabajo a tiempo parcial es aquel en virtud del cual se ha acordado la prestación de servicios durante un número de horas al día, a la semana, al mes o al año, inferior a la jornada de trabajo de un trabajador a tiempo completo comparable. A tal efecto, se considerará comparable cualquier trabajador a tiempo completo que pertenezca a la misma empresa y centro de trabajo, que haya suscrito el mismo tipo de contrato de trabajo y que realice un trabajo idéntico o similar. De no existir dicho término comparativo, lo que acontece con cierta frecuencia en empresas de reducida dimensión, la comparación se llevará a cabo teniendo en cuenta la jornada a tiempo completo prevista en el convenio colectivo aplicable o, en su defecto, la jornada máxima legal (art. 12.1 ET).

CONTRATO DE TRABAJO DE DURACIÓN DETERMINADA

Pertenece a la categoría de contrato de trabajo de duración determinada todo contrato de trabajo sometido a término, sea cierto, como sucede en el caso del contrato de interinidad por sustitución; o incierto, como acontece con el contrato de interinidad por vacante en las Administraciones Públicas. La celebración de un contrato de duración determinada está supeditada a la concurrencia de una causa que lo justifique, de entre las recogidas en el ET y su normativa de desarrollo.

CONTRATO DE TRABAJO DE DURACIÓN INDEFINIDA

Es la modalidad contractual que el Derecho del trabajo ofrece a las partes por defecto, pudiendo celebrarse un contrato de duración indefinida sin que concurra causa alguna que lo justifique, en pos de una mayor estabilidad en el empleo. La duración de este contrato no está sometida a término, aunque sí a condición resolutoria, que puede ser legal [p. ej., la ineptitud del trabajador conocida o sobrevenida con posterioridad a su colocación efectiva en la empresa (art. 52.a) ET) o pactada en el contrato (p. ej., la no consecución de un determinado rendimiento), siempre y cuando la causa cuyo acaecimiento determine la extinción del contrato no constituya abuso de derecho manifiesto por parte del empresario (art. 49.1.b) ET).

CONTRATO DE GRUPO

El contrato de grupo es el celebrado con un grupo de trabajadores considerado en su totalidad. Ello implica que, en lugar de conservar frente a todos y cada uno de ellos los derechos y deberes que le competen, será el jefe de grupo quien ostentará la representación de sus integrantes, respondiendo de las obligaciones inherentes a dicha representación (art. 11.2 ET).

CONTRATO DE INTERINIDAD POR SUSTITUCIÓN

El contrato de interinidad por sustitución es una modalidad contractual de duración determinada cuya celebración tiene por objeto sustituir a un trabajador con derecho a reserva del puesto de trabajo. A tal efecto, en él debe consignarse el nombre del sustituido y la causa de sustitución, indicando si el puesto de trabajo a desempeñar será el del trabajador sustituido o el de otro trabajador de la empresa que pase a desempeñar el puesto de aquél. Su duración se extenderá por el tiempo que dure la ausencia del trabajador sustituido con derecho a la reserva del puesto de trabajo.

Al respecto, *vid.* el artículo 15 ET y Real Decreto 2720/1998, de 18 de diciembre, por el que se desarrolla el artículo 15 ET en materia de contratos de duración determinada.

CONTRATO DE INTERINIDAD POR VACANTE

El contrato de interinidad por vacante es una modalidad contractual de duración determinada celebrado para contratar un trabajador destinado a cubrir temporalmente un puesto de trabajo durante el proceso de selección o promoción para su provisión definitiva. Con carácter general, durará el tiempo necesario para que concluya el proceso de selección o promoción, sin que pueda ser superior a tres meses, ni celebrarse un nuevo contrato con el mismo objeto una vez superada dicha duración máxima. No obstante, en los procesos de selección llevados a cabo por las Administraciones Públicas para la provisión de puestos de trabajo, la duración de los contratos coincidirá con el tiempo que duren dichos procesos conforme a lo previsto en su normativa específica.

Al respecto, *vid.* el artículo 15 ET y Real Decreto 2720/1998, de 18 de diciembre, por el que se desarrolla el artículo 15 ET en materia de contratos de duración determinada.

CONTRATO DE PUESTA A DISPOSICIÓN

El contrato de puesta a disposición es aquel contrato celebrado entre la empresa de trabajo temporal y la empresa usuaria, cuyo objeto consiste en la cesión o puesta a disposición de un trabajador contratado por la primera a la segunda. Esta última ostenta el poder de dirección sobre el trabajador cedido, aunque éste haya sido contratado por la empresa de trabajo temporal, a cuyo poder disciplinario permanece sometido. Podrá celebrarse entre una empresa de trabajo temporal y una empresa usuaria en los mismos supuestos y bajo las mismas condiciones y requisitos en que la empresa usuaria podría celebrar un contrato para la realización de una obra o servicio determinada, eventual, de interinidad o formativo.

Al respecto, *vid.* artículo 6 LETT.

CONTRATO DE RELEVO

El contrato de relevo es aquel contrato de trabajo celebrado con un trabajador en situación de desempleo o que tuviese concertado con la empresa un contrato de duración determinada, que se conoce como *"trabajador relevista"*, con el propósito de desempeñar la jornada de trabajo dejada vacante por parte de un trabajador que accede a la jubilación parcial, o *"trabajador relevado"*. El puesto de trabajo del trabajador relevista no ha de ser el mismo del trabajador sustituido, pero sí debe existir una correspondencia entre las bases de cotización de ambos, en los términos previstos en el texto refundido de la LGSS (art. 12.6 y 7 ET).

CONTRATO DE TRABAJO DE FIJOS PERIÓDICOS

El contrato de trabajo de fijos periódicos es aquel contrato de duración indefinida cuya prestación de servicios, pese a pertenecer al volumen normal de la empresa, se desarrolla de manera intermitente, discontinua, por períodos o ciclos que se reiteran a lo largo del tiempo y cuya repetición tiene lugar en fechas ciertas. Les será de aplicación la regulación del contrato a tiempo parcial celebrado por tiempo indefinido. (art. 16.1 ET).

CONTRATO DE TRABAJO FIJO DISCONTINUO

El contrato de trabajo fijo discontinuo es aquel contrato de duración indefinida cuya prestación de servicios, pese a pertenecer al volumen normal de la empresa, se desarrolla de manera intermitente, discontinua, por períodos o ciclos que se reiteran a lo largo del tiempo y cuya repetición no tiene lugar en fechas ciertas (art. 16 ET), como sucede con aquellos trabajos cuya ejecución depende de ciclos naturales (p. ej., labores de recolección).

CONTRATO DE TRABAJO EN PRÁCTICAS

El contrato de trabajo en prácticas es aquel celebrado con quienes ostenten una titulación para cubrir un puesto de trabajo que les permita la obtención de la práctica profesional adecuada al nivel de estudios o de formación cursados. A tal efecto, podrán suscribirlo quienes estén en posesión de título universitario o de formación profesional de grado medio o superior o títulos oficialmente reconocidos como equivalentes, de acuerdo con las leyes reguladoras del sistema educativo vigente, o de certificado de profesionalidad de acuerdo con lo previsto en la Ley Orgánica 5/2002, de 19 de junio, de las cualificaciones y de la Formación Profesional, que habiliten para el ejercicio profesional, dentro de los cinco años siguientes a la terminación de los correspondientes estudios, o de siete años cuando el contrato se concierte con un trabajador con discapacidad.

Al respecto, *vid.* el artículo 11.1 ET y Real Decreto 488/1998, de 27 de marzo, por el que se desarrolla el artículo 11 ET en materia de contratos formativos.

CONTRATO DE TRABAJO EVENTUAL

El contrato de trabajo eventual es aquel cuya celebración se permite cuando las circunstancias del mercado, una acumulación de tareas o un exceso de pedidos exijan su suscripción, aunque su objeto pertenezca a la actividad normal de la empresa. Está sometido a término, pudiendo tener una duración máxima de seis meses, dentro de un periodo de doce, contados a partir del momento en que se produzcan dichas causas. Por convenio colectivo de ámbito sectorial estatal o, en su defecto, por convenio colectivo sectorial de ámbito inferior, podrá modificarse la duración máxima de estos contratos y el periodo dentro del cual se puedan realizar en atención al carácter estacional de la actividad en que dichas circunstancias se puedan producir. En tal supuesto, el periodo máximo dentro del cual se podrán realizar será de dieciocho meses, sin que la duración máxima del contrato pueda superar la duración del contrato, las tres cuartas partes del periodo de referencia establecido ni, como máximo, doce meses.

Al respecto, *vid.* el artículo 15 ET y Real Decreto 2720/1998, de 18 de diciembre, por el que se desarrolla el artículo 15 ET en materia de contratos de duración determinada.

CONTRATO DE TRABAJO PARA LA FORMACIÓN Y EL APRENDIZAJE

El contrato de trabajo para la formación y el aprendizaje es aquel contrato de trabajo destinado a deparar formación dual, teórica y práctica, al trabajador que lo suscribe. De esta forma, tendrá por objeto la cualificación profesional de los trabajadores en un régimen de alternancia de actividad laboral retribuida en una empresa con actividad formativa recibida en el marco del sistema de formación profesional para el empleo o del sistema educativo. Con carácter general, se podrá celebrar con trabajadores mayores de dieciséis y menores de veinticinco años que carezcan de la cualificación profesional reconocida por el sistema de formación profesional para el empleo o del sistema educativo, requerida para concertar un contrato en prácticas. Se podrán acoger a esta modalidad contractual los trabajadores que cursen formación profesional del sistema educativo.

Al respecto, *vid.* el artículo 11.2 ET y Real Decreto 488/1998, de 27 de marzo, por el que se desarrolla el artículo 11 ET en materia de contratos formativos.

CONTRATO DE TRABAJO PARA LA REALIZACIÓN DE UNA OBRA O SERVICIO DETERMINADO

El contrato de trabajo para la realización de una obra o servicio determinado es aquel contrato de trabajo inicialmente sometido a término incierto, dependiendo su duración de la conclusión de una obra o servicio determinados, con autonomía y sustantividad propia dentro de la actividad de la empresa y cuya ejecución, aunque limitada en el tiempo, sea en principio, de duración incierta. No obstante, el artículo 15.1.a) ET impide que su duración supere los tres años, pudiendo ampliarse en doce meses más por convenio colectivo de ámbito sectorial estatal o, en su defecto, por convenio colectivo sectorial de ámbito inferior. Transcurridos estos plazos, los trabajadores adquirirán la condición de trabajadores fijos de la empresa.

Al respecto, *vid.* el artículo 15 ET y Real Decreto 2720/1998, de 18 de diciembre, por el que se desarrolla el artículo 15 ET en materia de contratos de duración determinada.

DESPIDO

El despido es la extinción del contrato de trabajo a instancias de la empresa. Será procedente cuando medie justa causa prevista en el ET; improcedente cuando no se haya fundamentado en causa alguna o la concurrencia de la alegada no se haya acreditado; y nulo cuando tuviera como móvil algunas de las causas de discriminación prohibidas en la CE o en la ley, o bien se hubiera producido con violación de los derechos fundamentales y libertades públicas del trabajador. En cuanto a su motivación, también cabe diferenciar entre el despido disciplinario (art. 54 ET), justificado en un incumplimiento grave y culpable del trabajador, y el despido objetivo, derivado de alguna de las causas previstas en el artículo 52 ET. En función de los trabajadores afectados, es dable distinguir el despido individual del colectivo (art. 51 ET).

DIMISIÓN

La dimisión es la extinción del contrato por voluntad unilateral del trabajador, comunicada al empresario respetando el preaviso que señalen los convenios colectivos o la costumbre del lugar (art. 49.1.d) ET). Aun cuando no medie dicha comunicación, se entiende que existe dimisión tácita cuando de sus actos pueda deducirse su intención de poner fin al contrato. No obstante, procede aclarar que la interrupción súbita y sin preaviso de la prestación de servicios por parte del trabajador puede constituir una simple falta de asistencia al trabajo, que puede ser objeto de sanción e incluso justificar su despido disciplinario, cuando las faltas repetidas e injustificadas de asistencia o puntualidad al trabajo puedan considerarse un incumplimiento grave y culpable, con arreglo al artículo 54.2.a) ET. Sin embargo, también puede denotar la intención del trabajador de poner fin a su contrato. Para que pueda atribuírsele significado extintivo, debe abordarse el contexto, la continuidad de la conducta e incluso indagar acerca de la motivación que impulsa el comportamiento del trabajador, para extraer de estos indicios su voluntad inequívoca de poner fin a la relación laboral.

Al respecto, *vid.* las SSTS, Sala de lo Social, de 3 de junio de 1988; de 21 de noviembre de 2000; de 19 de octubre de 2006; y STSJ de Andalucía, Sala de lo Social, de 17 de julio de 2008, entre otras.

DISCRIMINACIÓN

La discriminación será la situación en la cual se encuentra una persona que sea, haya sido o pudiera ser tratada, en atención a una circunstancia personal como, por ejemplo, su sexo, de manera menos favorable que otra en una situación comparable, sin que medie causa alguna que lo justifique. En tal caso, existe una discriminación directa. Para calificarla de indirecta, ha de darse una situación en la que una disposición, criterio o práctica aparentemente neutros ponga a una persona en desventaja particular con respecto a un sujeto comparable, salvo que dicha disposición, criterio o práctica puedan justificarse objetivamente en atención a una finalidad legítima, y que los medios para alcanzar dicha finalidad sean necesarios y adecuados.

Al respecto, *vid.* artículo 6 LOI.

EMPRESA CEDENTE

La empresa cedente es aquella que contrata a trabajadores con el propósito de cederlos a otra empresa, conocida como empresa cesionaria. Puede actuar como empresa cedente una empresa de trabajo temporal o un club o entidad deportiva, con arreglo a lo dispuesto en el Real Decreto 1006/1985, de 26 de junio, por el que se regula la relación laboral especial de los deportistas profesionales. Los restantes supuestos de prestamismo laboral se reputarán ilícitos de acuerdo con lo dispuesto en el artículo 43 ET.

EMPRESA CESIONARIA

La empresa cesionaria es aquella que utiliza los servicios de un trabajador puesto a su disposición por una empresa cedente, dirigiendo su actividad. Se trata de un supuesto de prestamismo admitido por el Derecho del trabajo cuando reciban los servicios de un trabajador contratado por una empresa de trabajo temporal, o se trate de un club o entidad deportiva. Por el contrario, se considerará ilegal la cesión en los supuestos enumerados en el artículo 43 ET, que se corresponden con empresas aparentes o que no ejerzan sus poderes como empresario, mientras actúan bajo la apariencia de una empresa contratista.

EMPRESA CONTRATISTA

Una empresa contratista es aquella que es contratada por una empresa principal para la ejecución de una obra o servicio, empleando en la ejecución de la contrata a sus propios trabajadores. Los mismos estarán sometidos a su poder de dirección pues, de lo contrario, el negocio jurídico encubriría una cesión ilegal de trabajadores. También sucedería si la empresa contratista fuera ficticia o aparente, careciendo de los medios necesarios para el desarrollo de su actividad o de una organización propia y estable (art. 43 ET).

EMPRESA DE TRABAJO TEMPORAL

Una empresa de trabajo temporal es aquella cuya actividad fundamental consiste en la puesta a disposición de otra empresa, conocida como empresa usuaria, con carácter temporal, trabajadores por ella contratados. Las empresas de trabajo temporal podrán, además, actuar como agencias de colocación, de acuerdo con lo preceptuado en la LE, desarrollar actividades de formación para la cualificación profesional conforme a la normativa específica de aplicación, así como de asesoramiento y consultoría de recursos humanos (art. 1 LETT).

EMPRESA PRINCIPAL

Una empresa principal es aquella que contrata con otra la realización de una obra o servicio. Cuando la obra o servicio en cuestión pertenezcan a la propia actividad, responderá solidariamente con la empresa contratista por las deudas salariales y de Seguridad Social contraídas con relación a los trabajadores durante el período de ejecución de la contrata, a no ser que haya obtenido certificación negativa por descubiertos en la Tesorería General de la Seguridad Social o haya transcurrido el plazo de treinta días improrrogables en los cuales debe librarla.

Al respecto, *vid.* artículo 42 ET.

EMPRESA USUARIA

Una empresa usuaria es aquella a la que una empresa de trabajo temporal cede trabajadores por ella contratados con carácter temporal. Entre ambas se celebra un contrato denominado *"de puesta a disposición"*, en virtud del cual los trabajadores cedidos quedarán sometidos al poder de dirección de la empresa usuaria, aunque hayan celebrado su contrato de trabajo con la empresa de trabajo temporal, que continúa ostentando el poder disciplinario.

EXCEDENCIA

La excedencia es la interrupción de la obligación de prestar servicios y de retribuirlos que puede ser forzosa, voluntaria u originada por el cuidado de familiares. La forzosa se concederá por la designación o elección para un cargo público que imposibilite la asistencia al trabajo, y puede ser impuesta por el empresario cuando el cumplimiento de dicho deber suponga la imposibilidad de la prestación del trabajo debido en más del veinte por ciento de las horas laborables en un periodo de tres meses. A la voluntaria podrá acogerse cualquier trabajador que cuente con al menos un año de antigüedad en la empresa, una vez transcurridos cuatro años desde el final de la anterior excedencia voluntaria, si la hubiere disfrutado. La destinada al cuidado de familiares se reconoce con el propósito de atender al cuidado del hijo o familiar hasta el segundo grado de consanguinidad o afinidad, que por razones de edad, accidente, enfermedad o discapacidad no pueda valerse por sí mismo, y no desempeñe actividad retribuida. Cada una de ellas goza de un régimen jurídico distinto en cuanto concierne a duración, cómputo a efectos de antigüedad y reserva del puesto de trabajo.

Al respecto, *vid.* artículos 37.3.d) y 46 ET.

GRUPO PROFESIONAL

El grupo profesional es la unidad en torno a la cual se articula el sistema de clasificación profesional que agrupa unitariamente las aptitudes profesionales, titulaciones y contenido general de la prestación, pudiendo incluir distintas tareas, funciones, especialidades profesionales o responsabilidades asignadas al trabajador. La definición de los grupos profesionales se ajustará a criterios y sistemas que, basados en un análisis correlacional entre sesgos de género, puestos de trabajo, criterios de encuadramiento y retribuciones, tengan como objeto garantizar la ausencia de discriminación, tanto directa como indirecta, entre mujeres y hombres (art. 22 ET).

HORAS COMPLEMENTARIAS

Las horas complementarias son horas ejecutadas sobre la jornada ordinaria pactada por un trabajador contratado a tiempo parcial. De acuerdo con el artículo 12.5 ET, pueden ser de dos tipos: a) acordadas en un pacto específico respecto al contrato (*"horas complementarias pactadas"*); o b) propuestas al trabajador que voluntariamente acepta su ejecución (*"horas complementarias de aceptación voluntaria"*).

HORAS EXTRAORDINARIAS

Las horas de trabajo extraordinarias son las que se realizan sobre la duración máxima de la jornada ordinaria de trabajo. Cabe distinguir entre las horas extraordinarias de ejecución voluntaria y las horas extraordinarias por fuerza mayor. Éstas son las destinadas a prevenir o a reparar siniestros y otros daños extraordinarios y urgentes, y no se tendrán en cuenta, a efectos de la duración máxima de la jornada ordinaria laboral, ni para el cómputo del número máximo de las horas extraordinarias autorizadas (art. 35 ET).

INTERMEDIACIÓN LABORAL

Por intermediación laboral se entiende el conjunto de acciones que tienen por objeto poner en contacto las ofertas de trabajo con los trabajadores que buscan un empleo, para su colocación, a fin de proporcionar a los trabajadores un empleo adecuado a sus características y de facilitar a los empleadores los trabajadores más apropiados a sus requerimientos y necesidades. También se considerará intermediación laboral la actividad destinada a la recolocación de los trabajadores que resultaran excedentes en procesos de reestructuración empresarial, cuando aquélla hubiera sido establecida o acordada con los trabajadores o sus representantes en los correspondientes planes sociales o programas de recolocación (art. 31 LE).

JORNADA DE TRABAJO

La jornada de trabajo es el tiempo durante el cual el trabajador ha de ejecutar su prestación de servicios. Constituye un parámetro cuantitativo destinado a mensurar el débito laboral. Su duración será la establecida en el convenio colectivo o en el contrato de trabajo, no pudiendo superar las cuarenta horas semanales de trabajo efectivo de promedio en cómputo anual. Mediante convenio colectivo o, en su defecto, por acuerdo entre la empresa y los representantes de los trabajadores, se podrá establecer la distribución irregular de la jornada a lo largo del año. En defecto de pacto, la empresa podrá distribuir de manera irregular a lo largo del año el diez por ciento de la jornada de trabajo (art. 37 ET).

MODIFICACIÓN SUSTANCIAL DE LAS CONDICIONES DE TRABAJO

La modificación sustancial de las condiciones de trabajo es la alteración unilateral por parte de la empresa de las condiciones laborales que afecten, entre otras materias, a la jornada de trabajo, al horario, a la distribución del tiempo de trabajo, al régimen del trabajo a turnos, al sistema de remuneración, a la cuantía salarial, al sistema de trabajo y rendimiento y a las funciones, cuando excedan de la movilidad funcional regulada en el artículo 39 ET. Para poder llevarla a cabo deben concurrir probadas razones económicas, técnicas, organizativas o de producción, con arreglo a lo dispuesto en el artículo 41 ET. Puede revestir carácter individual o colectivo.

MULTA DE HABER

La multa de haber es la sanción económica impuesta al trabajador por un incumplimiento contractual. Está expresamente prohibida por el artículo 58.3 ET, aunque el artículo 17.2 del Real Decreto 1006/1985, de 26 de junio, por el que se regula la relación laboral especial de los deportistas profesionales permite que los convenios colectivos establezcan sanciones pecuniarias como consecuencia de incumplimientos contractuales del deportista profesional.

PACTO DE EXCLUSIVIDAD O PLENA DEDICACIÓN

El pacto de exclusividad o de plena dedicación es aquel pacto incorporado al contrato de trabajo en virtud del cual el trabajador se compromete a prestar servicios exclusivamente para un empresario, a cambio de una compensación económica. El trabajador podrá rescindir el acuerdo y recuperar su libertad de trabajo en otro empleo, comunicándolo por escrito al empresario con un preaviso de treinta días, perdiendo, en este caso, la compensación económica u otros derechos vinculados a la plena dedicación.

Al respecto, *vid.* artículo 21 ET.

PACTO DE NO CONCURRENCIA POSTCONTRACTUAL

El pacto de no concurrencia postcontractual es aquel incorporado al contrato de trabajo en virtud del cual el trabajador se compromete a no competir con su antiguo empleador durante un período máximo de dos años, si es un técnico, o de seis meses, si es cualquier otro tipo de trabajador. Sólo podrá concertarse cuando el empresario tenga un efectivo interés industrial o comercial en ello y satisfaga al trabajador una compensación económica adecuada.

Al respecto, *vid.* artículo 21 ET.

PACTO O COMPROMISO DE PERMANENCIA

El pacto o compromiso de permanencia es aquel incorporado al contrato de trabajo en virtud del cual el trabajador que haya recibido una especialización profesional con cargo al empresario para poner en marcha proyectos determinados o realizar un trabajo específico se compromete a permanecer en la empresa durante un cierto período de tiempo, que no podrá superar los dos años. Si el trabajador abandona el trabajo antes de dicho plazo, el empresario tendrá derecho a una indemnización por los daños y perjuicios ocasionados.

Al respecto, *vid.* artículo 21 ET.

PERÍODO DE PRUEBA

El período de prueba es aquel ubicado al inicio de la prestación de servicios durante el cual la empresa y el trabajador pactan realizar un ensayo de prestación de servicios. Durante el mismo, la persona trabajadora tendrá los derechos y obligaciones correspondientes al puesto de trabajo que desempeñe como si fuera de plantilla, excepto los derivados de la resolución de la relación laboral, que podrá producirse a instancia de cualquiera de las partes durante su transcurso. No obstante, desde la entrada en vigor del Real Decreto- ley 6/2019, de 1 de marzo, de medidas urgentes para garantía de la igualdad de trato y de oportunidades entre mujeres y hombres en el empleo y la ocupación, la resolución a instancia empresarial será nula en el caso de las trabajadoras por razón de embarazo, desde la fecha de inicio del embarazo hasta el comienzo del período de suspensión o maternidad, salvo que concurran motivos no relacionados con el embarazo o maternidad (art. 14 ET).

PERMISO

El permiso es el derecho a ausentarse al trabajo, previo aviso y justificación, por alguna causa recogida en el ET o en el convenio colectivo aplicable. Algunos permiten conservar el derecho a la retribución, como los previstos en el artículo 37.3 ET (p. ej., por matrimonio, traslado de domicilio habitual o fallecimiento, accidente o enfermedad graves, hospitalización o intervención quirúrgica sin hospitalización que precise reposo domiciliario, de parientes hasta el segundo grado de consanguinidad o afinidad).

PODER DE DIRECCIÓN

El poder de dirección es aquel del empresario consistente en dictar órdenes e instrucciones de obligado cumplimiento para el trabajador. Su reconocimiento implica la facultad de vigilar y controlar el correcto cumplimiento de la prestación –poder de vigilancia y control o de policía– y de sancionar su incumplimiento, incluso con el despido –poder disciplinario–.

Al respecto, *vid.* artículos 5.c), 20 y 58 ET.

RENDIMIENTO

El rendimiento es el resultado obtenido por el trabajador durante un período temporal determinado. Se trata de un concepto complejo compuesto por elementos objetivos, que se traducen en la obtención de un resultado útil para el empresario, y subjetivos, fruto del esfuerzo del trabajador. Resulta difícil determinar el grado de rendimiento exigible, aunque es preciso tener en cuenta que la disminución continuada y voluntaria en el rendimiento de trabajo normal o pactado puede dar lugar al despido disciplinario del trabajador, e incluso a la extinción del contrato de haberse acordado la obtención de un determinado rendimiento al amparo de lo previsto en el artículo 49.1.b) ET. Siendo abusivo el pacto de un rendimiento superior al *"normal"*, la doctrina ha acertado al identificar este último con el resultado del cumplimiento diligente de la prestación al que alude el artículo 20.2 ET.

SALARIO

El salario lo constituyen el conjunto de percepciones económicas, en dinero o en especie, que el trabajador percibe a cambio de la prestación profesional de sus servicios por cuenta ajena, ya retribuyan el trabajo efectivo, cualquiera que sea la forma de remuneración, o los periodos de descanso computables como de trabajo. Se compone del *"salario base"*, o retribución fijada por unidad de tiempo o de obra, y de los complementos salariales (art. 26 ET). Dichos complementos salariales son componentes fijados en función de circunstancias relativas a las condiciones personales del trabajador, al trabajo realizado o a la situación y resultados de la empresa, que se calcularán de acuerdo con los criterios que a tal efecto se pacten en la negociación colectiva o, en su defecto, en el contrato de trabajo. Igualmente se pactará el carácter consolidable o no de dichos complementos salariales, no teniendo dicho carácter, salvo acuerdo en contrario, los que estén vinculados al puesto de trabajo o a la situación y resultados de la empresa (art. 26 ET). A su vez, el conjunto de elementos que integran el salario se conoce como *"estructura salarial"*. Su determinación se llevará a cabo mediante la negociación colectiva o, en su defecto, la individual, plasmada en el contrato de trabajo. Comprenderá el salario base, como retribución fijada por unidad de tiempo o de obra, y los complementos salariales.

Al respecto, *vid.* artículo 26 ET.

SUCESIÓN DE EMPRESA

La sucesión de empresa se refiere al cambio de titularidad de una empresa, de un centro de trabajo o de una unidad productiva autónoma cuando la transmisión afecte a una entidad económica que mantenga su identidad, entendida como un conjunto de medios organizados a fin de llevar a cabo una actividad económica, esencial o accesoria. La sucesión no extinguirá por sí misma la relación laboral, quedando el nuevo empresario subrogado en los derechos y obligaciones laborales y de Seguridad Social del anterior (art. 44 ET).

SUSPENSIÓN DEL CONTRATO

La suspensión contractual es aquella vicisitud de la relación de trabajo durante la cual se suspenden las principales obligaciones derivadas del contrato, a saber: la de prestar servicios, por parte del trabajador; y la de retribuirlos, por parte del empresario. El ET prevé la suspensión por causas que tengan su origen en la persona del trabajador, en la situación de la empresa o en la voluntad conjunta de ambas partes.

TRABAJO A DISTANCIA

Por contraposición al trabajo presencial, el trabajo a distancia se define como una forma de organización del trabajo o de realización de la actividad laboral conforme a la cual esta se presta en el domicilio de la persona trabajadora o en el lugar elegido por esta, durante toda su jornada o parte de ella, con carácter regular. Se entenderá que concurre dicha regularidad cuando el trabajo a distancia se preste, en un periodo de referencia de tres meses, durante un mínimo del treinta por ciento de la jornada, o el porcentaje proporcional equivalente en función de la duración del contrato de trabajo. Cuando se ejecuta en el domicilio del trabajador, se conoce como trabajo a domicilio. Constituye una modalidad de trabajo a distancia el teletrabajo, forma de organización y/o de realización del trabajo a distancia que se lleva a cabo mediante el uso exclusivo o prevalente de medios y sistemas informáticos, telemáticos y de telecomunicación en el marco de un contrato o de una relación de trabajo, en la cual una prestación que podría ser realizada igualmente en los locales de la empresa se efectúa fuera de estos locales de forma regular.

Al respecto, *vid.* Real Decreto-ley 28/2020, de 22 de septiembre, de trabajo a distancia y Acuerdo Marco Europeo sobre teletrabajo.

TRABAJO A TURNOS

El trabajo a turnos es aquella forma de organización del trabajo en equipo según la cual los trabajadores ocupan sucesivamente los mismos puestos de trabajo, según un cierto ritmo, continuo o discontinuo. Su aplicación implica para el trabajador la necesidad de prestar sus servicios en horas diferentes en un periodo determinado de días o de semanas.

Al respecto, *vid.* artículo 36.3 ET.

TRABAJO NOCTURNO

De acuerdo con el artículo 36 ET, el trabajo nocturno es el realizado entre las diez de la noche y las seis de la mañana. No podrá ser ejecutado por el trabajador que haya celebrado un contrato para la formación y el aprendizaje, ni por un menor de dieciocho años. El empresario que recurra regularmente a la realización de trabajo nocturno deberá informar de ello a la autoridad laboral.

TRASLADO

El traslado es la movilidad geográfica de un trabajador que no haya sido contratado específicamente para prestar sus servicios en una empresa con centros de trabajo móviles o itinerantes a un centro de trabajo distinto de la misma empresa que exija un cambio de residencia. El artículo 40 ET permite llevarlo a cabo a instancia del empresario, cuando concurran razones económicas, técnicas, organizativas o de producción que lo justifiquen.

VACACIONES

Las vacaciones son aquel período de descanso anual cuya duración no podrá ser inferior a treinta días naturales, ampliable por convenio colectivo o contrato de trabajo. El mismo será retribuido, y no susceptible de ser sustituido por compensación económica. El periodo de su disfrute se fijará de común acuerdo entre el empresario y el trabajador, de conformidad con lo establecido en su caso en los convenios colectivos sobre planificación anual de las vacaciones. De no mediar acuerdo, incumbirá a la jurisdicción social fijar la fecha de su disfrute mediante un procedimiento sumario y preferente (art. 38 ET).

ASAMBLEA DE TRABAJADORES

La asamblea de trabajadores es aquella reunión de los trabajadores de una misma empresa o centro de trabajo. Podrá ser convocada por los delegados de personal, el comité de empresa o centro de trabajo, o por un número de trabajadores no inferior al treinta y tres por ciento de la plantilla. La asamblea estará presidida, en todo caso, por el comité de empresa o por los delegados de personal mancomunadamente, que serán responsables de su normal desarrollo, así como de la presencia de personas no pertenecientes a la empresa. Sólo podrán tratarse en ella los asuntos que figuren previamente incluidos en el orden del día (art. 77 ET).

CIERRE PATRONAL

El cierre patronal, también conocido como *"lock-out"*, es una medida de conflicto colectivo que puede adoptar el empresario consistente en la clausura del centro de trabajo. El artículo doce del RDLRT sólo permite el cierre defensivo, de modo que únicamente podrá llevarse a cabo en caso de huelga o cualesquiera otra modalidad de irregularidad colectiva en el régimen de trabajo, cuando: a) exista un notorio peligro de violencia para las personas o de daños graves para las cosas; b) se haya producido una ocupación ilegal del centro de trabajo o de cualquiera de sus dependencias, o dicha ocupación amenace con producirse; o c) el volumen de la inasistencia o irregularidades en el trabajo impidan gravemente el proceso normal de producción. No ampara, por el contrario, el cierre ofensivo (destinado a impedir o a poner fin a una huelga), el de solidaridad con otro empresario o el político.

COMISIÓN NEGOCIADORA

La comisión negociadora está integrada por un máximo de trece miembros en representación de cada una de las partes, en el seno de la cual se llevará a cabo el período de consultas con los representantes de los trabajadores previo a un traslado, a una modificación sustancial de las condiciones de trabajo o a un despido de carácter colectivo. También se conoce como tal la comisión o *"mesa"* de negociación de un convenio colectivo.

Al respecto, *vid.* artículos 40 y 41 y 51 y Título III ET.

COMISIÓN PARITARIA

La comisión paritaria es el órgano encargado de la administración del convenio colectivo cuya designación forma parte del contenido mínimo de aquél, de acuerdo con lo dispuesto en el artículo 82.3 ET. Se le atribuye la vigilancia y el seguimiento del contenido pactado en el convenio, aunque también de la resolución de los conflictos derivados de su aplicación e interpretación (art. 91 ET).

COMITÉ DE EMPRESA

El comité de empresa es el órgano representativo y colegiado del conjunto de los trabajadores en la empresa o centro de trabajo para la defensa de sus intereses. Se constituirá en cada centro de trabajo cuyo censo sea de cincuenta o más trabajadores. En la empresa que tenga en la misma provincia, o en municipios limítrofes, dos o más centros de trabajo cuyos censos no alcancen los cincuenta trabajadores, pero que en su conjunto lo sumen, se constituirá un comité de empresa conjunto. Cuando unos centros tengan cincuenta trabajadores y otros de la misma provincia no, en los primeros se constituirán comités de empresa propios y con todos los segundos se constituirá otro. Solo por convenio colectivo podrá pactarse la constitución y funcionamiento de un comité intercentros con un máximo de trece miembros, que serán designados de entre los componentes de los distintos comités de centro (art. 63 ET).

COMITÉ DE HUELGA

El comité de huelga es el órgano de representación de los trabajadores inmersos en un conflicto colectivo al cual le compete participar en cuantas actuaciones sindicales, administrativas o judiciales se realicen para la solución del conflicto. Solo podrán ser elegidos miembros del comité de huelga trabajadores del propio centro de trabajo afectados por el conflicto, no pudiendo integrarlo más de doce personas.

Al respecto, *vid.* artículo cinco RDLRT.

CONFLICTO COLECTIVO

El conflicto colectivo es la controversia de índole laboral entablada entre un número de trabajadores y su empresario, caracterizado por la existencia de un grupo o categoría de trabajadores afectados por un *"interés colectivo, abstracto o de categoría, porque presupone un problema de alcance general en el ámbito correspondiente"*. A tal efecto, debe distinguirse del conflicto plural, *"que resulta de la mera concurrencia de varios conflictos individuales"* (MARTÍN VALVERDE, RODRÍGUEZ-SAÑUDO y GARCÍA MURCIA).

DELEGADO DE PERSONAL

El delegado de personal es el representante de los trabajadores en las empresas o centros de trabajos que tengan menos de cincuenta y más de diez trabajadores, elegido mediante sufragio libre, personal, secreto y directo. Los delegados de personal ejercerán mancomunadamente ante el empresario la representación para la que fueron elegidos y tendrán las mismas competencias establecidas para los comités de empresa (art. 62 ET).

DELEGADO DE PREVENCIÓN

El delegado de prevención es el representante de los trabajadores con funciones específicas en materia de prevención de riesgos en el trabajo, designado por y entre los representantes del personal, en el ámbito de los órganos de representación. En las empresas de hasta treinta trabajadores el delegado de prevención será el delegado de personal. En las empresas de treinta y uno a cuarenta y nueve trabajadores habrá un delegado de prevención que será elegido por y entre los delegados de personal.

Al respecto, *vid.* artículo 35 LPRL.

DELEGADO SINDICAL

El delegado sindical es el representante de las secciones sindicales que puedan constituirse por los trabajadores afiliados a los sindicatos con presencia en los comités de empresa o en los órganos de representación que se establezcan en las Administraciones Públicas, en las empresas o, en su caso, en los centros de trabajo que ocupen a más de doscientos cincuenta trabajadores, cualquiera que sea la clase de su contrato. Éstos serán elegidos por y entre sus afiliados en la empresa o en el centro de trabajo (art. 10 LOLS).

HUELGA

La huelga es una medida de conflicto colectivo adoptada por los trabajadores consistente en la cesación colectiva y concertada de la prestación de servicios sin ocupación del centro de trabajo o de cualquiera de sus dependencias, para la promoción de sus intereses laborales y sociales. Las huelgas rotatorias, las efectuadas por los trabajadores que presten servicios en sectores estratégicos con la finalidad de interrumpir el proceso productivo, las de celo o reglamento y, en general, cualquier forma de alteración colectiva en el régimen de trabajo distinta a la huelga, se considerarán actos ilícitos o abusivos.

Al respecto, *vid.* artículo siete del Real Decreto-ley 17/1977, de 4 de marzo, sobre relaciones de trabajo.

SINDICATO

El sindicato es la asociación compuesta por trabajadores para la promoción y defensa de sus intereses económicos y sociales. La CE reconoce como fundamental el derecho a sindicarse libremente, pero también prohíbe la obligación de afiliarse a un sindicato. Contempla, asimismo, el derecho a fundar sindicatos y a afiliarse al de su elección, así como el derecho de los sindicatos a formar confederaciones y a fundar organizaciones sindicales internacionales o a afiliarse a las mismas (art. 28 CE).

CAPÍTULO 18

DERECHO DE LA SEGURIDAD SOCIAL

Alicia Villalba Sánchez
Profesora Ayudante Doctora de Derecho del Trabajo y de la Seguridad Social
Universidade de Santiago de Compostela

ACCIDENTE DE TRABAJO

El accidente de trabajo es la lesión corporal que el trabajador sufre con ocasión o por consecuencia del trabajo que ejecute por cuenta ajena (art. 156.1 LGSS). Comprende también las padecidas como consecuencia del desempeño de cargos electivos de carácter sindical, así como las ocasionadas al ir o al volver del lugar en que se ejerciten dichas funciones (art. 156.2.b) LGSS); las sufridas con ocasión o por consecuencia de las tareas que, aun siendo distintas a las de su grupo profesional, ejecute el trabajador en cumplimiento de las órdenes del empresario o espontáneamente en interés del buen funcionamiento de la empresa (art. 156.2.c) LGSS); o las acaecidas en actos de salvamento y en otros de naturaleza análoga, cuando unos y otros tengan conexión con el trabajo (art. 156.2.d) LGSS). Asimismo, dentro del concepto de accidente de trabajo también se incluyen enfermedades no categorizadas como *"enfermedad profesional"*, como las que contraiga el trabajador con motivo de la realización de su trabajo, siempre que se pruebe que su causa exclusiva es la ejecución del mismo (art. 156.2.e) LGSS); las enfermedades o defectos que se agraven como consecuencia de la lesión constitutiva del accidente (art. 156.2.f) LGSS); así como las consecuencias del accidente que resulten modificadas por enfermedades intercurrentes, que constituyan complicaciones derivadas del proceso patológico determinado por el accidente mismo o tengan su origen en afecciones adquiridas en el nuevo medio en el cual se haya situado el paciente para su curación (art. 156.2.g) LGSS).

También se considerará como tal la lesión sufrida por el trabajador al ir o al volver del lugar de trabajo (art. 156.2.a) LGSS). En tal caso, se habla de accidente de trabajo *in itinere*, que comprende también las ocurridos al ir o al volver del lugar en que se ejerciten las funciones inherentes al desempeño de cargos electivos de carácter sindical (art. 156.2.b) LGSS). Este último debe diferenciarse del accidente de trabajo en misión, producido durante un desplazamiento del trabajador destinado a realizar una actividad encomendada por la empresa (*"misión"*).

Sobre el accidente de trabajo en misión *vid.* la STS, Sala de lo Social, de 8 de octubre de 2009.

AFILIACIÓN

La afiliación es el acto administrativo mediante el cual la Tesorería General de la Seguridad Social reconoce la condición de incluida en el sistema de la Seguridad Social a la persona física que por vez primera realice una actividad determinante de su ubicación dentro su ámbito de aplicación. La afiliación es única y general para todos los regímenes que componen el sistema de Seguridad Social, y se extiende durante toda la vida de las personas en él comprendidas (art. 6 RGI).

ALTA

El alta es el acto administrativo mediante el cual la Tesorería General de la Seguridad Social reconoce a la persona que inicia una actividad o se encuentra en una situación conexa con la misma, su condición de comprendida en el campo de aplicación del Régimen de la Seguridad Social que proceda, en función de la naturaleza de dicha actividad o situación, con los derechos y obligaciones correspondientes (art. 7.1 RGI).

BAJA

La baja es el acto administrativo en virtud del cual se le comunica a la Tesorería General de la Seguridad Social el cese en el trabajo. De acuerdo con lo dispuesto en el artículo 29 RGI, también procederá cuando el trabajador se traslade a un centro de trabajo del mismo empresario situado en diferente provincia o cuando, aun dentro de la misma provincia, hubieren cambiado de centro de trabajo con código de cuenta de cotización diferente o cuando, por cualquier causa, proceda su adscripción a una cuenta de cotización distinta.

BASE DE COTIZACIÓN

La base de cotización viene referida a la remuneración total, cualquiera que sea su forma o denominación, tanto en metálico como en especie que, con carácter mensual, tenga derecho a percibir el trabajador o asimilado, o la que efectivamente perciba de ser esta superior, por razón del trabajo que realice por cuenta ajena (art. 147.1 LGSS). A su vez, se distingue la base de cotización por contingencias comunes, que no incluye la cantidad percibida por horas extraordinarias, de la base de cotización por contingencias profesionales, que sí las incluye.

BASE REGULADORA

La base reguladora es la suma que se utiliza para determinar la cuantía de cierto tipo de prestaciones de la Seguridad Social, cuyo importe depende del de las bases por las que se haya cotizado durante los períodos que a tal efecto indique la normativa aplicable a cada prestación concreta. En todo caso, la base reguladora de cada prestación no podrá rebasar el tope máximo de la base de cotización.

Al respecto, *vid.* artículos 148 y 161 LGSS.

CONTINGENCIAS COMUNES

Las contingencias comunes son aquellos supuestos de hecho que generan el derecho al reconocimiento de ciertas prestaciones a cargo de la Seguridad Social, toda vez que su acaecimiento imposibilita la prestación de servicios del trabajador. A diferencia de las contingencias profesionales, su origen es ajeno a la prestación de servicios. Constituyen contingencias comunes la enfermedad común y el accidente no laboral, recogidos en el artículo 158 LGSS.

CONTINGENCIAS PROFESIONALES

Las contingencias profesionales son aquellos supuestos de hecho derivados de la realización de la actividad laboral que dan lugar al reconocimiento de ciertas prestaciones a cargo de la Seguridad Social, puesto que su acaecimiento imposibilita la prestación de servicios del trabajador. Constituyen contingencias profesionales la enfermedad profesional y el accidente de trabajo (arts. 156 y 157 LGSS).

COTIZACIÓN

La cotización se refiere a la acción por la cual los sujetos obligados aportan recursos económicos al sistema de la Seguridad Social, con motivo de su inclusión en el mismo. Como regla general, el sujeto responsable de dicha acción es la empresa, aunque la obligación de cotizar recaiga también sobre el trabajador. No en vano la cantidad a ingresar integra las aportaciones de ambos sujetos (arts. 141 y 142 LGSS). Dicha cantidad se conoce como "cuota", y constituye el resultado de aplicar un porcentaje o tipo a la base de cotización. Se compone de dos partes: la aportación del empresario y la del trabajador. Aunque ambos están sujetos a la obligación de cotizar, sólo la empresa es responsable de dicha obligación, debiendo ingresar ambas aportaciones (arts. 141 y 142 LGSS). El período de tiempo anterior al hecho causante durante el cual los sujetos obligados han debido cotizar a la Seguridad Social para lucrar el derecho a percibir una prestación a cargo del sistema se conoce como período de carencia. Su duración depende del tipo de prestación.

DESEMPLEO

El desempleo es la contingencia en la cual se encuentren quienes, pudiendo y queriendo trabajar, pierdan su empleo o vean suspendido su contrato o reducida su jornada ordinaria de trabajo. Será total cuando el trabajador cese, con carácter temporal o definitivo, en la actividad que venía desarrollando y sea privado, consiguientemente, de su salario; y parcial cuando el trabajador vea reducida temporalmente su jornada diaria ordinaria de trabajo, entre un mínimo de un diez y un máximo de un setenta por ciento, siempre que el salario sea objeto de análoga reducción (arts. 262 y siguientes LGSS).

ENFERMEDAD COMÚN

Se considera enfermedad común la alteración de la salud que no tenga la condición de accidente de trabajo ni de enfermedad profesional. Adviértase, por una parte, que solo se consideran enfermedades profesionales las previstas en el Real Decreto 1299/2006, de 10 de noviembre, por el que se aprueba el cuadro de enfermedades profesionales en el sistema de la Seguridad Social y se establecen criterios para su notificación y registro. Y, por otra parte, que ciertas enfermedades se incluyen dentro del concepto de accidente de trabajo, como aquellas enfermedades no categorizadas como *"enfermedad profesional"* que contraiga el trabajador con motivo de la realización de su trabajo, siempre que se pruebe que su causa exclusiva es la ejecución del mismo (art. 156.2.e) LGSS); las enfermedades o defectos que se agraven como consecuencia de la lesión constitutiva del accidente (art. 156.2.f) LGSS); así como las consecuencias del accidente que resulten modificadas por enfermedades intercurrentes, que constituyan complicaciones derivadas del proceso patológico determinado por el accidente mismo o tengan su origen en afecciones adquiridas en el nuevo medio en que se haya situado el paciente para su curación (art. 156.2.g) LGSS).

Vid. artículo 158 LGSS.

ENFERMEDAD PROFESIONAL

La enfermedad profesional es aquella contraída como consecuencia del trabajo ejecutado por cuenta ajena en las actividades que se especifiquen en el cuadro de enfermedades profesionales contenido en el Real Decreto 1299/2006, de 10 de noviembre, y que esté provocada por la acción de los elementos o sustancias que en dicho cuadro se indiquen para cada enfermedad.

GRAN INVALIDEZ

La gran invalidez es la situación del trabajador que, por consecuencia de pérdidas anatómicas o funcionales, necesite la asistencia de otra persona para los actos más esenciales de la vida, tales como vestirse, desplazarse, comer o análogos. Constituye, a su vez, uno de los grados en los que se divide la incapacidad permanente.

IMPRUDENCIA PROFESIONAL

La imprudencia profesional es aquella en la que incurre un trabajador como consecuencia del ejercicio habitual de un trabajo y que deriva de la confianza que aquél inspira. Su concurrencia no impedirá la calificación de un hecho como accidente de trabajo, a diferencia de la imprudencia temeraria que, con arreglo a lo dispuesto en el artículo 156.4.b) LGSS, excluye la calificación de un suceso como accidente de trabajo.

INCAPACIDAD PERMANENTE

La incapacidad permanente es la situación en la cual se encuentra un trabajador que, después de haber estado sometido al tratamiento prescrito, presenta reducciones anatómicas o funcionales graves, susceptibles de determinación objetiva y previsiblemente definitivas, que disminuyan o anulen su capacidad laboral. No obstará a tal calificación la posibilidad de recuperación de la capacidad laboral del incapacitado, si dicha posibilidad se estima médicamente como incierta o a largo plazo (art. 193.1 LGSS). La calificación de la incapacidad permanente en sus distintos grados (incapacidad permanente parcial, incapacidad permanente total, incapacidad permanente absoluta y gran invalidez) se determinará en función del porcentaje de reducción de la capacidad de trabajo que reglamentariamente se establezca.

INCAPACIDAD TEMPORAL

La incapacidad temporal es la situación en la cual se encuentra un trabajador que reciba asistencia sanitaria de la Seguridad Social y esté impedido para el trabajo debido a una enfermedad común o profesional o a un accidente, sea o no de trabajo, por un período máximo de trescientos sesenta y cinco días, prorrogables por otros ciento ochenta días, cuando se presuma que durante ellos puede ser dado de alta médica por curación. También se incluyen los períodos de observación por enfermedad profesional en los que se prescriba la baja en el trabajo con una duración máxima de seis meses, prorrogables por otros seis cuando se estime necesario para el estudio y diagnóstico de la enfermedad (art. 169 LGSS).

INSCRIPCIÓN DE EMPRESA

La inscripción de empresa es el acto administrativo que la empresa debe realizar como requisito previo e indispensable a la iniciación de sus actividades, en el cual se hará constar la entidad gestora o, en su caso, la mutua colaboradora con la Seguridad Social por la que hayan optado para proteger las contingencias profesionales, y en su caso, la prestación económica por incapacidad temporal derivada de contingencias comunes del personal a su servicio (art. 138.1 LGSS).

JUBILACIÓN

La jubilación es el cese del trabajador por razones de edad que provocará la extinción del contrato de trabajo, cuando sea total. De ser parcial, dará lugar a una reducción de la jornada de trabajo. De reunirse los requisitos legalmente exigidos, otorgará el derecho a percibir una prestación contributiva a cargo de la Seguridad Social consistente en una pensión vitalicia.

Al respecto, *vid.* artículos 204 y siguientes LGSS.

MUTUA COLABORADORA

La mutua colaboradora es una asociación privada de empresarios constituida mediante autorización del Ministerio de Inclusión, Seguridad Social y Migraciones e inscripción en el registro especial dependiente de éste, cuya finalidad estriba en colaborar en la gestión de la Seguridad Social, bajo la dirección y tutela del mismo, sin ánimo de lucro y asumiendo sus asociados la responsabilidad mancomunada en los supuestos y con el alcance establecidos en la LGSS.

Al respecto, *vid.* artículo 80 LGSS.

NIVEL COMPLEMENTARIO

El nivel complementario es el tercero de los niveles que conforman el sistema de Seguridad Social y está constituido principalmente por las Entidades de Previsión Social Voluntarias y los Fondos de Pensiones. Como su propio nombre indica, su existencia persigue complementar la protección dispensada por el nivel contributivo de la Seguridad Social. A él alude la CE cuando, en su artículo 41, indica que *"la asistencia y prestaciones complementarias serán libres"*, de ahí que su concertación sea facultativa.

NIVEL CONTRIBUTIVO

El nivel contributivo es aquel nivel de la Seguridad Social en el que se integran los españoles que residan en España y los extranjeros que residan o se encuentren legalmente en España, siempre que, en ambos supuestos, ejerzan su actividad en territorio nacional. La inclusión en el mismo depende, por tanto, de dos criterios: uno territorial, determinado por la residencia; y otro profesional. Éste exige el ejercicio de una actividad, sea como trabajador por cuenta ajena o asimilado, como trabajador autónomo, como socio trabajador de una cooperativa de trabajo asociado, como estudiante o como funcionario.

Al respecto, *vid.* artículos 7 y 136 LGSS.

NIVEL NO CONTRIBUTIVO

El nivel no contributivo es el segundo de los niveles que conforman el sistema español de Seguridad Social que aglutina a todos los españoles residentes en territorio español y a los extranjeros que residan legalmente en territorio español, en los términos previstos en la Ley Orgánica 4/2000, de 11 de enero, sobre derechos y libertades de los extranjeros en España y su integración social y, en su caso, en los tratados, convenios, acuerdos o instrumentos internacionales aprobados, suscritos o ratificados al efecto. A diferencia del nivel contributivo, el criterio de inclusión es el territorial, siempre y cuando concurra una situación de necesidad económica que justifique el reconocimiento de las prestaciones integrantes de este nivel.

OPCIÓN DE ASEGURAMIENTO

La opción de aseguramiento es una elección de la entidad en la cual la empresa asegurará los riesgos profesionales en una mutua colaboradora o en una entidad gestora. Se realizará con ocasión de la inscripción de empresa o en la posterior comunicación de una variación de datos.

Al respecto, *vid.* artículos 12 y 17 RGI.

OPCIÓN DE COBERTURA

La opción de cobertura es una elección de la entidad en la cual la empresa asegurará la cobertura de la prestación económica por incapacidad temporal derivada de contingencias comunes en una mutua colaboradora o en una entidad gestora. Se realizará con ocasión de la inscripción de empresa o en la posterior comunicación de una variación de datos.

Al respecto, *vid.* artículos 12 y 17 RGI.

PRESTACIÓN

Una prestación es la medida prevista por el sistema de Seguridad Social destinada a determinadas situaciones susceptibles de ocasionar una pérdida de ingresos o un exceso de gastos. Las prestaciones económicas pueden ofrecerse en dinero o en especie. Entre las primeras, destaca la pensión, prestación económica de devengo periódico y carácter vitalicio reconocida en diversos niveles del sistema de Seguridad Social; el subsidio, o prestación económica de devengo periódico y carácter temporal reconocida en diversos niveles del sistema de Seguridad Social; y la indemnización, consistente en el abono de una cantidad a tanto alzado.

REFERENCIAS BIBLIOGRÁFICAS

Aba Catoira, Ana, *La limitación de los derechos en la jurisprudencia del Tribunal Constitucional español,* Tirant lo Blanch, Valencia, 1999.

Albaladejo, Manuel, *Curso de Derecho Civil V. Derecho de Sucesiones*, Edisofer, Madrid, 2015.

Alonso De Antonio, José Antonio y **Alonso De Antonio, Ángel Luis**, *Derecho Constitucional Español*, Universitas, Madrid, 2015.

Alonso Olea, Manuel y **Casas Baamonde, María Emilia**, *Derecho del Trabajo*, Civitas, Madrid, 2010.

Álvarez Vélez, María Isabel y **Vidal Pardo, Carlos** (Coord.), *La Constitución Española: 1978-2018*, Ediciones Francis Lefebvre, Madrid, 2018.

Alzaga Ruiz, Icíar, "La disminución voluntaria y continuada en el rendimiento de trabajo normal o pactado", en **VV.AA.**, *El despido disciplinario*. Homenaje al Profesor Juan Antonio Sagardoy Bengoechea, Cinca, Madrid, 2009.

Alzaga Villaamil, Óscar (Dir.), *Comentarios a la Constitución Española de 1978*, Editoriales de Derecho Reunidos, Madrid, 1996.

Alzaga Villaamil, Óscar; Gutiérrez Gutiérrez, Ignacio; Reviriego Picón, Fernando; Salvador Martínez, María y **González-Aurioles, Jorge Alguacil**, *Derecho Político Español según la Constitución de 1978 II. Derechos Fundamentales y Órganos del Estado*, Editorial Universitaria Ramón Areces, Madrid, 2017.

Aragón Reyes, Manuel (Dir.) y **Aguado Renedo, César** (Coord.), *Organización general y territorial del Estado. Temas Básicos de Derecho Constitucional*, Civitas, Madrid, 2011.

Asencio Mellado, José María (Dir.), *Derecho Procesal Penal*, Tirant lo Blanch, Valencia, 2019.

Barros Bourie, Enrique; García Rubio, María Paz y **Morales Moreno, Antonio Manuel**, *Derecho de daños*, Fundación Coloquio Jurídico Europeo, Madrid, 2009.

Bercovitz Rodríguez-Cano, Rodrigo (Coord.), *Comentario del Texto Refundido de la Ley General para la Defensa de los Consumidores y Usuarios y otras leyes complementarias*, Thomson Reuters-Aranzadi, Cizur Menor, Navarra, 2009.

Bercovitz Rodríguez-Cano, Rodrigo (Dir.), *Tratado de Contratos*, Tirant lo Blanch, Valencia, 2020.

Bocanegra Sierra, Raúl Eugenio, *La teoría del acto administrativo*, Iustel, Madrid, 2005.

Carrasco Perera, Ángel, *Derecho de Contratos*, Thomson Reuters-Aranzadi, Cizur Menor, Navarra, 2010.

Carrasco Perera, Ángel (Dir.), *Derecho Civil. Introducción. Fuentes. Derecho de la persona. Derecho subjetivo. Derecho de propiedad*, Tecnos, Madrid, 2018.

Carrasco Perera, Ángel (Dir.), *Lecciones de Derecho Civil. Derecho de obligaciones y contratos en general*, Tecnos, Madrid, 2019.

Casas Baamonde, María Emilia y **Rodríguez–Piñero** y **Bravo–Ferrer, Miguel** (Dirs.), *Comentarios a la Constitución Española: XXX aniversario*, Wolters Kluwer, Madrid, 2008.

Cosculluela Montaner, Luis, *Manual de Derecho Administrativo*, Thomson Reuters-Civitas, Navarra, 2020.

De Esteban, Jorge y **González-Trevijano, Pedro**, *El régimen constitucional español*, Labor Universitaria, Barcelona, 1982.

Díez-Picazo, Luis, *Derecho de daños*, Civitas, Madrid, 1999.

Díez-Picazo, Luis, *Fundamentos del Derecho Civil Patrimonial II. Las relaciones obligatorias*, Thomson- Civitas, Cizur Menor, Navarra, 2008.

Díez-Picazo, Luis y **Gullón, Antonio**, *Sistema de Derecho Civil. Volumen I. Introducción. Derecho de la persona. Autonomía privada. Persona jurídica*, Tecnos, Madrid, 2012.

Díez-Picazo, Luis y **Gullón, Antonio**, *Sistema de Derecho Civil, Volumen IV (Tomo 2), Derecho de Sucesiones*, Tecnos, Madrid, 2017.

Díez-Picazo, Luis y **Gullón, Antonio**, *Sistema de Derecho Civil. Volumen II (Tomos 1 y 2)*, Tecnos, Madrid, 2016 y 2018.

Díez-Picazo, Luis y **Gullón, Antonio**, *Sistema de Derecho Civil. Volumen III (Tomos 1 y 2)*, Tecnos, Madrid, 2019.

Díez-Picazo Giménez, Gema (Coord.), *Derecho de Familia*, Thomson-Civitas, Cizur Menor (Navarra), 2012.

Espín Alba, Isabel, *Cláusula rebus sic stantibus e interpretación de los contratos: ¿y si viene otra crisis?*, Reus, Madrid, 2020.

Esteve Pardo, José, *Lecciones de Derecho Administrativo*, Marcial Pons, Madrid, 2019.

Fernández Farreres, Germán, *Sistema de Derecho Administrativo*, Civitas Thomson Reuters, Navarra, 2019.

Fernández Segado, Francisco, *El sistema constitucional español*, Dykinson, Madrid, 1992.

Ferrer Martín de Vidales, Covadonga y **Álvarez Rodriguez, Ignacio**, "40 años de Constitución: Una revisión bibliográfica", *Revista de las Cortes Generales*, Núm. 107, 2019.

Gamero Casado, Eduardo, *Manual Básico de Derecho Administrativo*, Tecnos, Madrid, 2020.

Gamero Casado, Eduardo; Fernández Ramos, Severiano y **Mora Ruiz, Manuela**, *Derecho Administrativo para estudios no jurídicos*, Tecnos, Madrid, 2018.

Gárate Castro, Francisco Javier, *El rendimiento en la prestación de trabajo*, Civitas, Madrid, 1984.

Gárate Castro, Francisco Javier, *Derecho de huelga*, Bomarzo, Albacete, 2013.

Gárate Castro, Francisco Javier, *Lecturas sobre el régimen jurídico del contrato de trabajo*, Cinca, Madrid, 2019.

Gárate Castro, Francisco Javier, *La representación de los trabajadores y de los empresarios en las relaciones colectivas de trabajo*, Bomarzo, Albacete, 2020.

Gárate Castro, Francisco Javier, *Lecturas sobre el derecho a la negociación colectiva laboral*, Cinca, Madrid, 2020.

García Cuadrado, Antonio M., *Derecho, Estado y Constitución: el estatuto científico y otros temas fundamentales de derecho constitucional*, Editorial Club Universitario, Alicante, 2010.

García de Enterría, Eduardo y **Fernández Tomás-Ramón**, *Curso de Derecho Administrativo*, Thomson Reuters Civitas, Navarra, 2017.

García García, José Manuel, *La propiedad horizontal*, Civitas, Pamplona, 2017.

García Rubio, María Paz, *La distribución de toda la herencia en legados*, Civitas, Madrid, 1989.

García Rubio, María Paz, *Introducción al Derecho Civil*, Cálamo, Barcelona, 2002.

García Rubio, María Paz, *Dossier de Derecho de daños, materiales para el estudio*, inédito, 2019.

García Rubio, María Paz, "¿Qué es y para qué sirve el interés del menor?", *Actualidad Jurídica Iberoamericana*, núm. 13, agosto 2020, pp. 14-49.

García Rubio, María Paz, "Medidas en materia de contratos por el COVID-19 en España", *Revista de Derecho Civil*, vol. VII, núm. 2 especial "Contratos y COVID-19", 2020.

García Rubio, María Paz y **Otero Crespo, Marta**, "Apuntes sobre la referencia expresa al ejercicio compartido de la guarda y custodia de los hijos en la ley 15/2005", Dereito, vol. 14, núm. 2, 2005, pp. 95-129.

García Vázquez, Sonia, *La controvertida reforma de la Ley Orgánica del Tribunal Constitucional*, Andavira, Santiago de Compostela, 2009.

Gete-Alonso y Calera, María del Carmen (Dir.) y **Solé Resina, Judith** (Coord.), *Tratado de Derecho de Sucesiones,* Tomos I y II, Civitas, 2016.

Gimeno Sendra, José Vicente, *Derecho Procesal Civil I, El proceso de declaración, Parte General,* Castillo de Luna, Madrid, 2015.

Gimeno Sendra, José Vicente, Introducción al Derecho Procesal, Castillo de Luna, Madrid, 2015.

Gimeno Sendra, José Vicente (Dir.), *Proceso Civil Práctico. Comentarios a la Ley 1/2000, de 7 de enero, de Enjuiciamiento Civil*, Aranzadi, Cizur Menor, Navarra, 2018.

Gimeno Sendra, José Vicente, *Manual de Derecho Procesal Penal, Castillo de Luna*, Madrid, 2018.

Gómez Gálligo, Francisco Javier, *La calificación registral*, Thompson Civitas, Madrid, 2008.

Gómez Ligüerre, Carlos, "Fuerza mayor", InDret, núm. 2, 2020, pp. 1-11.

Gómez Sánchez, Yolanda, *Introducción al régimen constitucional español*, Sanz y Torres, Madrid, 2003.

González Pérez, Jesús, *Responsabilidad patrimonial de las Administraciones Públicas*, Civitas, Madrid, 2012.

González-Varas Ibáñez, Santiago, *Contencioso-administrativo: Praxis y propuestas*, Aranzadi Thomson Reuters, Navarra, 2019.

Gregoraci, Beatriz, "El impacto del COVID-19 en el Derecho de contratos español", *Anuario de Derecho Civil,* tomo LXXIII, fasc. II, 2020, pp. 455-490.

Hornero Méndez, César; Espejo Lerdo de Tejada, Manuel y **Oliva Blázquez, Francisco** (Dirs.), *Derecho de Contratos: Nuevos Escenarios y Nuevas Propuestas*, Thomson Reuters-Aranzadi, Cizur Menor, Navarra, 2016.

Huergo Lora, Alejandro, *Las pretensiones de condena en el contencioso-administrativo*, Aranzadi Thomson Reuters, Navarra, 2000.

Iglesias Bárez, Mercedes, *Derecho constitucional y derechos fundamentales*, Ratio Legis, Salamanca, 2014.

Lacruz Berdejo, José Luis *et. al.*, *Elementos de Derecho Civil V. Sucesiones*, Dykinson, Madrid, 2009.

Lacruz Berdejo, José Luis, *et. al.*, *Elementos de Derecho Civil IV. Familia*, Dykinson, Madrid, 2010.

Lasarte Alvarez, Carlos, *Compendio de Derechos Reales. Derechos reales e hipotecario*, Marcial Pons, Madrid, 2019.

López González, José Luis, "La constitución y sus garantías: limitación y control del ejercicio del poder", *Boletín del Ministerio de Justicia*, núm. 2214, 2018.

López y López, Ángel Manuel y **Valpuesta Fernández, Rosario** (Eds.), *Derecho de Sucesiones*, Tirant lo Blanch, Valencia, 2017.

López y López, Ángel Manuel y **Valpuesta Fernández, Rosario** (Eds.), *Derecho de Familia*, Tirant lo Blanch, Valencia, 2017.

López y López, Ángel Manuel y **Valpuesta Fernández, María Rosario** (Eds.), *Manual de Derecho Civil Derecho Civil Patrimonial I*, Tirant lo Blanch, Valencia, 2019.

Marañón Gómez, Raquel y **Arévalo Gutiérrez, Alfonso** (Coord.), *Introducción a la Constitución Española de 1978*, Dykinson, 2018.

Martín Mateo, Ramón y **Díez Sánchez, Juan José**, *Manual de Derecho Administrativo*, Thomson Reuters Aranzadi, Navarra, 2012.

Martín Rebollo, Luis, *Leyes Administrativas Básicas,* Thomson Reuters-Civitas, Navarra, 2018.

Martín Valverde, Antonio; Rodríguez-Sañudo Gutiérrez, Fermín y **García Murcia, Joaquín**, *Derecho del Trabajo*, Tecnos, Madrid, 2020.

Mir Puig, Santiago, *Derecho Penal. Parte General*, Reppertor, Barcelona, 2016.

Montero Aroca, Juan *et. al.*, *Derecho Jurisdiccional. Parte General,* Tirant lo Blanch, Valencia, 2019.

MONTERO AROCA, JUAN *et. al.*, *Derecho Jurisdiccional. Proceso Civil*, Tirant lo Blanch, Valencia, 2019.

MONTERO AROCA, JUAN *et. al.*, *Derecho Jurisdiccional. Proceso penal*, Tirant lo Blanch, Valencia, 2019.

MONTOYA MELGAR, ALFREDO (Dir.), *Diccionario jurídico*, Thomson Reuters, Cizur Menor, Navarra, 2016.

MONTOYA MELGAR, ALFREDO, *Derecho del Trabajo*, Tecnos, Madrid, 2020.

MORALES MORENO, ANTONIO MANUEL, "El efecto de la pandemia en los contratos: ¿es el derecho ordinario de contratos la solución?", *Anuario de Derecho Civil*, tomo LXXIII, fasc. II, 2020, pp. 447-454.

MORENO CATENA, VÍCTOR y **CORTÉS DOMÍNGUEZ, VALENTÍN**, *Derecho Procesal Penal*, Tirant lo Blanch, Valencia, 2019.

MORENO CATENA, VÍCTOR y **CORTÉS DOMÍNGUEZ, VALENTÍN**, *Introducción al Derecho Procesal*, Tirant lo Blanch, Valencia, 2019.

MORENO CATENA, VÍCTOR y **CORTÉS DOMÍNGUEZ, VALENTÍN**, *Derecho Procesal Civil. Parte General*, Tirant lo Blanch, Valencia, 2019.

MUÑOZ CONDE, FRANCISCO y **GARCÍA ARÁN, MERCEDES**, *Derecho Penal. Parte General*, Tirant lo Blanch, Valencia, 2019.

MUÑOZ MACHADO, SANTIAGO, *Tratado de Derecho Administrativo y de Derecho Público General*, Boletín Oficial del Estado, Madrid, 2015.

MUÑOZ MACHADO, SANTIAGO, *Comentario mínimo a la Constitución Española*, Crítica, Barcelona, 2018.

OLIVA BLÁZQUEZ, FRANCISCO y **VÁZQUEZ-PASTOR JIMÉNEZ, LUCÍA** (Coords.), *Derecho Civil I. Parte General y Derecho de la Persona*, Tirant lo Blanch, Valencia, 2019.

ORTELLS RAMOS, MANUEL (Dir.), *Introducción al Derecho Procesal*, Aranzadi, Cizur Menos, Navarra, 2019.

ORTS BERENGUER, ENRIQUE y **GONZÁLEZ CUSSAC, JOSÉ LUIS**, *Compendio de Derecho Penal. Parte General*, Tirant lo Blanch, Valencia, 2019.

OTERO CRESPO, MARTA, "La sucesión en los «bienes digitales». La respuesta plurilegislativa española", *Revista de Derecho Civil*, Vol. VI, núm. 4 (octubre- diciembre), pp. 89-133.

OTERO CRESPO, MARTA, *La responsabilidad civil del auditor de cuentas. Pure economic losses: daños causados a terceros*, Thomson Reuters-Aranzadi, Cizur Menor, 2013.

Palomar Olmeda, Alberto, *Procedimiento Administrativo*, Aranzadi, Navarra, 2011.

Parada Vázquez, José Ramón, *Derecho Administrativo I. Introducción, organización administrativa, empleo público*, Dykinson, Madrid, 2019.

Parejo Alfonso, Luciano, *Lecciones de Derecho Administrativo*, Tirant lo Blanch, Valencia, 2016.

Quintero Olivares, Gonzalo (con la colaboración de **Morales Prats, Fermín**), *Parte general del Derecho penal*, Aranzadi, Pamplona, 2015.

Rebolledo Varela, Ángel Luis (Coord.), *Comentarios a la Ley de Derecho Civil de Galicia: Ley 2/2006, de 14 de junio*, Aranzadi Thomson Reuters, Cizur Menor, 2008.

Recuerda Girela, Miguel Ángel y **Agoués Mendizábal, Carmen** (Coords.), *Lecciones de Derecho Administrativo con ejemplos*, Tecnos, Madrid, 2014.

Roca Trías, Encarna, *Familia y cambio social (De la "casa" a la persona)*, Civitas, Madrid, 1999.

Roca-Sastre, Ramón María, Roca-Sastre Muncunil, Luís y **Bernà I Xirgo, Joan**, *Derecho hipotecario*, Bosch, Barcelona, 2008-2009.

Rollnert Liern, Göran (Coord.), *Las Monarquías europeas en el siglo XXI*, Sanz y Torres, Madrid, 2007.

Sánchez Morón, Miguel, *Derecho Administrativo: Parte General*, Tecnos, Madrid, 2019.

Santamaría Pastor, Juan Alfonso, *Principios de Derecho Administrativo General*, Iustel, Madrid, 2018.

Santiago Iglesias, Diana y Bertel, María (Dirs.), *Libre Prestación de servicios y Administración Local: Análisis comparado de la transposición de la Directiva Bolkestein diez años después*, Thomson Reuters Aranzadi, Navarra, 2018.

Segura Ortega, Manuel, *Lecciones de Teoría del Derecho*, Editorial Universitaria Ramón Areces, Madrid, 2008.

Torres del Moral, Antonio, *Principios de derecho constitucional español*, Universidad Complutense de Madrid, Madrid, 2010.

Torres García, Teodora F. (Coord.), *Tratado de legítimas*, Atelier, Barcelona, 2012.

Torres García, Teodora F. y **García Rubio, María Paz**, *La libertad de testar: el principio de igualdad, la dignidad de la persona y el libre desarrollo de la personalidad en el derecho de sucesiones*, Fundación Coloquio Jurídico Europeo, Madrid, 2014.

Valpuesta Fernández, Rosario, *La disciplina constitucional de la familia en la experiencia europea*, Tirant lo Blanch, Valencia, 2012.

VV.AA., *Esquemas de teoría jurídica del delito y de la pena*, Tirant lo Blanch, Valencia, 2018.

NOTAS

Made in United States
North Haven, CT
17 October 2026

20543556R00161